# A ARTE PSÍQUICA DO TARÔ

MAT AURYN
*Autor de Bruxa Psíquica e Dominando a Magia*

# A ARTE PSÍQUICA DO TARÔ

## ABRINDO SEU OLHO INTERIOR PARA LEITURAS MAIS INTUITIVAS

*Prefácio de Rachel True*

NOVA SENDA

A ARTE PSÍQUICA DO TARÔ
Traduzido de: *The Psychic Art of Tarot: Opening Your Inner Eye for More Insightful Readings*


Tradução: Renan Papale
Revisão: Luciana Papale
Diagramação: Décio Lopes
Ilustração da capa: Arthur Wang (TrueBlack Tarot)
Ilustrações internas: Departamento de arte Llewellyn e Tim Foley.
Tarô original de 1909, com arte de Pamela Colman Smith e Arthur Edward Waite.
Tarô de Marselha, C. Burdel Schaffhouse, 1751.
Foto de Pamela Colman Smith de *The Craftsman*, Vol. XXIII, No. 1, Outubro 1912

**DADOS INTERNACIONAIS DE CATALOGAÇÃO NA PUBLICAÇÃO (CIP)**
Angélica Ilacqua CRB-8/7057

---

Auryn, Mat, 1986 –

A arte psíquica do tarô: abrindo seu olho interior para leituras mais intuitivas / Mat Auryn; Tradução de Renan Papale. São Paulo: Editora Nova Senda, 2025.
2ª edição. 336 páginas: il.

ISBN 978-65-87720-35-7
Título original: *The Psychic Art of Tarot: Opening Your Inner Eye for More Insightful Readings*

1. Tarô 2. Habilidade Psíquica 3. Meditação I. Título

24-5088 CDD 133.3

---

Índices para catálogo sistemático:
1. Tarô



EDITORA NOVA SENDA
Rua Jaboticabal, 698 – Vila Bertioga – São Paulo/SP
CEP 03188-001 | Tel. 11 2609-5787
contato@novasenda.com.br | www.novasenda.com.br

## Em memória de Rachel Pollack

(1945-2023)

*Se você deseja desenvolver seu lado psíquico ou mais intuitivo nas leituras, basta experimentar. Ao ler para as pessoas, deixe sua mente aberta para flashes ou imagens, e ainda mais – esteja disposto a expressá-los... É importante não cair na armadilha da precisão. O Tarô não é um truque nem uma performance de palco, e se você se preocupar em cometer erros, não terá coragem de dizer nada.*

— Rachel Pollack,
*Sabedoria do Tarô de Rachel Pollack: Ensinamentos espirituais e significados mais profundos*

# Consagração

Este livro é consagrado em nome do anjo com asas de falcão que rege o Tarô, mensageiro do divino e guia do buscador, aquele que guarda e revela os arcanos e cuja pena é uma carta do Tarô.

Uma obra consagrada em nome daquela que governa a sorte, o destino, as chances e o acaso, àquela que segura a cornucópia da abundância e gira a Roda da Fortuna, lembrando-nos de que a vida é uma jornada cheia de voltas e reviravoltas, e que a maneira como enfrentamos o destino é inteiramente nossa escolha.

Um livro consagrado em nome do escriba divino com cabeça de íbis, mestre da sabedoria e guardião do conhecimento sagrado, inventor da escrita e patrono de todos os escribas, estudiosos e mágicos; aquele que nomeia os mistérios do Tarô.

## Sobre o autor

©Shane Ernest, Rare Photography

**MAT AURYN** é um escritor e professor influente nos campos do Ocultismo e da Bruxaria, com uma atuação que vai além dos Estados Unidos, atingindo uma audiência em escala internacional. Seu profundo conhecimento e experiência vêm de anos de estudo, prática e treinamento dedicados em uma variedade de Tradições ocultas e Ordens esotéricas, muitas vezes sob a orientação de mentores proeminentes e experientes. Seus livros premiados *Psychic Witch* e *Mastering Magick* (*Bruxa Psíquica* e *Dominando a Magia*[1]) trazem orientações práticas e aprofundadas para aqueles que desejam explorar o universo das habilidades psíquicas e mágicas. Sua obra se baseia em uma série de Tradições, como Astrologia, Hermetismo, Wicca, Bruxaria Tradicional, Thelema, o novo pensamento, parapsicologia, psicologia analítica junguiana, neoplatonismo e alquimia, tornando-as guias versáteis e acessíveis para o buscador espiritual. Seus livros ganharam vários prêmios e foram traduzidos para mais de treze idiomas, ampliando seu impacto. Além de escrever, Mat trabalhou por muitos anos como Bruxo Psíquico profissional e leitor de Tarô em Salem, Massachusetts, bem como em seu próprio consultório particular. O autor também contribui para publicações especializadas e convencionais, incluindo uma coluna regular na revista *Witches & Pagans*. Seu trabalho foi apresentado na *Cosmo*,

1. Publicados no Brasil pela Editora Nova Senda. (N. R.)

*Newsweek, The Boston Globe, Oprah Daily*, entre outros, e também está em exposição no Buckland Museum of Witchcraft. Mat foi o primeiro a receber o prêmio "*The Most Supportive Witch*" (Prêmio de Bruxo mais Solidário) da *Witch Way Magazine*. Ele também é coapresentador do podcast *The Circle Is* com a atriz e escritora Rachel True. Mat faz parte do corpo docente do Omega Institute for Holistic Studies em Rhinebeck, Nova York, onde ensina e conduz retiros sobre habilidade psíquica e magia. Atualmente residindo na área da Baía da Califórnia, Mat é coproprietário da Datura Trading Co. e da Modern Witch University, de onde compartilha seus conhecimentos e percepções por meio de escritos, workshops, entrevistas, mídia social e palestras, enfatizando constantemente a importância do crescimento pessoal e da mudança positiva por meio da capacitação psíquica e mágica.

Você pode saber mais sobre o autor
e seu trabalho em Auryn.net.

# Dedicatória

Dedico este livro aos meus incríveis parceiros, Chas, Devin e Storm: o apoio de vocês na escrita, revisão e correção, além do feedback perspicaz, foi indispensável para moldar sua forma final. Sou grato também por compartilhar, além do livro, minha vida com pessoas tão extraordinárias. Aeptha, o cruzamento de nossos caminhos parece menos com o acaso e mais com um momento decisivo em uma cadeia de sincronicidades que alteram a vida. Suas contribuições únicas para o mundo são inestimáveis, e foi uma honra e um privilégio conhecer você.

Chris LeVasseur, trabalhar na Enchanted durante a intensa temporada de outubro em Salem serviu como plataforma de lançamento para minha carreira na leitura de Tarô em tempo integral, além de aprimorar minhas habilidades psíquicas para me tornar o leitor que sou hoje. Obrigado pela oportunidade e pela generosidade em me acolher em sua casa todos os meses de outubro, poupando-me do trânsito diário.

E Chris Onareo, o cara a quem meu marido se refere, brincando, como meu "namorado do Tarô", sua leitura beta inicial deste manuscrito foi incrivelmente valiosa, e sua amizade significa ainda mais para mim.

Danielle Dionne, você foi a primeira a perceber o potencial de ensino em mim. Sua amizade virou de ponta-cabeça meu ceticismo em relação à mediunidade, dando início à minha própria prática. Do Tarô à mediunidade e até mesmo à escrita, você tem sido uma verdadeira amiga e um exemplo vivo que me fez ultrapassar meus próprios limites.

Elysia Gallo, obrigado por sempre trabalhar duro e me ajudar a transformar meus pensamentos dispersos e rascunhos confusos em algo que seja realmente coerente para outras pessoas. Trabalhar com você e conhecê-la tem sido uma das melhores partes de estar na Llewellyn.

James Anderson Foster, obrigado pelo apoio contínuo e por dar vida aos meus livros em formato de audiolivro. A narração é uma forma de arte, e não há ninguém que eu prefira para ser a voz do meu trabalho.

Judika Illes, sua orientação tem sido um refúgio para minha autenticidade, revitalizando meu espírito em momentos desafiadores. Sua dedicação à escrita oculta é incomparável, e a maneira como você equilibra os papéis de autora e editora é admirável. Valorizo imensamente nossa amizade, que considero inestimável.

JR Mascaro, é raro encontrar alguém cujo conhecimento pessoal e experiências espirituais refletem com os meus, e é um bônus adicional você ser uma pessoa incrível. Sua presença tem sido valiosa para minhas próprias experiências com as serpentes, e não tenho dúvidas de que grandes coisas nos aguardam no futuro.

Mary K. Greer, antes mesmo de nos conhecermos, seus livros foram meus mentores não oficiais, moldando minha voz e estilo nas leituras de Tarô. Sua humildade, apesar de todo o sucesso, as discussões perspicazes sobre Tarô que compartilhamos e a atmosfera que você cria nos eventos deixaram um impacto duradouro em mim. Seu trabalho inegavelmente transformou o campo do Tarô moderno para melhor.

Madame Pamita, você é minha pessoa favorita de cabelos roxos, tão magicamente talentosa quanto genuinamente boa. Ser seu amigo melhora minha vida de inúmeras maneiras, e estou muito feliz por ter decidido parar em seu estande para ver suas velas há tantos anos.

Michelle Welch, sua genuína bondade tem sido um verdadeiro ponto de referência para mim. Seu convite para falar nos eventos de Tarô NWTS e TIDE me apresentou a uma comunidade incrível de pessoas com pensamentos semelhantes. O trabalho que você e Roger fazem é o coração pulsante da comunidade de Tarô presencial e, por isso, somos todos profundamente gratos.

Rachel True, ter você, alguém que eu admirava pelos papéis icônicos no filme *Jovens Bruxas* (*The Craft*) e do seriado *Half and Half*, escrevendo o prefácio do meu livro e se tornando uma apoiadora real, tem sido uma experiência surreal. Sua autenticidade e sagacidade fora das câmeras – e, especialmente, a leitura de Tarô tão impactante que você me proporcionou – confirmam que você é a pessoa certa em todos os sentidos.

Robbi Packard, sua loja, The Robin's Nest, foi onde tive minha primeira oportunidade de ensinar. Foi lá que aprendi a arte de combinar negócios para a construção de uma autêntica comunidade. Agradeço o seu apoio constante e por transformar o Nest em um lar espiritual onde comecei a alçar meus voos; você impactou não apenas minha vida, mas a de muitas outras pessoas.

Theresa Reed, conhecer você foi um verdadeiro prazer, sua dedicação à escrita e ao ensino é uma fonte constante de inspiração. Obrigado por sua amizade e por me dar espaço quando preciso desabafar.

0
O LOUCO

# Outros agradecimentos

Abbathoniah, Adam Sartwell, Aden Ardennes, Aidan Wachter, Aileen Halvorson, Ali Dossary, Alison Chicosky, Aly Kravetz AKA the BronxWitch, Alysa Bartha, Amy Blackthorn, Anaar Niino, Andy Kiess, Anne Niven, Ari Mankey, Arin Murphy-Hiscock, Arthur Wang, Astrea Taylor, Becky Zins, Benebell Wen, Ben Stimpson, Bill Krause, Bobbi Sobel, Brett Bevell, Brett Hollyhead, Caroline Kenner, Cassandra Snow, Charles Harrington, Charlie Claire Burgess, Chelsea Wolfe, Chris Allaun, Chris Orapello, Christine Ashworth, Christopher Penczak, Ciro Marchetti, Coby Michael, Courtney Weber, Dana Newkirk, Danielle Dulsky, David Salisbury, Dawn Hunt, Deborah Blake, Denis of Foolish Fish, Derrick Land, Diotima Mantineia, Damien Echols, Dodie Graham McKay, Durgadas Allon Duriel, Elliot Adam, Elizabeth Autumnalis, Enfys J. Book, Erick DuPree, Erika Robinson, Ethony Dawn, Gabriela Herstik, Grey Townsend, Greg Newkirk, Gwendolyn Reece, Gwion Raven, Hannah Cartwright, Heron Michelle, Hilary Whitmore, Holly Vanderhaar, Hugo Largaespada, Ivo Dominguez, Jr., Jack Grayle, Jacki Smith, Jake Richards, Jamie Sawyer, Jason Mankey, Jason Miller, Jay Sankey, Jaymi Elford, Jean-Louise De Biasi, Jeff Cullen, Jennifer Teixeira, Jen Sankey, Jesse Hathaway, Jim Dickinson, Jim Welch, John Beckett, Julia Halina Hadas, Juliet Diaz, Kanani Soleil, Karen Bruhin, Kate Freuler, Katrina Messenger, Kristine Gorman, Laurie Bizzarro, Laura Eidolon, Laura Tempest Zakroff, Leanne Marrama,

Lilith Dorsey, Lisa Cook, Lonnie Scott, Marcus Wolf, Maria Minnis, Markus Ironwood, Martha Kirby Capo, Mary Gates, Matthew Venus, Mawiyah Kai EL-Jamah Bomani, Melanie Barnum, Melissa Cynova, Michelle Belanger, Meg Rosenbriar, Mhara Starling, Michael G. Smith, Mickie Mueller, Mitch Harowitz, Mitchell Harrington, Morgan Daimler, Mortellus, Moss Matthey, Najah Lightfoot, Nancy Antenucci, Nancy Hendrickson, Nathan Hall, Nathaniel Johnstone, Nicholas Pearson, Nick Dickinson, Orion Foxwood, Pam Grossman, Pamela Chen, Phoenix LeFae, Richard Davis, Richard Kaczynski, Ryan Logan, Sabina Magliocco, Sandra Mariah Wright, Sara L. Mastros, Sasha Graham, Sharon Knight, Sherry Shone, Siddharth Ramakrishnan, Silver RavenWolf, Skye Alexander, Sorita d'Este, Stephanie Buscema, Stephanie Taylor Grimassi, Steven Intermill, Steve Kenson, Sue Ustas, Susan Diamond, T. Susan Chang, T. Thorn Coyle, Tara Love-Maguire, Thalassa Therese, Thealandrah Davis, Thorn Mooney, Thumper Forge, Tim Reagan, Toni Rotonda, Vincent Higginbotham, Zola Jesus.

# Sumário

## EXERCÍCIOS E TÉCNICAS

# Prefácio

*por Rachel True*

O Tarô tem sido um filamento de ouro em minha vida, entrelaçando de forma intrincada todos os aspectos de minha jornada. Um canal confiável para uma vida inteira de autocuidado intuitivo, proporcionando-me um modo de conexão psíquica com o inconsciente coletivo e muito além. Se eu seguisse esse fio dourado de volta, desvendando-o até a origem de minha vida entrelaçada com o Tarô, descobriria que o ponto de partida foi meu despertar para a linguagem do próprio Tarô. Esse despertar ocorreu quando eu tinha cerca de quatro anos de idade e morava no Greenwich Village, em Nova York. Eu tinha acabado de sair de um orfanato, onde passei a maior parte dos meus primeiros anos, para morar com meu pai e sua nova noiva. Minha madrasta era atriz e professora de meio período; foi ela quem me ensinou a ler desde cedo. Isso despertou meu fascínio pelas estantes gigantes, do chão até o teto, que revestiam uma área nobre do apartamento e que eu chamava de "biblioteca".

Um dos primeiros livros a chamar minha atenção foi *O Homem e Seus Símbolos*, de Carl Jung, com sua linda capa vibrante dos anos 1970, adornada com mandalas. Duvido que minhas habilidades de compreensão de leitura estivessem à altura, mas fui cativada pelas imagens contidas nele. Alguns anos depois, um amigo dos meus pais me deu um baralho de Tarô. Imediatamente, fui atingida por uma daquelas raras epifanias de alta vibração, no estilo da carta da Torre, por uma enxurrada de imagens que saltavam do livro de Jung no qual eu estava fixada. As imagens clássicas do baralho de Rider-Waite-Smith[1] e as imagens incluídas no livro de Jung eram da mesma natureza aos olhos de minha mente. Ainda mais intrigante para mim, essas imagens pareciam estar escritas em uma linguagem que eu podia analisar. Com um pouco de aprendizado, eu sabia que poderia encontrar a correlação entre as imagens e como elas se relacionavam comigo mesma. Além disso, eu me perguntava se poderia utilizar esses símbolos para me comunicar com algo muito maior do que eu.

Continuei meus estudos de Tarô depois que me mudei para a Califórnia para filmar um par romântico no filme *CB4*, de Chris Rock. Na época, eu estava na casa dos vinte anos e tive a sorte de me sustentar apenas atuando. Sem a necessidade de um emprego como o de bartender que deixara em Nova York, tive muito tempo livre. A maior parte desse tempo eu gastava pensando se algum dia voltaria a atuar – um lamento comum entre os atores. Eu costumava me distrair assistindo TV, pois achava mais fácil me concentrar nos problemas que afligiam os personagens fictícios do que enfrentar os meus próprios. Então, minha televisão quebrou. Como americana que sou, isso me pareceu um ataque pessoal. E então, uma voz calma que parecia o farfalhar de folhas caindo, aconselhou-me a não consertá-la e a desenvolver outros músculos menos usados, principalmente minha intuição. Mergulhei em estudos profundos de Tarô para evitar a preocupação de que a falta de audições pudesse dar início a um surto do temido mal-estar do artista. Isso foi antes da Internet, e as informações esotéricas tinham de ser ativamente procuradas, principalmente em livrarias alternativas, do tipo que estava começando a sair do esconderijo após o pânico satânico dos anos 1980.

Comprei muitos livros, inclusive os de Mary K. Greer, Starhawk e Rachel Pollack. Considero essas mulheres, que nunca conheci, como minhas professoras. Mantinha vários grimórios – cadernos onde eu traçava os padrões dos naipes do Tarô como se fossem estrelas no céu

1. O baralho de Tarô Rider-Waite-Smith, publicado em 1909 pela Rider & Co., foi criado por Arthur Edward Waite e ilustrado por Pamela Colman Smith. Este baralho é conhecido por suas imagens detalhadas e simbólicas, que têm sido amplamente adotadas e reinterpretadas em diversos outros baralhos de Tarô. (N. T.)

noturno. Eu desenhava as cartas à mão e conheci vários aspectos de mim mesma por meio da história dos Arcanos Maiores. Tudo isso começou a despertar minha própria magia e a aumentar minha vibração psíquica no mundo. Nove meses depois, um amigo veio até mim e começou a mexer no fio da TV. "É só um fio solto", exclamou, enquanto os tubos zumbiam e, de repente, voltavam à vida pré-LCD. Duas semanas depois, o roteiro de *The Craft* (*Jovens Bruxas*) apareceu em minha vida. Acho que ele foi atraído para mim por causa daqueles meses. Foi um presente delicioso e perene, além de uma lição concreta de Saturno, Júpiter, do Espírito e do Universo para minha diligência. Isso me ajudou a perceber que é possível se preparar para o desconhecido sem precisar entender de tudo. Também reforçou os benefícios práticos e aplicáveis do Tarô na minha vida, o que deu início a uma nova jornada para explorar e ir além da magia prática e acessível que o Tarô oferece, indo ainda mais fundo. Era hora de mergulhar no abismo – entrar na magia das raízes e dos ossos, tocar as coisas que habitam acima e abaixo. Sigo estudando o Tarô até mesmo enquanto escrevo estas palavras.

Esse grande caso de amor com o Tarô acabou evoluindo para o *True Heart Intuitive Tarot,* meu primeiro conjunto de livro e baralho. Enquanto me preparava para o lançamento do livro, realizei um dia de leituras de Tarô em Salem, Massachusetts. Foi em um dia ventoso, próximo ao Samhain, que tive meu primeiro encontro decisivo com a magia de Mat Auryn. Igualmente enigmático e carismático, Mat é o tipo de espírito cultivado que não se encontra com frequência na natureza. Pessoalmente, ele exibe um campo de energia extraordinariamente claro e expansivo. Sei disso porque senti Mat antes mesmo de vê-lo fisicamente. Eu estava limpando meu deck depois de várias horas de leituras consecutivas quando senti um estalo psíquico, um trovão de verão roncando e, em seguida, uma sacudida rápida fazendo cócegas na minha nuca. Sentei-me mais ereta. Momentos depois, entra o irresistivelmente charmoso, brilhantemente psíquico (radiante a quilômetros de distância) e perfeitamente composto que é Mat Auryn. Meu primeiro pensamento foi: "O que você está fazendo aqui? *Você* não precisa de uma leitura". Eu disse o equivalente. Ele me garantiu que realmente queria uma leitura. Mais tarde, eu descobriria que ele havia me procurado justamente porque sua reputação não o precederia de uma vez por todas. Ele queria uma leitura imparcial. Quando você é tão conhecido quanto ele como um Bruxo psíquico, consigo entender como isso pode ser um desafio. Dizer que tivemos uma comunhão agradável juntos é, na minha opinião, um eufemismo.

Agora que conheço a posição de Mat na comunidade esotérica, sou grata por ele não me ter visto como uma intrusa. O fato de ele não ter vindo com preconceitos estabelecidos sobre eu ser apenas mais uma garota como aquelas dos filmes de Bruxas, demonstra sua abertura. Ele parecia compreender, de forma inata, que uma pessoa pode ser muitas coisas ao mesmo tempo. Durante a leitura com Mat, as cartas revelaram um momento bastante fabuloso, com um tremendo sucesso por vir. Havia uma boa quantidade de felicidade e alegria representadas pelos Arcanos Maiores. Perguntei se ele tinha um projeto importante em andamento. De fato, ele tinha. Era seu primeiro livro, *Bruxa Psíquica*, que ele havia acabado de escrever, mas estava esperando que fosse impresso – um livro que viria a bater recordes. Talvez ele já visse isso em seu próprio futuro, mas apreciei sua abertura, autenticidade brilhante e mente inquisitiva. Mat é um estudante da vida e da magia. Ele tem uma vibração do tipo descendente de um semideus, combinada com um traço de humildade, muito parecido comigo quando estou com uma vibração elevada, observei.

Se você conhece os best-sellers anteriores de Mat, *Bruxa Psíquica e Dominado a Magia*, sabe que ele é uma fonte surpreendente de conhecimento esotérico e mágico. Um professor sábio que é igualmente convincente como escritor. Neste livro mais recente, *A Arte Psíquica do Tarô*, Mat aproveitou uma vida inteira de magia e prática psíquica. É evidente que ele entende e valoriza profundamente o lugar do Tarô no panteão da parafernália esotérica como uma ferramenta conveniente para a ativação psíquica. Ao invés de ser como aqueles que se posicionam em seu ego como guardiões de todas as coisas místicas, Mat é tanto um guardião da chama quanto um ardente passador da tocha mágica para todos que estiverem dispostos a ouvir. Isso o torna ainda mais encantador;

sua inteligência brilha. Fica claro para mim que, para Mat, ser um facilitador e defensor de outras pessoas em suas jornadas alimenta e amplia sua própria magia. Sou eternamente grata pelo fato de Mat Auryn dar as boas-vindas e convidar todos, inclusive eu, a desbloquear a magia interior. Se você estiver disposto a ser claro consigo mesmo – algo para o qual o Tarô foi feito sob medida – não consigo pensar em um companheiro e defensor melhor do que Mat Auryn.

Sob a orientação de um professor como Mat, o Tarô pode ser facilmente integrado a uma prática existente para explorar e aproveitar suas profundezas internas, obtendo percepções intuitivas e psíquicas. O Tarô tem o dom de proporcionar interpretações incisivas com a prática regular. A abordagem de Mat nos convida a navegar pelas cartas até os espaços onde nossa sabedoria interior mais potente está escondida, esperando para ser desbloqueada. O desafio de sondar as profundezas de nossa própria psique é um tema recorrente tanto no Tarô quanto na Jornada do Louco. Felizmente, Mat sabe como se inclinar com perspicácia e compaixão quando se trata de se aprofundar em si mesmo. Ele nos incentiva a trazer à tona nossa magia mais profunda, aquela que é exclusiva de cada pessoa.

Se você deseja se conectar consigo mesmo, com o inconsciente coletivo ou explorar mais além, Mat é a escolha certa. Para aqueles que buscam aprimorar ou aprofundar sua prática mágica, ele oferece aqui um guia experiente, encorajador, dedicado e compassivo. Assim como em suas outras obras, seu trabalho é multifacetado, denso e profundamente substancial, ao mesmo tempo em que permanece acessível a todos. O fato de Mat ter criado um compêndio de Tarô e um guia de ativação psíquica tão abrangentes significa que seu trabalho está destinado a figurar entre os clássicos modernos da área. Sua vasta erudição e habilidades inatas são superadas apenas por sua capacidade preternatural de se conectar com os outros e promover o despertar da magia e do psiquismo. Mat não se limita a escrever palavras em uma página para serem lidas. Ele infunde seus livros com sua força vital energética e sua magia elemental. Este livro é um exemplo perfeito disso.

II
B
J
A SACERDOTISA

# Introdução

# A Arte Psíquica do Tarô

Quando eu lia Tarô em lojas esotéricas, frequentemente os clientes faziam a mesma pergunta ao fazer reservas: "Os leitores aqui são psíquicos ou usam cartas?" Muitos dos meus colegas leitores de Tarô se irritam com essa questão, mas, pessoalmente, considero-a válida. Atualmente, o Tarô parece ter se afastado de suas raízes psíquicas. Portanto, quando uma cliente se dirigiu a mim na loja e perguntou se eu usava habilidades psíquicas ou se apenas interpretava as cartas, parei para refletir. A jovem parecia genuinamente sincera em sua pergunta. Expliquei que, em minha experiência, uma leitura de Tarô pode ser uma mistura de vidência e interpretação de cartas. Acrescentei que alguns leitores, inclusive eu, podem se apoiar mais em suas habilidades psíquicas, enquanto outros podem se concentrar apenas no simbolismo tradicional e no significado das cartas. Isso não faz com que um leitor seja inerentemente melhor do que o outro, apenas que cada um deles tem abordagens diferentes. Também mencionei como o Tarô agiu como um canal que me permitiu acessar mais facilmente minhas percepções intuitivas e psíquicas. Embora as leituras de Tarô e as leituras psíquicas possam ser tecnicamente práticas separadas em si mesmas, elas podem trabalhar em harmonia para proporcionar níveis mais profundos de orientação, percepção e crescimento pessoal que são muito mais precisos do que quando não são combinadas. A pergunta dessa mulher não apenas me lembrou da importância de reconhecer a interação entre as habilidades psíquicas e a leitura de Tarô, mas também me fez perceber o quanto elas parecem estar divididas atualmente como práticas. No entanto, estabelecer essa conexão pode levar a uma experiência de leitura de Tarô mais rica, precisa e fortalecedora.

Uma maneira de pensar sobre a habilidade psíquica é compará-la à música. Algumas pessoas podem aprender música de ouvido sem treinamento musical, o que significa que podem ouvir as notas de uma música e depois tocá-las com precisão, mas essa é uma habilidade rara. Na minha perspectiva, usar o Tarô como ferramenta divinatória é mais parecido com ler partituras. As partituras pegam essas notas musicais e as organizam em uma estrutura que pode ser compreendida, lida e recriada. Da mesma forma, o Tarô fornece uma estrutura e um formato que ancora e ajuda a dar sentido às informações psíquicas que, de outra forma, poderiam estar confusas ou pouco claras sem esse arcabouço como ponto de referência. Essa abordagem fortalece sua habilidade psíquica por meio do uso regular das cartas de Tarô. É semelhante à maneira como praticar com partituras pode, eventualmente, ajudá-lo a aprender a tocar piano de ouvido. Um dos meus objetivos com este livro é mostrar como o Tarô pode ser usado para fortalecer seu psiquismo e como o psiquismo pode melhorar muito suas leituras de Tarô.

## As artes psíquicas

A frase "artes psíquicas" desperta minha imaginação quando se trata de discutir habilidades e fenômenos psíquicos. Ela sugere que vejamos a intuição, o espírito e as habilidades psíquicas não apenas como um conjunto de habilidades, mas também como um esforço expressivo. Da mesma maneira que a arte serve como um canal para nossas verdades e emoções mais íntimas, as habilidades psíquicas também oferecem uma forma de expressão pessoal e compartilhada. Elas exigem prática e dedicação consistentes, mas também oferecem espaço para a curiosidade experimental e a inovação. A comparação com a música me toca particularmente, enfatizando a combinação de técnica e exploração criativa.

Embora os músicos devam dominar técnicas e escalas, eles também devem abraçar a criatividade e permitir a espontaneidade e o improviso se quiserem compor suas próprias músicas.

De maneira semelhante, ao aprimorarmos as habilidades psíquicas, nós nos aprofundamos em práticas e abordagens específicas. Isso inclui aprender a gerenciar a energia de forma eficaz, aguçar nossos sentidos intuitivos e estabelecer um contato significativo com entidades espirituais. Esses métodos fornecem uma estrutura fundamental, assim como os acordes básicos da música, mas a verdadeira magia acontece quando vamos além do aprendizado estruturado e nos conectamos com a própria música para permitir que nossa criatividade inata flua livremente de uma forma que é exclusivamente nossa. É através da improvisação intuitiva, naqueles momentos em que estamos na zona ou em estado de fluxo, que nos conectamos com nossas habilidades psíquicas de maneiras únicas e pessoais. Esses são os momentos em que realmente expressamos nossa arte psíquica, da mesma forma que um músico pode ser atingido pela inspiração para uma música que precisa escrever ou um artista tem a visão de uma pintura que se sente extremamente compelido a tirar da cabeça e colocar na tela. Assim como não há regras rígidas e rápidas na arte – apenas diretrizes e técnicas que nos ajudam a moldar nossas expressões criativas – o psiquismo é igualmente ilimitado. Não estamos restritos por regras ou limitações. A ideia é aproveitar o processo, correr alguns riscos e descobrir aquilo em que você é excepcionalmente bom. Como no processo artístico, o valor geralmente está no ato de explorar, talvez até mais do que no que você acaba encontrando. Trata-se, na verdade, da emoção de se deparar com algo novo, de encontrar sua voz no coro dos fenômenos psíquicos e usá-la para criar sua própria harmonia com o Tarô.

## Persistência nas artes psíquicas

Por mais empolgante que seja o aprendizado de exercícios metafísicos e espirituais para o desenvolvimento psíquico, é natural que algumas pessoas se sintam um pouco inseguras ou hesitantes no início, semelhante à sensação de pegar um violão pela primeira vez. Em muitas áreas da vida, a persistência é fundamental. Assim como não esperamos dominar uma melodia complexa após algumas aulas de violão ou produzir uma obra-prima na primeira vez que tentamos pintar, a proficiência em qualquer área, incluindo o desenvolvimento psíquico, requer tempo, dedicação e prática consistente. Se você tratar esses empreendimentos com o mesmo entusiasmo e paciência que dedicaria ao aprendizado de qualquer nova habilidade, tenho certeza de que notará um progresso.

Isso acontece, porque o domínio do desenvolvimento psíquico é semelhante ao processo de aperfeiçoamento de qualquer arte. Um artista não cria uma obra perfeita em sua primeira tentativa. O refinamento das habilidades psíquicas é um esforço contínuo. Pense em um artista que faz vários esboços antes de concluir sua obra de arte; cada esboço é um passo em direção à visão final. De maneira semelhante, seus esforços em exercícios espirituais, mesmo que pareçam infrutíferos no início, o aproximam do pleno desenvolvimento de suas capacidades psíquicas. A arte não se trata de perfeição instantânea; é uma evolução de crescimento e aprendizado contínuo. Com o tempo, a prática consistente permite que os artistas encontrem seu estilo único e dominem seu meio. A jornada psíquica reflete isso. Com dedicação, será possível descobrir técnicas que se alinham com você, aprimorar sua intuição e aprofundar sua conexão espiritual. Em vez de ficar desanimado com os obstáculos iniciais, veja-os como degraus.

Todo artista ou músico renomado começou como um novato. Seu sucesso e habilidade vieram de sua dedicação e autoconfiança. Sua exploração psíquica é semelhante. Mantenha-se dedicado e trate-a com a paciência que dedicaria a qualquer outra arte. As recompensas do desenvolvimento psíquico justificam a dedicação. Testemunhei os benefícios da prática consistente tanto em mim quanto em inúmeras outras pessoas e, como tal, é algo cuja importância enfatizarei continuamente. Uma única gota d'água pode parecer insignificante no início, mas, se for seguida por outra e mais outra, com o tempo, pode esculpir cavernas inteiras com sua persistência.

## Somos todos psíquicos

Uma de minhas crenças firmes é que todas as pessoas possuem habilidades psíquicas. Na verdade, fico triste quando alguém diz que não é psíquico. Embora possa ser verdade que nem todos estejam utilizando plenamente seu potencial psíquico, ele ainda existe dentro de cada pessoa. Todos têm algum nível de habilidade psíquica desde o nascimento; não é exclusividade de uns poucos escolhidos. Suas habilidades crescerão com o esforço que você investir nelas. Um dos principais problemas com a compreensão que as pessoas têm do psiquismo decorre da forma como ele é retratado em programas, filmes e livros. Embora a representação das habilidades psíquicas na ficção possa, às vezes, espelhar a experiência real, especialmente em estágios avançados, muitas vezes ela difere significativamente, principalmente nos estágios iniciais de desenvolvimento. O psiquismo envolve a percepção de forças sutis; como resultado, a maneira como o vivenciamos também tende a ser sutil. É por isso que práticas como a meditação e a atenção plena nutrem e aprimoram essas habilidades. Elas nos ajudam a estar presentes e atentos às sensações sutis associadas à percepção psíquica.

## Como usar este livro

Este livro vai além dos fundamentos do Tarô e é destinado àqueles que já têm alguma compreensão dos significados básicos das cartas. Destina-se a leitores de qualquer nível de habilidade que desejam usar o Tarô como uma ferramenta para acessar melhor sua intuição e seus sentidos psíquicos. O foco aqui é tornar suas leituras mais relevantes, ajudando-o a aplicar os significados das cartas diretamente às situações de sua própria vida. Trata-se de elevar o nível de suas leituras de Tarô com habilidade psíquica. Se você está cansado de leituras vagas e abrangentes, o objetivo deste livro é ensiná-lo a tornar suas consultas mais específicas e perspicazes. Em resumo, é um livro para qualquer pessoa aprimorar suas habilidades de leitura de Tarô por meio da percepção psíquica. Com o conhecimento e as técnicas aqui contidas, você será capaz de fazer leituras mais poderosas e precisas que o ajudarão (e ao seu consulente, se estiver lendo para outra pessoa) a obter clareza e compreensão. Nos próximos capítulos, abordaremos o Tarô com um senso de reverência por sua rica história e, ao mesmo tempo, defenderemos um envolvimento mais expansivo e intuitivo com as cartas. Ao contrário de algumas visões contemporâneas, não proponho descartar o "livrinho branco" – uma referência ao guia que geralmente acompanha os baralhos de Tarô e descreve os significados estabelecidos de cada carta. Quando as pessoas dizem isso, estão querendo ignorar todos os significados tradicionais associados ao Tarô ao longo do tempo em favor de uma abordagem puramente intuitiva. Essas interpretações tradicionais resistiram ao teste do tempo por um bom motivo e fornecerão uma base sólida sobre a qual numerosos leitores construirão seu entendimento. Embora respeitemos e valorizemos essa base, não devemos nos limitar apenas a esses significados já estabelecidos. Em sua essência, o Tarô é uma ferramenta para introspecção, crescimento e transformação. Ele se comunica não apenas por meio de símbolos fixos, mas também por meio das emoções, pensamentos e percepções que esses símbolos evocam no leitor e no consulente. Haverá inúmeras ocasiões ao longo deste livro em que o insight obtido de uma carta poderá se desviar de sua interpretação tradicional, conforme orientado pela intuição, experiências pessoais e insights psíquicos. Uma compreensão bem fundamentada dos significados tradicionais do Tarô funcionará como uma base sólida. Pense nisso como se estivesse esculpindo: primeiro você começará com um bloco de pedra bruta, entendendo sua estrutura e forma. Quando estiver familiarizado com o meio, você poderá começar a esculpir, refinando e adicionando sua visão exclusiva à peça. Ao encontrar um equilíbrio entre os significados estabelecidos e suas percepções intuitivas, você pode alcançar um envolvimento holístico e personalizado com o Tarô. Este livro tem o objetivo de guiá-lo nessa jornada, abraçando tanto a sabedoria milenar encapsulada no Tarô quanto os insights novos e em evolução que surgirão de sua interação exclusiva com as cartas.

Meu objetivo não é apenas transmitir ideias e técnicas, mas realmente animá-las com demonstrações vívidas e exemplos pessoais. Uma pergunta frequente que encontro ao ensinar habilidades psíquicas é sobre a maneira "certa" de experimentar uma técnica. Entendendo que as experiências de todos são únicas, considero valioso compartilhar minhas próprias percepções durante essas práticas. Ao relatar momentos de minha jornada de leitura de Tarô, espero fundamentar conceitos abstratos com exemplos tangíveis. Ao longo deste livro, você encontrará seções intituladas "Como isso pode se manifestar". Essas seções vão além da teoria e oferecem uma visão de como esses princípios ganham vida em leituras reais de Tarô com base em meus anos de experiência. Ao compartilhar essas histórias, espero preencher a lacuna entre as ideias abstratas e a prática, enriquecendo sua compreensão do Tarô. Embora eu tenha tentado separar os capítulos em seções claras da melhor forma possível, você perceberá que os tópicos muitas vezes se misturam. Isso ocorre, porque há muita interseção quando se trata de meditação, intuição, habilidade psíquica, mediunidade e assim por diante. Embora eu tenha abordado minuciosamente o tema do despertar e do desenvolvimento de habilidades psíquicas em meu livro *Bruxa Psíquica: Um Guia Metafísico para Meditação, Magia & Manifestação*, não explorei a fundo as cartas de Tarô ou outras práticas divinatórias. É aí que entra o livro que você tem agora em suas mãos: quero apresentar abordagens alternativas para exercícios energéticos fundamentais que poderão aprimorar suas leituras de Tarô. Além disso, apresentarei técnicas completamente novas que melhorarão drasticamente suas sessões. Se você já estiver familiarizado com a *Bruxa Psíquica*, certamente encontrará neste livro maneiras de combinar essas técnicas com seu trabalho de Tarô, mas não se preocupe se não tiver lido *Bruxa Psíquica*. De qualquer forma, este livro lhe dará uma base sólida, oferecendo técnicas úteis para aprimorar suas leituras de Tarô. Não importa o que você tenha lido antes, o objetivo aqui é equipar todas as percepções práticas que podem ser usadas.

Ao longo deste livro, o baralho Rider-Waite-Smith servirá como nossa principal ferramenta, com suas imagens vívidas guiando nossa jornada, a menos que especificado de outra forma. Como o baralho mais usado no mundo todo e a base para a maioria dos baralhos modernos, ele oferece uma linguagem familiar para conversarmos. No entanto, a beleza do Tarô está em sua adaptabilidade. Com um pouco de criatividade, você pode aplicar todos os exercícios contidos nestas páginas ao baralho de Thoth, Marselha ou qualquer outro baralho de Tarô ou mesmo um oráculo de sua escolha.

Este livro foi concebido mais como um guia sequencial do que como um compêndio de referência. Embora possa ser tentador pular de capítulo em capítulo, os exercícios são estruturados principalmente para seguir uma ordem progressiva. Sugiro que você leia o livro inteiro primeiro e, depois, faça os exercícios. Durante a leitura, você encontrará técnicas que foram bem-sucedidas tanto para mim quanto para meus alunos, mas lembre-se de que o que funciona para uma pessoa pode não funcionar para outra. Essas técnicas são mais como sugestões úteis do que como regras rígidas. Sinta-se à vontade para ajustar esses métodos de acordo com seu próprio caminho espiritual e suas necessidades. Afinal de contas, assim como a arte, as habilidades intuitivas florescem com um pouco de talento pessoal. O que realmente importa é encontrar abordagens que ressoem com você de forma eficaz e segura, pois a jornada de cada um é única.

Navegar pela linguagem da espiritualidade, da metafísica e do ocultismo pode ser confuso, especialmente porque os mesmos termos podem ter significados diferentes dependendo da pessoa com quem você fala.

Duas pessoas podem estar usando o mesmo termo, mas querendo dizer coisas diferentes, causando confusão. Para evitar esses mal-entendidos, precisamos estabelecer um terreno comum em nosso entendimento da terminologia-chave, especialmente se esta for sua introdução ao meu trabalho. Termos-chave como "três almas", "psíquico", "intuição", "divindade", entre outros, são fundamentais para nossas discussões. Compartilhar o mesmo entendimento desses termos facilitará o caminho para uma comunicação clara e coerente, permitindo-nos aprofundar ainda mais nesses assuntos. Pense nessa linguagem comum como uma bússola. Ela nos guiará em nossa exploração, assegurando que mantenhamos a clareza e permaneçamos na mesma página. Por meio desse entendimento compartilhado, poderemos navegar pelos conceitos discutidos neste livro de forma mais eficaz.

III
A IMPERATRIZ

# 1

# Adivinhação, Divindades e Você

Quando eu era criança, no parquinho, muitas vezes me encontrava absorto em adivinhações. Se você está lendo isto, há uma boa chance de termos tido interesses semelhantes, quem sabe até teríamos nos tornado amigos. Eu me lembro de arrancar pétalas de margarida, alternando entre "bem me quer" e "mal me quer", com a última pétala determinando o afeto de alguém. Também costumava levar minha Bola 8 Mágica para a escola, ansioso para sacudi-la e fazer previsões para as outras crianças. Outro jogo favorito era o M.A.S.H., que previa cenários de vidas futuras com base em uma espiral desenhada e diferentes opções relacionadas. Também nessa época eu dominava o *cootie catcher*, um tipo de dobradura de papel que você manipulava com os dedos. Ele tinha abas codificadas por núcleos que revelavam respostas semelhantes às de uma Bola 8 Mágica, como sim, não, talvez e pergunte novamente.

Portanto, não é nenhuma surpresa o fato de eu ter sido naturalmente atraído, como uma mariposa para uma chama, pelo Tarô como uma ferramenta de adivinhação. Recebi meu primeiro baralho de Tarô por volta dos nove ou dez anos de idade. Desde então, ele se tornou um companheiro quase constante na minha vida e minha ferramenta favorita para leituras psíquicas. Se você sentiu uma reação à minha menção à adivinhação, saiba que não está sozinho. O termo geralmente provoca uma reação emocional imediata, principalmente por causa do estigma que o envolve. A mídia costuma pintar os cartomantes de forma negativa, seja como indivíduos ingênuos e delirantes ou como fraudadores ou manipuladores. Embora seja verdade que existam golpistas em todas as esferas espirituais e profissionais, eles são uma exceção, não a regra. Grande parte do preconceito e do estigma contra a adivinhação tem raízes na discriminação enfrentada pelas comunidades ciganas, que ainda sofre preconceito até hoje.

É surpreendente que algumas leis ultrapassadas que proíbem a adivinhação ainda estejam em vigor, mesmo nos Estados Unidos! Recentemente, a loja esotérica Serpent's Key, na Pensilvânia, ganhou destaque quando o chefe de polícia alertou o proprietário de que oferecer serviços de leitura de Tarô ao público era ilegal, com base em uma lei antiga contra a adivinhação.[2] Esse incidente mostra como o rótulo "adivinhação" tem sido usado para desacreditar e atingir práticas associadas ao ocultismo ou a caminhos espirituais alternativos. Essas leis arcaicas muitas vezes servem para oprimir, atingir e assediar, principalmente quando usadas contra empresas ou indivíduos considerados "alternativos" ou "não convencionais". Sou apaixonado por reivindicar e esclarecer a confusão em torno da frase "adivinhação" e todo o estigma que a cerca.

O estigma está em toda parte, até mesmo em nossas próprias comunidades de Tarô. Quantas vezes você já se deparou com livros ou postagens em mídias sociais afirmando que o Tarô não tem a ver com a previsão do futuro e alertando contra qualquer pessoa que afirme o contrário? Eles geralmente argumentam que o Tarô é apenas uma ferramenta para introspecção e orientação. Eu discordo; ele engloba *todas* essas facetas. Como alguém que trabalhou como leitor psíquico profissional, médium e leitor de Tarô por muitos anos, utilizo essa ferramenta para ajudar a mim mesmo e a outras pessoas na compreensão de possíveis eventos futuros e na tomada de decisões conscientes. Também conduzi muitos workshops ensinando outras pessoas a aproveitarem suas habilidades psíquicas em

2. Hauser, "Pennsylvania".

leituras de Tarô. O verdadeiro cuidado deve ser com as leituras que apresentam um futuro predeterminado sem escolhas. Um leitor de Tarô experiente combina habilmente várias técnicas para oferecer leituras que promovam a introspecção, aumentem a autoconsciência e forneçam percepções sobre os possíveis resultados futuros mais prováveis.

Explorar as origens de determinadas palavras pode esclarecer a essência delas. Se você observar a palavra "fortuna" e rastrear suas origens, verá que ela se baseia na palavra latina *fortuna*, que significa "sorte" e "acaso". Assim, a adivinhação significa essencialmente que você está contando as chances dos eventos futuros. Trata-se de antecipar possíveis resultados com base no fluxo de energia atual em vez de fazer profecias fixas que não podem ser alteradas. Curiosamente, Fortuna também era o nome da Deusa romana que representava a sorte e o acaso. O Tarô combina a previsão com a arte da adivinhação. O termo "adivinhação" remonta a *divinare*, que significa "o ato de obter informações de poderes superiores". Portanto, a adivinhação não apenas prevê eventos futuros, mas também transmite orientação e percepções mais profundas por meio da inspiração Divina.

## Definição de divindade

Neste livro, quando surgirem termos como "Espírito" (com E maiúsculo), Fonte, o Divino ou Divindade, eu o encorajo a se envolver com eles a partir de um ponto que lhe pareça genuíno. Esses termos possuem um certo charme em sua flexibilidade e expansividade, dando a cada leitor a oportunidade de infundi-los com seu próprio significado pessoal e distinto. Para alguns, "Espírito" pode evocar imagens de guardiões ancestrais; para outros, pode refletir uma profunda conexão com a natureza. A "Divindade" pode lembrar uma pessoa de uma escritura sagrada ou de seres externos, mas, para outra, pode ser a admiração avassaladora sentida ao contemplar uma noite estrelada. A noção de "Fonte" pode ser comparada ao início de um rio para alguns, simbolizando a origem de todas as coisas, ou, para outros, pode ser visualizada como a centelha de inspiração por trás de uma grande ideia. Para alguns, esses termos podem representar o sussurro da intuição ou a voz da consciência, enquanto para outras pessoas podem ser vistos como princípios orientadores semelhantes à Estrela do Norte pela qual os marinheiros navegam. Essas palavras não estão aqui para ditar uma doutrina ou dogma específico, mas, sim, para fornecer pontos de reflexão. Elas são pontes para suas próprias experiências, crenças e percepções. Quer você se conecte com elas em um nível religioso, filosófico ou psicológico, o mais importante é a jornada pessoal de exploração e descoberta que elas facilitam. Imagine esses termos como portas abertas; sua escolha de como passar por elas e perceber o que está além depende inteiramente de você.

Para mim, a beleza desses termos está em sua natureza abrangente. Essa situação não exige uma escolha estrita de um ou outro. Na minha perspectiva, cada interpretação e ressonância é válida e verdadeira por si só. Quer a pessoa sinta uma conexão divina por meio de textos religiosos ou sinta admiração diante das maravilhas da natureza, tudo isso aponta para uma compreensão maior do nosso lugar no Universo. Dizer que isso é puramente espiritual ou exclusivamente psicológico é limitar a vasta extensão da experiência humana. Nossas crenças espirituais geralmente se entrelaçam com nossas realidades psicológicas e vice-versa. Por exemplo, uma pessoa pode encontrar consolo na oração em momentos difíceis, aproveitando simultaneamente a fé espiritual e um mecanismo psicológico de enfrentamento. Alguém que recorre à meditação para obter clareza mental pode, com o tempo, desenvolver um profundo senso de conexão que parece nitidamente espiritual. Acredito na coexistência de várias verdades. O divino pode ser uma força cósmica, uma voz interior, uma conexão com os ancestrais, entidades externas ou um sentimento de unidade com o mundo, tudo ao mesmo tempo. O Espírito pode ser o vento que sopra nas árvores, a intuição que guia as decisões de uma pessoa e a força que une toda a vida. Para mim, cada interpretação, cada experiência pessoal, acrescenta uma camada de riqueza a esses termos. Eles não se negam mutuamente; esses termos complementam e aprofundam nosso entendimento.

Embora eu acredite que a Divindade possa ser encontrada em tudo, cada vez que abordamos o assunto, eu o convido a viajar para além do seu senso imediato de si mesmo e de sua identidade pessoal. Não se trata de uma autonegação, mas, sim, de ampliar seus horizontes. Cada menção ao Divino aqui convida você a se conectar com algo mais numinoso, poderoso e vasto. Trata-se de tocar uma parte de si mesmo ou do Universo que opera em uma escala maior. Pode ser o seu aspecto que permanece imaculado, cru e puro – o estado mais Divino do seu ser que não está vinculado a construções sociais, medos, limitações ou conceitos do seu eu físico, como o seu Eu Superior. A intenção é permitir que você experimente um reino de consciência em que seu ego individual é apenas uma gota no vasto oceano da existência. É o reino onde os limites pessoais se confundem e você é recebido em um espaço de verdades universais, amor sem limites e sabedoria. É a parte de você que ressoa com energias atemporais e conexões sagradas.

## As três almas e diferentes modos de percepção

Em muitas tradições espirituais e esotéricas, o conceito de "eu" é geralmente visto como sendo composto de três facetas primárias, bem como a expressão familiar "mente, corpo e espírito". Esses aspectos são chamados de "Eu Médio", "Eu Inferior" e "Eu Superior", respectivamente. Na Bruxaria, costumamos nos referir a eles como as "Três Almas" para reconhecer a Divindade inerente a todos os aspectos de nós mesmos. O Eu Inferior nos conecta com nossa natureza animalesca. Como seres físicos, experimentamos sensações e emoções em nossos corpos. Essa dimensão interna de nós mesmos permite a interação direta com ela por meio de nossos sentidos e emoções. O Eu Intermediário, por outro lado, representa nosso lado intelectual. Ele processa padrões e informações, além de formular pensamentos e palavras. Esse aspecto nos dá um senso de identidade, a capacidade de perceber e atribuir significado às nossas emoções vivenciadas pelo Eu Inferior. Ao fazer isso, entendemos suas origens e efeitos em nossas vidas. Depois, há o Eu Superior, o mais abstrato dos três. Esse aspecto de nós mesmos ultrapassa as limitações do tempo e do espaço que prendem nossas encarnações terrenas. O Eu Superior incorpora nossa essência divina pura que permanece inalterada ao longo da nossa vida. É o que mais se aproxima do conceito de "Espírito" ou "Alma" na mente da pessoa comum.

A intuição e as habilidades psíquicas, embora estejam entrelaçadas e sejam frequentemente usadas de forma intercambiável, apresentam características únicas e exibem traços distintos em minha visão pessoal e na forma como as defino. A intuição surge do processamento inconsciente de detalhes sensoriais em nosso ambiente, levando a uma percepção específica. Por outro lado, as habilidades psíquicas envolvem a utilização dos sentidos clarividentes, que operam independentemente das informações ambientais tangíveis. Como podemos não estar cientes de onde as informações estão vindo, a intuição geralmente parece uma experiência psíquica. O processamento subconsciente de sinais ambientais pode criar uma sensação de saber ou sentir algo sem uma explicação clara, fazendo com que a experiência pareça misteriosa ou de outro mundo. Apesar de suas diferenças, a intuição e as habilidades psíquicas geralmente trabalham lado a lado. Ao aprimorar as habilidades intuitivas, as pessoas também podem melhorar suas habilidades psíquicas, aprendendo a confiar em sua orientação interior e a seguir seus instintos. Considere a intuição como o Eu Intermediário interpretando as mensagens do Eu Inferior, que processa as informações físicas do ambiente, enquanto as habilidades psíquicas envolvem o Eu intermediário recebendo sabedoria e insight totalmente não relacionados às informações do ambiente do Eu Superior por meio dos sentidos clarividentes.

Em meu livro *Bruxa Psíquica*, explorei amplamente a importância de trabalhar com as Três Almas no contexto do psiquismo e da magia. Expliquei a importância de reconhecer e se envolver com cada uma das Três Almas em relação às habilidades psíquicas. Cada Alma atua como uma lente distinta que nos permite perceber a realidade de maneiras únicas, expandindo, assim, nossa compreensão do reino psíquico. Para esclarecer essa ideia, usei a analogia de pensar no Eu Inferior como uma lente de aumento, no Eu Superior como um telescópio e no Eu Intermediário como um par de óculos de leitura. Ao nos envolvermos ativamente com cada Alma individualmente, ganhamos diferentes pontos de vista para interpretar as informações energéticas que chegam até nós. Essa abordagem multifacetada nos dá acesso a diferentes camadas da realidade, permitindo que as percebamos, naveguemos e manipulemos com eficácia. Limitar-se a um único conjunto de lentes, como confiar apenas em óculos de leitura nessa metáfora, significa perder os detalhes que existem em nível microscópico e macroscópico.

## O gênio nas artes psíquicas

Quando uma pessoa é excepcionalmente brilhante em um campo como o das artes, geralmente a chamamos de "gênio". O termo "gênio", na verdade, tem origens antigas, remontando às crenças romanas e gregas sobre um espírito orientador, também chamado de *Genius*, que protegia e guiava as pessoas. Esse conceito antigo evoluiu para a noção ocultista moderna do Santo Anjo da Guarda (HGA – *Holy Guardian Angel*), cujo papel também envolve orientar a pessoa em direção à sua verdadeira vontade, que é essencialmente o propósito Divino de sua vida. Nos tempos antigos, acreditava-se que esse espírito do Gênio era a fonte de toda inspiração. Atualmente, os artistas costumam falar sobre se sentirem profundamente imersos em seu trabalho, guiados por algo além de si mesmos, em um estado alterado de consciência, descrevendo-o como "o estado de fluxo" ou "estar na zona".

As pessoas frequentemente debatem o que é exatamente o HGA. Ele é apenas outra faceta de nosso Eu Superior ou é um ser totalmente diferente? A questão é mais complexa do que uma resposta do tipo "sim ou não" poderia sugerir, desafiando nosso hábito de reduzir questões complexas a termos simples, como nossos Eus Médios adoram fazer. Há muito valor em pensar no Gênio ou no HGA como algo externo a nós, quer ele realmente seja ou não. Elizabeth Gilbert explora o conceito do

Espírito e da criatividade do Gênio em seu livro *Big Magic*, enfatizando os benefícios de perceber o Gênio como algo externo, da mesma forma que o HGA é frequentemente visto. Ela escreve:

> Eles o chamavam de seu gênio – sua Divindade guardiã, o canal de sua inspiração. Ou seja, os romanos não acreditavam que uma pessoa excepcionalmente talentosa *era* um gênio; eles acreditavam que uma pessoa excepcionalmente talentosa *tinha* um gênio. É uma distinção sutil, mas importante (ser *versus* ter) e, na minha opinião, é uma construção psicológica sábia. A ideia de um gênio externo ajuda a manter o ego do artista sob controle, distanciando-o um pouco do fardo de receber todo o crédito ou toda a culpa pelo resultado de seu trabalho. Em outras palavras, se o seu trabalho for bem-sucedido, você é obrigado a agradecer ao gênio externo pela ajuda, evitando assim o narcisismo total[3].

Entretanto, no trabalho psíquico, pensar em seu Gênio ou HGA como seu eu superior ou um aspecto dele faz mais do que apenas tornar o processo mais suave, serve como um lembrete constante de sua Divindade inerente. Essa maneira de pensar ajuda a fazer com que suas atividades espirituais e psíquicas pareçam uma parte natural de quem você é, e não algo separado ou externo. Ela ajuda você a confiar na orientação e na sabedoria que recebe como um processo natural do seu espírito, o que ajuda a mantê-lo consciente de sua própria essência sagrada. Portanto, quando nos aproximamos do Eu Superior, é benéfico vê-lo como parte de nós mesmos e como algo externo a nós. É um paradoxo, mas essa abordagem liminar é altamente recomendável, pois ninguém pode dizer com certeza qual é a verdade a partir de nossa perspectiva humana limitada, e eu seria cauteloso com qualquer pessoa que afirme com convicção que é apenas uma coisa ou outra. Seja qual for a resposta, o Eu Superior tem algum tipo de conexão com essa sabedoria divina e, por meio do trabalho com nosso Eu Superior, podemos acessar essa essência canalizada de nosso próprio Gênio, seja nas artes ou no psiquismo.

---

3. Gilbert, *Big Magic*, 67.

## Avaliação de seus motivos para leituras de Tarô Psíquico

A arte de ler Tarô e combiná-la com habilidades psíquicas é um processo profundamente espiritual que conecta o praticante com a consciência superior e a sabedoria divina. É um processo poderoso que fornece percepções, orientação e iluminação tanto para o leitor quanto para aqueles que buscam leituras. Entretanto, devido ao seu potencial de poder e influência, recomenda-se abordar essas práticas com motivos bem-intencionados e respeitosos. A ética é fundamental em qualquer trabalho psíquico ou espiritual, inclusive na leitura de Tarô, mas a ética também é profundamente pessoal e deve ser determinada pelo indivíduo. O Tarô e as habilidades psíquicas se conectam a uma consciência maior e devem ser tratados com reverência. O uso imprudente ou mal-intencionado pode levar a informações errôneas durante uma leitura e à perda de conexão com essas ferramentas espirituais. A pureza da intenção influencia a precisão das leituras e a qualidade da percepção psíquica.

Abordar a leitura de Tarô e as habilidades psíquicas com boas intenções cria um espaço seguro e estimulante para todos os envolvidos. Isso incentiva a confiança, a abertura e a disposição para mergulhar no crescimento pessoal, na autodescoberta e na cura. Não se trata apenas de prever o futuro ou descobrir aspectos ocultos do presente; trata-se também de ajudar os outros e operar a partir de uma base de amor e compaixão. A intenção positiva também afeta a energia da leitura. Quando o leitor opera com amor, compaixão e serviço, a leitura se torna um canal de energia positiva e cura. Ela oferece conforto, segurança e orientação valiosa para quem está buscando respostas. Manter uma intenção clara e pura garante a saúde espiritual do leitor, bem como a integridade de sua prática. Isso o alinha com seu Eu Superior e com o bem maior, evitando ser desviado por motivos egoístas, manipular o consulente ou projetar seus próprios problemas nele.

## Fazendo votos para si mesmo

Quando você faz votos à sua Divindade interior, cria um vínculo que facilita um crescimento espiritual significativo e fornece maior clareza sobre si mesmo. Ao fazer uma promessa sincera, esses votos priorizam a integridade pessoal e os compromissos éticos com seu Eu Superior, acessando as partes mais profundas do seu ser. Suas habilidades psíquicas são uma parte essencial do seu Eu Superior, atuando como uma ponte para a sabedoria divina. Ao honrar seus votos com sinceridade e integridade, você se aproximará mais do alinhamento com sua Divindade interior e sua percepção psíquica se aguçará, tornando-se mais poderosa e precisa. Diferentemente de outros tipos de resoluções que são frequentemente abandonadas, esses votos são mais voltados para sua integridade pessoal e compromissos éticos. Portanto, não fique desanimado se ainda não tiver cumprido suas resoluções de Ano Novo; "um dia desses, irei à academia", como me comprometo a fazer toda véspera de Ano Novo. Em vez disso, esses votos têm mais a ver com seu estado de espírito e com o local interno de onde você opera do que com mudanças em seu estilo de vida.

Chegar à leitura de Tarô e às práticas psíquicas com intenções positivas prepara o terreno para uma experiência segura e estimulante para todos. Essa atmosfera positiva incentiva a confiança, a abertura e a disposição para se aprofundar no desenvolvimento pessoal, na autoexploração e na cura. Quando você está em um relacionamento correto com seus motivos, o Tarô transcende a mera leitura de cartas e se torna um ato de serviço enraizado no amor e na compaixão. Essa abordagem genuína também afeta a energia da leitura. Uma leitura conduzida a partir de um lugar de compaixão e altruísmo torna-se um canal para energias benéficas e potencial de cura. Ela oferece consolo, afirmação e conselhos úteis para aqueles que estão em busca de respostas. Manter uma intenção benevolente e sem "nuvens" é fundamental não apenas para o consulente, mas também para proteger o bem-estar espiritual e os padrões éticos do próprio leitor. Essa abordagem ajuda a alinhar o leitor com seu Eu Superior, promovendo o bem maior em vez de ser desviado por ambições egoístas. Quando lemos Tarô para outras pessoas, nosso foco deve ser sempre ajudá-las. Isso pode parecer óbvio, mas é surpreendente a quantidade de pessoas que tentam mostrar o quanto são bons leitores de Tarô ao ler para outra pessoa. Essa abordagem não serve e não ajuda ninguém.

## EXERCÍCIO 1

### *PROMESSAS DAS ALMAS TRIPLAS PARA SI MESMO*

Acho útil usar a carta do Sol para o Eu Médio, a Lua para o Eu Inferior e a Estrela para o Eu Superior, pois essas são correspondências simbólicas que tenho em minha própria prática com relação a esses aspectos das Almas Triplas. Fazer votos para cada uma dessas partes divinas de mim mesmo me mantém concentrado e aberto ao mundo psíquico. A seguir estão três exemplos de votos para esses aspectos. Sinta-se à vontade para usá-los ou criar os seus próprios, garantindo que eles realmente ressoem com suas intenções e sejam compromissos que você possa genuinamente manter. Lembre-se de que esses votos não são obrigatórios, mas podem servir como guias para permanecer no caminho certo e manter nossa conexão com as partes de nós que acessamos durante as leituras psíquicas.

1. Coloque a carta do Sol de seu baralho de Tarô à sua frente. Diga ao seu Eu Médio algo assim: "Comprometo-me a incorporar as qualidades radiantes do Sol em meu discurso. Vou me expressar de forma lúcida e genuína, orientando os outros com honestidade e integridade. Usarei o Tarô para ajudar os outros a ver o caminho a seguir para o bem maior em suas vidas.
2. Posicione a carta da Lua diante de você e direcione seu olhar para ela. Dirija-se ao seu Eu Inferior de uma maneira mais ou mesmo assim: "Prometo abraçar e compreender minhas emoções e meu subconsciente com amor e compaixão. Prometo utilizar minha intuição e consciência emocional para ajudar outras pessoas em sua jornada de autodescoberta e cura. Lerei para eles como um guia, nutrindo seu crescimento com empatia e bondade."

3. Coloque a carta Estrela diante de você e fixe seu olhar nela. Comunique-se com seu Eu Superior usando palavras como estas: "Comprometo-me a ouvir a orientação psíquica de meu Eu Superior, utilizando minha percepção psíquica e conexão com a sabedoria cósmica para ajudar os outros e a mim mesmo. Celebrarei e nutrirei a autenticidade em mim e nos outros, iluminando o caminho da esperança e da inspiração para aqueles para quem leio."

## Os elementos do ser: energia, essência e informação

Uma explicação concisa dos diferentes modos de percepção associados aos Três Eus é apresentada por Ivo Dominguez Jr. em seus livros *Spirit Speak* e *Keys to Perception.* Ele se refere a esses modos de percepção como "energia", "essência" e "informação", que ele chama coletivamente de "os Elementos do Ser"[4]. Ivo processa e categoriza a realidade, dividindo-a em palavras, símbolos, histórias e objetos distintos. O Eu Inferior direciona sua atenção para o aspecto energético dos fenômenos, tanto internos quanto externos, vivenciando-os por meio de emoções e sensações. O foco do Eu Superior está na essência, que pode ser difícil de entender intelectualmente. A essência refere-se à natureza intrínseca ou à qualidade

4. Dominguez Jr., *Keys to Perception*, 65-70.

indispensável de algo, especialmente quando se trata de conceitos abstratos que determinam seu caráter.

Quando se trata de leituras de Tarô psíquico, podemos traçar paralelos com o ato de pintar. O Eu Superior desempenha um papel no fornecimento da essência de uma leitura. Pense nele como os contornos, as pinceladas, as formas e os formatos em uma pintura que dão origem às imagens. Ele oferece o conceito primário, a inspiração e a visão da obra de arte, garantindo que a ideia principal, como a pintura de uma criança com uma flor, permaneça distinta de outras possibilidades, como a de um golfinho no oceano. É aqui que uma ideia conceitual não manifestada se transforma em uma pintura manifestada, dando-lhe vida. Por outro lado, o Eu Inferior contribui com o aspecto energético de uma leitura, da mesma forma que a adição de cores, sombras e tons em uma pintura. Ele expressa as emoções e os estados de espírito que permeiam a obra de arte como um todo. Essa energia dá vida à leitura, impregnando-a de profundidade e evocando respostas emocionais. O Eu Intermediário, por outro lado, fornece as informações de uma leitura. Ele pode ser comparado à composição de uma pintura, orientando a colocação de vários elementos na obra de arte e explicando o raciocínio por trás dessas escolhas. O Eu Intermediário oferece a história e a narrativa que a pintura procura transmitir, reunindo os elementos e criando um todo coeso e significativo.

Agora, vamos aplicar esses conceitos ao contexto de uma leitura de Tarô. O Eu Intermediário desempenha um papel na estruturação da leitura por meio do fornecimento de informações. Ele compreende as posições das cartas na tiragem, extrai do seu banco de dados interno os significados das cartas e reconhece as associações ligadas a cada carta. Como uma aranha, ele então entrelaça todos os fios dos Três Eus em uma teia coesa para oferecer uma interpretação, explicação e compreensão do que as cartas estão transmitindo.

O Eu Inferior, por outro lado, contribui com informações intuitivas para a leitura. Ele absorve as impressões energéticas sobre a pessoa sentada à nossa frente e as cartas na mesa, fornecendo-nos percepções emocionais e sensações físicas que acrescentam profundidade e cor às informações que recebemos. Esse aspecto aprimora nossa compreensão da leitura e nos dá uma visão mais ampla de seu significado. O Eu Inferior também pode fornecer aqueles palpites internos que o levam a se afastar da lista de palavras-chave tradicionais de uma carta para se concentrar em um aspecto específico dessa carta ou em algo totalmente não convencional para sua interpretação.

Já o Eu Superior traz percepções sobre as ideias e mensagens abrangentes transmitidas em uma leitura, estejam elas diretamente relacionadas às cartas ou não. É nesse momento que nossas percepções de clarividência entram em ação, sobre as quais nos aprofundaremos mais adiante. O Eu Superior também permite a incorporação da mediunidade, possibilitando que recebamos e percebamos percepções adicionais na leitura que podem não ter nada a ver com as cartas apresentadas à sua frente.

| Alma Tripartida | Percepção | Elementos do ser |
|---|---|---|
| Eu Superior | Psíquismo | Essência |
| Eu Médio | Intelecto | Informação |
| Eu Inferior | Intuição | Energia |

## EXERCÍCIO 2

### *ANÁLISE DE CARTAS DE TARÔ POR MEIO DE ENERGIA, ESSÊNCIA E INFORMAÇÕES*

1. Comece selecionando uma carta de Tarô de seu baralho. Concentre-se nas imagens, símbolos e cores da carta.
2. Reserve um momento para se conectar com a energia da carta. Observe todas as emoções, sensações ou percepções intuitivas que surgirem. Descreva a energia que você sente na carta, como sua vibração, intensidade ou presença calmante.

3. Agora, explore a essência da carta de Tarô. Veja além das imagens superficiais e mergulhe nos significados arquetípicos e simbólicos associados à carta. Pesquise suas interpretações tradicionais e considere os temas arquetípicos e abrangentes mais profundos que ela representa.
4. Examine as informações descritas na carta. Analise os elementos, os personagens e as cenas. Pense nos detalhes e em como eles contribuem para a mensagem geral da carta. Identifique qualquer conselho ou orientação prática que possa ser extraído de suas imagens.
5. Agora combine as percepções das interpretações de energia, essência e informações. Observe como a energia que você sentiu da carta se alinha ou contrasta com sua essência arquetípica e com as informações que ela transmite. Procure padrões ou conexões entre os três aspectos. Considere como cada aspecto aprimora ou influencia os outros para criar uma compreensão holística do significado da carta.
6. Reserve algum tempo para refletir sobre a interpretação combinada da carta. Como a análise da carta através dessas três perspectivas aprofunda sua compreensão da mensagem e de sua relevância? Aceite quaisquer novas percepções ou revelações que surjam durante esse processo. Pense em como você pode integrar esses entendimentos em sua vida diária ou na prática do Tarô.

## Colocando tudo em prática

### *COMO ISSO PODE SE MANIFESTAR*

Permita-me compartilhar um exemplo que demonstra esses conceitos em ação. Há alguns anos, quando eu trabalhava como leitor de Tarô em Salem, tive uma consulente que buscava orientação sobre sua carreira. Enquanto eu me preparava para a leitura, meu Eu Médio assumiu o comando, decidindo por uma tiragem de três cartas. As cartas escolhidas foram o Três de Pentáculos, a Rainha de Espadas e a Roda da Fortuna. Com base em meu conhecimento dos significados do Tarô, uma mensagem clara começou a se revelar. O Eu Intermediário entrelaçou habilmente os fios simbólicos apresentados pelas cartas, enfatizando a importância da colaboração e da alavancagem da capacidade intelectual na busca do sucesso profissional. Ficou evidente que o consulente possuía o potencial de criar uma carreira impactante combinando suas habilidades com a experiência adquirida em vivências passadas, mas que algo tinha de ser comunicado claramente em seu local de trabalho. A mensagem transmitia um insight poderoso que poderia mudar as coisas a seu favor e levá-lo à realização.

À medida que a leitura avançava, meu Eu Inferior se sintonizou com a energia emocional da consulente, percebendo uma mistura de excitação e apreensão. Impressões intuitivas surgiram dentro de mim, evocando uma sensação familiar semelhante à de quando a inspiração surge e as ideias fluem sem esforço. Algo me disse que a consulente tinha uma ideia que queria apresentar em seu local de trabalho. Entretanto, havia também um sentimento de frustração, indicando que, no passado, suas ideias não haviam sido ouvidas ou valorizadas. A contribuição do Eu Inferior aprofundou a leitura, enfatizando a importância de confiar nos próprios instintos e de adotar escolhas ousadas. Foi meu Eu Superior que trouxe visões vívidas, oferecendo orientação específica. Em minha mente, vi um homem maduro, sábio e solidário, com cabelos prateados, bigode e óculos. O homem parecia estar sorrindo e acenando com a cabeça, indicando sua aprovação. Isso indicava que a consulente poderia discutir livremente suas ideias com essa pessoa. Em seguida, surgiu uma visão diferente: um homem de meia-idade com cabelos ruivos, vestindo um terno bem cortado, segurando uma prancheta, com o rosto marcado por uma expressão cética. Isso simbolizava cautela, sugerindo que apresentar as ideias da consulente a esse indivíduo poderia atrapalhar em vez de apoiar suas aspirações. As visões do Eu Superior guiaram a consulente em direção às pessoas certas com as quais se envolver e àquelas que deviam ser abordadas com cautela, garantindo uma carreira frutífera e alinhada.

Transmiti essas informações à consulente, que confirmou que a descrição do homem de meia-idade correspondia ao seu supervisor, que parecia nunca ouvir e era excessivamente crítico, apesar de seu excelente desempenho. O outro homem descrito correspondia ao seu chefe. Como resultado, o principal conselho foi ignorar o supervisor e apresentar sua ideia diretamente ao chefe. Essa percepção trouxe clareza à situação da consulente. Outros insights surgiram quando meu Eu Inferior se concentrou na Roda da Fortuna, oferecendo uma previsão pouco ortodoxa. Expliquei que se ela seguisse esse conselho, subiria de posição, personificado pela Rainha de Espadas. Além disso, essa transformação provavelmente ocorreria em um ano, pois a Roda da Fortuna simboliza o ciclo anual do zodíaco.

Notavelmente, um ano depois, a consulente retornou para me informar que a leitura tinha se mostrado precisa. Ela havia substituído com sucesso seu supervisor e experimentado o avanço na carreira previsto na leitura. Esse cenário da vida real serve como um exemplo convincente de como a colaboração dos Três Eus em uma leitura de Tarô se torna evidente e se entrelaça para interpretar as cartas e fornecer uma previsão. Ao reconhecer e adotar a interação desses Três Eus, a leitura do Tarô ofereceu à consulente uma compreensão única de sua jornada de carreira que a interpretação tradicional do Tarô talvez não tivesse proporcionado por si só. Isso a capacitou a tomar decisões conscientes, aproveitar seus pontos fortes exclusivos e buscar as conexões e orientações corretas para navegar em seu caminho com confiança e clareza.

## EXERCÍCIO 3

### *TIRAGEM TRIPLA DO INSIGHT DA ALMA*

Este exercício foi elaborado para ajudar você a se sintonizar com seu Eu Inferior, Médio e Superior usando uma tiragem de Tarô triangular de nove cartas. Cada ponto do triângulo corresponde a um aspecto de suas Três Almas (Inferior, Intermediário e Superior), e cada uma delas terá três cartas associadas. O Eu Inferior representa seu corpo e suas emoções, o Eu Intermediário incorpora sua mente e o Eu Superior simboliza seu espírito.

1. Encontre um espaço calmo e confortável onde você possa se concentrar sem interrupções. Respire fundo algumas vezes, centralizando sua mente e definindo a intenção para a leitura.
2. Embaralhe as cartas de Tarô, mantendo a intenção clara em sua mente, para obter insights sobre o estado atual dos seus Eus Inferior, Médio e Superior e identificar quaisquer bloqueios e soluções.
3. Quando sentir que é o momento, tire nove cartas do baralho. Disponha-as em uma formação triangular. As três primeiras cartas (1, 2, 3) vão para a parte inferior esquerda do triângulo, as três cartas seguintes (4, 5, 6) para a parte superior e as três cartas finais (7, 8, 9) para a parte inferior direita.
4. Interprete as cartas com base em suas posições:

   **Eu Inferior (Cartas 1, 2, 3):**

   CARTA 1: representa o estado atual de seu Eu Inferior. Reflita sobre como essa carta se relaciona com suas emoções e seu estado físico atuais.

   CARTA 2: indica os bloqueios, desequilíbrios ou desafios que seu Eu Inferior precisa resolver.

   CARTA 3: sugere soluções ou ações que podem trazer equilíbrio e cura para seu Eu Inferior.

**Eu Médio (Cartas 4, 5, 6):**

CARTA 4: significa o estado atual de seu Eu Intermediário, relacionado a seus estados intelectual e cognitivo.

CARTA 5: destaca os bloqueios ou desequilíbrios que podem estar afetando seu bem-estar mental ou seus processos de pensamento.

CARTA 6: fornece possíveis soluções ou etapas para equilibrar e otimizar seu estado mental.

**Eu Superior (Cartas 7, 8, 9):**

CARTA 7: representa o estado atual de seu Eu Superior, ou seu aspecto espiritual.

CARTA 8: lança luz sobre quaisquer bloqueios, desequilíbrios ou desafios espirituais que possam precisar de atenção.

CARTA 9: oferece orientação ou ações para equilibrar e nutrir seu eu espiritual.

5. Passe algum tempo meditando em cada carta, observando quaisquer pensamentos ou sentimentos que surjam. Talvez você queira registrar suas percepções em um diário para reflexão posterior.

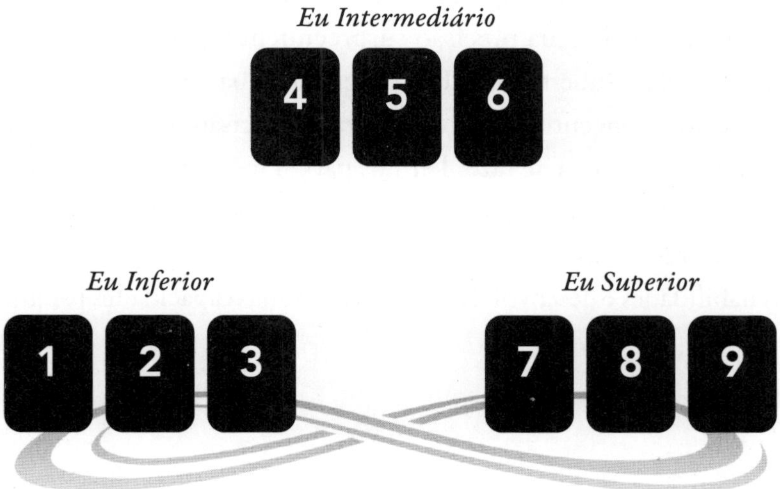

## Confiando em si mesmo

O maior obstáculo para explorar as habilidades psíquicas geralmente vem da dúvida. Muitas pessoas acham que essas habilidades são para indivíduos "especiais" e duvidam de seu próprio potencial. Mas pela minha experiência, aqueles que estão altamente sintonizados com suas habilidades psíquicas compartilham algumas características. São pessoas que têm imaginação ativa, senso de diversão, criatividade e uma atitude equilibrada. Elas levam a sério suas habilidades, mas também sabem como se divertir com elas. Para reforçar essa ideia, Rachel Pollack escreveu brilhantemente que "aprender a brincar com seriedade é um dos grandes segredos da exploração espiritual".[5] Uma característica importante que todos parecem ter é a capacidade de ignorar pensamentos autolimitantes, especialmente quando usam a imaginação. Elas não têm medo de cometer erros, e isso é muito importante para o crescimento pessoal e psíquico.

Para obter capacitação psíquica, você precisa primeiro vencer a dúvida, abrir-se para a imaginação e criar espaço em sua vida para aprimoramento e expansão. Permitir que você se sinta confortável com a possibilidade de estar errado ao desenvolver habilidades psíquicas também é essencial. Mergulhar no processo sem julgar as informações recebidas geralmente revela uma precisão surpreendente que, anteriormente, poderia ter sido subestimada. Depois que uma base psíquica sólida for estabelecida, concentre-se em aprimorar a precisão de seu psiquismo. Isso envolve a prática de fazer leituras para si mesmo ou para amigos e familiares sobre assuntos que não sejam decisões que mudem sua vida. Ao se concentrar em assuntos menos importantes, as pessoas podem refinar suas habilidades e desenvolver confiança em suas capacidades psíquicas.

---

5. Pollack, *A Walk Through the Forest of Souls*, 6.

## Permissão de sua força vital

O psiquismo requer um estado de tolerância que é comumente encontrado na criatividade e na diversão. Considere aqueles momentos em que você está caindo no sono ou deixando sua mente vagar pela fantasia. Há uma qualidade passiva nesse processo à medida que suas ondas cerebrais começam a mudar. No entanto, o que diferencia os psíquicos é sua capacidade de acessar esse estado intencionalmente por meio da atenção concentrada. É um equilíbrio delicado entre o foco disciplinado e o fluxo receptivo que ocorre. Forçar o processo, esforçando-se demais ou tendo resistência interna, pode atrapalhar o fluxo natural. Nesse sentido, o relaxamento é fundamental. Relaxar afeta positivamente a mente e o corpo, aumenta o fluxo sanguíneo e altera os padrões de respiração. Essa mudança sutil aprimora sua conexão com a força vital do seu Eu Superior e do seu Eu Inferior. A respiração está associada ao Eu Superior, enquanto o sangue está conectado ao Eu Inferior. Em outras palavras, o relaxamento fortalece seu vínculo tanto com a natureza divina do seu Eu Superior quanto com a natureza física do seu Eu Inferior, aprofundando a conexão com esses aspectos.

### EXERCÍCIO 4

#### *TÉCNICA DE RELAXAMENTO CALMANTE*

Esta técnica visa promover uma sensação de calma e relaxamento, concentrando-se na respiração controlada e liberando gradualmente a tensão muscular. A técnica de respiração incorporada nesse exercício é conhecida como "respiração quadrada", que pode relaxá-lo e alterar ligeiramente sua consciência. Pode ser uma ferramenta útil para acalmar a mente, aliviar o estresse e preparar-se para a exploração psíquica ou qualquer outra atividade que exija um estado de relaxamento.

1. Feche os olhos e inspire lentamente pelo nariz, contando até quatro.
2. Sinta a parte superior da barriga se expandir ao inspirar e prenda a respiração até a contagem de quatro.

3. Expire lentamente com os lábios franzidos, como se estivesse soprando algo para fazer um pedido, contando até quatro. Mantenha as inspirações e expirações medidas e estáveis para evitar tonturas.
4. Depois de expirar, mantenha os pulmões vazios, contando até quatro.
5. Respire fundo novamente, contando até quatro, e concentre-se em fechar a mão em um punho.
6. Mantenha a tensão e a respiração até a contagem de quatro, depois solte-a lentamente e abra os dedos enquanto expira.
7. Observe o relaxamento que se espalha por sua mão.
8. Repita esse processo de tensionamento e liberação com todo o corpo, área por área.
9. Depois de passar pelas várias partes do corpo, agora tensione todos os músculos que puder de uma só vez e, em seguida, libere conscientemente a tensão, prestando atenção à sensação de relaxamento.
10. Para aprimorar o processo, afirme mentalmente para si mesmo que está relaxando enquanto libera a tensão em todo o corpo.

## Estados alterados de consciência

Nossa atividade cerebral consiste em pulsos elétricos criados por neurônios que se comunicam entre si. Esses pulsos são medidos em ciclos por segundo, conhecidos como *hertz*, e estão correlacionados a diferentes estados de consciência. Os cinco estados primários são *gama, beta, alfa, teta e delta*, cada um identificado por sua própria faixa de ciclos de hertz. Aprender a alternar entre esses estados nos permite ajustar nosso nível de consciência à vontade. O pesquisador Robert Beck descobriu que muitas pessoas que demonstravam habilidades psíquicas tinham um padrão de ondas cerebrais de 7,8 a 8 hertz, dentro da faixa *alfa* (7,5 a 13 hertz). Esse estado é frequentemente associado a atividades como meditação, imaginação e sonhar acordado. A pesquisa de Beck destaca a ligação entre o estado *alfa* e as habilidades psíquicas[6].

---

6. Brennan, *Light Emerging*, 17-18.

## EXERCÍCIO 5

### *ENTRANDO EM ALFA*

Para entrar no estado de ondas cerebrais *alfa*, há vários métodos disponíveis, todos seguindo um padrão semelhante. Essas técnicas geralmente envolvem o foco em uma combinação de cores e imagens, mergulhando nessas imagens mentais e tornando-as vívidas aos olhos da mente. Geralmente, há uma sensação de subida ou descida incorporada, como uma contagem regressiva ou um processo semelhante. Depois de entrar com sucesso no estado *alfa*, preste muita atenção a todos os pensamentos ou sensações que surgirem durante esse estado alterado de consciência. Seja receptivo às impressões e percepções sutis que possam vir a você. Também recomendo fortemente a realização de uma leitura de Tarô após entrar no estado *alfa*. Você provavelmente perceberá uma diferença significativa na experiência de leitura. O processo se torna mais fluido, com ideias e imagens surgindo sem esforço em sua mente à medida que você se envolve na leitura. É como se as informações fluíssem sem problemas, criando uma conexão mais profunda e intuitiva com as cartas e seus significados.

1. Realize a técnica de Relaxamento Calmante (Exercício 4).
2. Com os olhos fechados, imagine-se sozinho dentro de um elevador. À sua frente estão as portas do elevador e um painel ao lado que exibe todos os níveis dos andares e os botões para subir e descer. Pressione o botão para subir e sinta o elevador subindo suavemente para o próximo andar.
3. Quando as portas se abrem, você se encontra em uma sala levemente iluminada, onde seu olhar é naturalmente atraído para uma lâmpada. Aproxime-se da lâmpada e ligue-a. Instantaneamente, a sala se enche de um brilho vermelho quente.
4. Volte para o elevador e pressione o botão para cima novamente. Depois que o elevador subir para o próximo andar, você entrará em outra sala que está suavemente iluminada. Dessa vez, encontre uma lâmpada laranja e ilumine o espaço com seu brilho suave.

5. Repita esse processo ao subir por cada andar, descobrindo lâmpadas com luzes amarelas, verdes, azuis e roxas em cada cômodo.
6. Ao chegar ao último andar, você encontrará uma lâmpada que irradia uma luz branca pura. Ao acender a luz branca, sinta sua energia luminosa preenchendo o ambiente.
7. Abra os olhos, entendendo que entrou com sucesso no estado *alfa* de consciência. Afirme dentro de si mesmo que todas as percepções ou informações que receber nesse estado serão precisas e benéficas. Agora você está preparado para participar de técnicas meditativas, psíquicas ou divinatórias com um senso elevado de consciência e conexão.

## EXERCÍCIO 6

### *OS PILARES EQUILIBRADOS DA SABEDORIA*

Neste exercício, usamos a imagem da Alta Sacerdotisa no baralho Rider-Waite-Smith, onde ela se senta entre os pilares branco e preto J e B (Jachin e Boaz do lendário e místico Templo de Salomão). Esses pilares simbolizam a dualidade da existência e o equilíbrio das energias dentro de nós. A Alta Sacerdotisa personifica a sabedoria, a intuição e o mistério – qualidades também associadas à renomada sagacidade do Rei Salomão. Assim como a carta da Alta Sacerdotisa nos ensina a harmonizar e integrar as energias contrastantes dentro de nós, nutrindo a autoconsciência, o equilíbrio energético e o alinhamento, este exercício o ajuda a abraçar a interação de seus aspectos conscientes e subconscientes, reconhecendo a importância de sua união equilibrada para encontrar maior harmonia e alinhamento em todas as facetas de seu ser.

1. Visualize dois pilares, um em cada lado de você: um pilar branco à sua esquerda e um pilar preto à sua direita, exatamente como na carta da Alta Sacerdotisa.
2. Reconheça que esses pilares representam um equilíbrio entre as energias contrastantes em seu interior. O pilar branco representa a lógica e a razão de sua mente consciente, enquanto o pilar preto representa a intuição e o psiquismo de sua mente subconsciente.

3. Sinta como essas energias se entrelaçam e se complementam internamente. Observe como seus pensamentos se alinham com a lógica e suas percepções intuitivas se conectam com a sabedoria.
4. Reconheça e aprecie a harmonia entre esses aspectos de si mesmo. A coexistência deles traz uma sensação de totalidade e plenitude.
5. Afirme: "Eu abraço a união equilibrada de minhas energias conscientes e subconscientes de lógica e intuição, razão e psiquismo."
6. Visualize os pilares combinando suas energias, criando um campo de energia unificado e equilibrado em seu interior e recalibrando quaisquer desequilíbrios.
7. Observe como essas energias se equilibram e se entrelaçam, promovendo uma integração holística de seu ser. Abrace o simbolismo dos pilares, reconhecendo a unidade dos opostos dentro de você. Através de sua representação de equilíbrio, você pode apreciar a importância da lógica/intuição e da razão/psiquismo na criação de um estado equilibrado de consciência.

IV
O IMPERADOR

# 2

# Fundamentos Energéticos

A habilidade psíquica está intimamente ligada à prática do trabalho energético, tanto para seu desenvolvimento quanto para seu uso efetivo durante as leituras. O trabalho com energia tem tudo a ver com a captação e a modelagem de vários tipos de forças energéticas. Essa ideia não é apenas espiritual ou mística; é, na verdade, física. Quando você analisa o que consideramos objetos "sólidos", descobre que eles são compostos de partículas de energia que se movem rapidamente. Essas partículas vibram em frequências distintas, fazendo com que pareçam sólidas aos nossos sentidos. Portanto, o mundo físico como o conhecemos é, na verdade, apenas diversas expressões de energia. Nossos sentidos podem detectar apenas uma fração desse espectro de energia. Tomemos como exemplo os campos magnéticos, a radiação e a luz ultravioleta – essas são formas de energia que não podemos ver nem sentir, mas sua presença e seus efeitos podem ser verificados cientificamente. Isso fala da realidade mais ampla das formas de energia além de nossa percepção sensorial imediata.

O bloco de construção fundamental de toda a existência é a energia. Esse conceito é essencial para a compreensão do psiquismo. Diferentes tipos de energia estão constantemente interagindo e moldando nosso mundo, mesmo quando escapam à nossa percepção sensorial básica. Como médiuns, nós nos conectamos com energias que não são comumente reconhecidas pela compreensão científica. Estou convencido de que todos têm a capacidade inata de sentir essas energias sutis, que a ciência ainda não explorou totalmente. Embora a ciência tenha feito um excelente trabalho identificando e estudando várias formas de energia, o médium sabe que outros tipos exclusivos de energia estão por aí, aguardando reconhecimento formal. Sua ausência na literatura científica não faz com que essas energias sejam menos reais ou importantes. O reconhecimento dessas energias sutis não prejudica o valioso trabalho que a ciência fez para desmistificar nosso mundo. Ambas as perspectivas podem coexistir, enriquecendo nossa compreensão do Universo.

A realização do trabalho energético acontece por meio do poder da imaginação, utilizando principalmente a visualização e a imaginação sensorial tátil. Nesse processo, a visualização permite a criação de uma forma-pensamento etérica. Em termos simples, uma forma-pensamento é uma imagem mental, uma ideia ou uma construção alimentada por nossos pensamentos e sentimentos. Ela pode variar em complexidade ou consciência, desde uma forma em nossa aura que influencia nossos sentimentos ou pensamentos até uma visualização energética e um espírito semiconsciente ou totalmente consciente que criamos. O tipo de forma-pensamento que mais usaremos durante nosso trabalho energético neste livro é menos um "robô de energia" consciente e mais uma sobreposição energética que visualizamos e capacitamos. A visualização por si só costuma ser insuficiente para um trabalho psíquico eficaz. Para tornar a forma-pensamento mais potente e adequada para fins psíquicos, precisamos incorporar nossa força de vontade. A força de vontade representa nossa determinação e intenção de manifestar algo. Ao infundir a forma-pensamento com nossa força de vontade, extraímos energia do reino astral, que é o reino da força de vontade. Essa infusão de energia astral transforma a forma-pensamento etérica em uma forma-pensamento astral, que possui maior poder e pode ser utilizada em atividades psíquicas, como leituras psíquicas e manipulação de energia. Essa infusão energética concede à forma-pensamento a força e a eficácia necessárias para o trabalho psíquico. Ao combinar a visualização com a imaginação sensorial tátil, a força de vontade e a energia, podemos aprimorar nossas habilidades psíquicas e obter melhores resultados em práticas e leituras psíquicas.

## Estabelecendo a base

Ao longo deste capítulo, apresento vários exercícios que são essenciais para se preparar para o trabalho energético antes de realizar uma leitura. Não importa se você se dedica à leitura de cartas de Tarô de vez em quando ou se é um praticante experiente que faz malabarismos com uma agenda agitada de leituras. É importante considerar esses exercícios como um aspecto fundamental de sua rotina de leitura de Tarô. A importância de entrar no estado de ondas cerebrais *alfa* do capítulo anterior e realizar esses exercícios não pode ser exagerada. Eles servem como base para garantir uma mente clara e concentrada e um coração espiritualmente sintonizado. Para aqueles que são leitores profissionais ou realizam leituras com frequência, esses exercícios têm um significado ainda maior. Em meio a um dia exigente, repleto de sessões consecutivas e um fluxo constante de consulentes, a possibilidade de esgotamento de energia e exaustão emocional é real. É nesse contexto que uma prática consistente de preparação energética se torna não apenas benéfica, mas essencial. Esses exercícios ajudam a manter seus níveis de energia, mantendo suas faculdades psíquicas afiadas e sua mente clara durante as sessões. Ao priorizar essas práticas preparatórias, você protegerá sua capacidade de fornecer leituras perspicazes e valiosas, independentemente do grau de exigência de sua agenda. Portanto, faça desses exercícios, ou de uma adaptação deles, uma parte inegociável de sua rotina de leitura de Tarô.

Ao dedicar tempo a esses exercícios antes de começar o dia de leituras, você estabelece uma base sólida para o alinhamento energético e a receptividade ideais. A prática desses exercícios permite que você se sintonize com sua própria energia, garantindo que esteja no melhor estado possível para oferecer leituras perspicazes e precisas. Essa prática cria uma sinergia entre você, as cartas e as energias com as quais trabalha. Ao abordar suas leituras com atenção plena e intenção, você aprimora sua capacidade de acessar insights intuitivos, interpretar símbolos e fornecer orientação significativa para aqueles para quem está lendo. Ao tornar esses exercícios uma parte inegociável de sua rotina, você cultiva um senso de disciplina energética e estabelece um ritual de preparação energética. O bem-estar de sua própria energia é essencial para a qualidade e a eficácia de suas leituras. Incorporar esses exercícios à sua rotina diária não só o beneficia como leitor, como também melhora a experiência geral e a satisfação do consulente.

## Os exercícios preliminares

Sempre que nos aprofundarmos em um novo tópico, técnica ou prática, considerarei que esses exercícios preliminares tenham sido realizados. Eles funcionam como a plataforma de lançamento a partir da qual nos aprofundamos em explorações mais complexas do trabalho com energia e com o psiquismo. No entanto, é possível que você descubra técnicas diferentes que se encaixem melhor com seu estilo. Essa exploração e personalização são, além de bem-vindas, também incentivadas. O importante é garantir que, quaisquer que sejam as técnicas escolhidas, elas cumpram cada propósito energético descrito nesses exercícios básicos. Afinal de contas, não se trata de aderir rigidamente a um conjunto de práticas, mas de promover um ambiente energético propício a leituras de Tarô perspicazes, empáticas e genuínas. Também recomendo enfaticamente que você se restabeleça no final de qualquer sessão de energia.

### *Exercícios preliminares que devem ser realizados em ordem:*

1. Relaxamento Calmante (exercício 4, página 55)
2. Entrando em Alfa (exercício 5, página 57)
3. Pilares Equilibrados da Sabedoria (exercício 6, página 58; opcional/conforme necessário)
4. Aterramento da Alta Sacerdotisa (exercício 8, página 70)
5. Fluxo de Energia da Temperança (exercício 9, página 72)
6. Centralização do Coração (exercício 10, página 74)
7. Armadura Lunar (exercício 11, página 77)

8. Estabelecendo seu Espaço Energético (exercício 16, página 86)
9. Limpeza Energética e Energização de suas Cartas (exercício 13, página 82; opcional/conforme necessário)

## Os poços de energia

Há vários tipos de energia sutil com os quais podemos nos envolver e, à medida que nos aprofundamos no campo do trabalho energético, essas energias podem ser categorizadas em formas ainda mais sutis. Entretanto, antes de embarcarmos nessa jornada, é essencial abordar primeiro sua própria energia vital. Isso se refere à energia que flui naturalmente em seu interior – sua força vital pessoal, por assim dizer. Ela engloba sua composição energética, sua aura e seus centros de energia. Ao se envolver em um trabalho energético, não é aconselhável confiar apenas em sua própria energia vital para impulsionar seu trabalho energético. É como o ditado que diz que não se pode derramar de um copo vazio. Isso é particularmente verdadeiro quando se trata de trabalho com energia e práticas psíquicas. Utilizar sua própria força vital dessa maneira acabará por esgotá-lo, levando a uma infinidade de problemas, sendo a fadiga e o esgotamento apenas algumas das possíveis consequências. Em vez disso, recorremos a três outras fontes de energia, chamadas de "poços de poder". Esses poços servem como fontes alternativas das quais podemos extrair energia para direcionar, mover e manipular outras formas de energia. A intenção não é alimentar nosso trabalho energético diretamente com nossa própria energia vital. Ao explorar esses poços alternativos, garantimos que podemos sustentar nossos níveis de energia e evitar as armadilhas associadas à dependência exclusiva de nossa força vital pessoal.

### *Energia divina*

O primeiro poço de energia incorpora o poder sagrado que emana da fonte divina, representando a essência suprema da criação e dos reinos espirituais, abrangendo a consciência superior, o amor incondicional e a sabedoria divina. Acredita-se que essa energia tem origem em um poder superior, seja ele Divindades, Espíritos, o Universo como uma mente consciente ou uma força cósmica suprema. É a força subjacente em tudo e entre todas as coisas, muitas vezes chamada de "Quintessência", Espírito ou Éter, entre outros nomes. Por isso, é também a base de todas as outras formas de energia. Dentro desse poço de poder, também encontramos a energia de entidades espirituais que podem oferecer assistência em nossos esforços, como Divindades, Guias Espirituais, Arquétipos ou outros aliados não físicos.

### *Energia terrestre*

O segundo poço de energia, abrange a energia que circula dentro da Terra e permeia o mundo natural, assemelhando-se à força vital contida na natureza. Algumas pessoas expressam preocupação de que o acesso a essa fonte de energia pode esgotar ou prejudicar o Planeta. No entanto, não há necessidade de se preocupar, porque a quantidade de energia sutil que obtemos da Terra é excepcionalmente minúscula em comparação com seus extensos reservatórios. A energia que obtemos da Terra é semelhante à dos microrganismos em nosso corpo. Esses organismos se envolvem continuamente em várias atividades que muitas vezes passam despercebidas e raramente, ou nunca, têm efeitos adversos em nosso bem-estar. Da mesma forma, a energia que captamos da Terra é incrivelmente modesta quando comparada à sua capacidade energética geral. Consequentemente, nossa utilização da Energia Terrestre tem um impacto quase insignificante e não prejudica nem esgota a Terra de maneira significativa.

### *Energia celestial*

Esta energia abrange corpos celestiais como estrelas, planetas e galáxias, representando a força cósmica que preenche a vastidão do espaço. Além de sua presença no cosmos, ela também nos influencia por meio da Astrologia e dos efeitos planetários. A Astrologia reconhece que as posições e os movimentos dos corpos celestes afetam nossas vidas e moldam nossas personalidades por meio da emissão de energia que varia de acordo com suas posições e interações com outros corpos celestes. A prática empregada por magos e ocultistas desde os tempos antigos é aproveitar essas energias celestiais como fonte de poder. Ao nos conectarmos com essa energia celestial, podemos estabelecer um vínculo com as forças cósmicas e explorar a intrincada relação entre o Universo e nossa própria existência.

## Aterramento e centralização

O aterramento e a centralização são essenciais quando se trata de trabalho energético e leituras psíquicas. Essas práticas proporcionam estabilidade e foco em nossos esforços. Negligenciá-las pode levar a resultados desfavoráveis. Antes de se envolver em qualquer trabalho psíquico ou energético, esteja sempre atento para se aterrar e se centrar. Embora o aterramento e a centralização sejam frequentemente mencionados juntos, é útil entender suas funções distintas. O aterramento libera energia excessiva que poderia nos sobrecarregar ou prejudicar. Ele atua como uma válvula de escape, permitindo a liberação de energia excedente de nossos corpos e sistemas energéticos, de forma semelhante ao funcionamento de uma válvula em um sistema de pressão. No trabalho psíquico ou energético, muitas vezes encontramos energias potentes, o que torna o aterramento essencial para evitar o acúmulo prejudicial de energia. Por meio do aterramento, restauramos o equilíbrio ao eliminar o excesso de energia, o que nos permite trabalhar com segurança e eficácia. Também é importante realizar o aterramento ao final do trabalho energético, pois ele funciona como um botão de reinicialização do nosso sistema, configurando uma etapa essencial em qualquer prática dessa natureza.

Em seu influente livro *Tarot for Your Self*, Mary K. Greer capta a essência quando observa:

> Em qualquer trabalho psíquico, o objetivo é tornar-se um canal claro para que você não retenha nada do que foi feito dentro do corpo, podendo criar bloqueios e possivelmente sentimentos de tensão ou até mesmo doenças. Ao aterrar sua energia, você observa, mas não se apega às experiências, permitindo que elas passem por você...[7]

7. Greer, *Tarot for Your Self*, 49.

Para ilustrar, pense na carta da Torre, que mostra uma torre sendo atingida por um raio. O aterramento seria como se colocássemos um para-raios no topo da torre, redirecionando e dispersando a energia com segurança, como um fio de aterramento, para que ela possa atravessar a torre com segurança e chegar ao solo, em vez de destruí-la.

A centralização, por outro lado, traz nosso foco para o momento presente, protegendo-nos das distrações que surgem de uma infinidade de tarefas, responsabilidades e pensamentos errantes. Antes de mergulhar no trabalho energético, reservar um momento para nos centrarmos nos permite abordar os desafios com uma mentalidade tranquila. A centralização estabelece um ponto focal energético estável a partir do qual podemos operar com clareza, estabilidade e equilíbrio. Isso nos permite pegar aquele raio metafórico de energia que recebemos e direcioná-lo com precisão para o nosso objetivo.

## EXERCÍCIO 7

### *AVALIAÇÃO DOS POÇOS DE ENERGIA*

Este exercício introspectivo e fortalecedor foi elaborado para explorar e aprimorar sua conexão com diferentes fontes de energia. Essa tiragem aborda quatro aspectos principais: Energia Divina, Energia Terrestre, Energia Celestial e Energia Vital Pessoal. Ao tirar cartas específicas para cada fonte de energia e suas cartas de orientação correspondentes, este exercício oferece insights valiosos sobre o alinhamento espiritual, a conexão com a natureza, as influências cósmicas e os níveis de energia pessoal. A tiragem também fornece conselhos personalizados sobre como melhorar essas conexões e manter um relacionamento com cada fonte de energia. Ao se envolver com essa tiragem de Tarô, você pode obter uma compreensão mais profunda das diferentes energias disponíveis, o que lhe permite enriquecer suas práticas espirituais, seu trabalho energético e seu bem-estar geral. É útil usar essa tiragem regularmente para verificar sua conexão com as fontes de energia, além de ser extremamente útil quando você estiver se sentindo desconectado ou bloqueado em suas práticas psíquicas.

1. **Energia Divina** – Retire uma carta para representar sua conexão atual com a Fonte Divina e os reinos espirituais. Essa carta significa o quanto você está sintonizado com as energias da consciência superior, do amor incondicional e da Sabedoria Divina.
2. **Energia Terrestre** – Retire uma carta que reflita sua conexão com a Terra e o mundo natural. Essa carta indica sua capacidade de aproveitar a força vital natural que existe em seu interior e ao seu redor.
3. **Energia Celestial** – Retire uma carta para simbolizar sua conexão com a Energia Celestial e o quanto você é receptivo às energias cósmicas que o cercam e influenciam.
4. **Energia Vital Pessoal** – Retire uma carta para explorar seu estado atual de energia vital pessoal. Essa carta representa a energia que flui naturalmente em seu interior, sua força vital e seus centros de energia.
5. **Melhoria da Energia Divina** – Retire uma carta para receber orientação sobre como melhorar sua conexão com o poço de Energia Divina. Essa carta fornece práticas ou ações que podem aprofundar sua conexão e compreensão espiritual.
6. **Melhorar a Energia Terrestre** – Retire uma carta para obter orientação sobre como melhorar sua conexão com o poço de Energia Terrestre. Essa carta sugere maneiras de se alinhar com a natureza, aterrar-se e harmonizar-se com as energias da Terra.

7. **Melhorar a Energia Celestial** – Retire uma carta para obter orientação sobre como fortalecer sua conexão com o poço de Energia Celestial. Essa carta sugere práticas para se conectar com as forças cósmicas, alinhar-se com as influências astrológicas e abraçar as energias universais.
8. **Melhorar a Energia Vital** – Retire uma carta para receber orientação sobre como melhorar e manter sua Energia Vital Pessoal. Essa carta fornece insights sobre práticas que podem ajudar a repor e proteger sua força vital.

## EXERCÍCIO 8

### *ATERRAMENTO DA ALTA SACERDOTISA*

Incorporando a imagem da carta da Alta Sacerdotisa, esta técnica de estabilização se inspira em sua presença serena, enquanto ela libera graciosamente o excesso de energia, o estresse ou as emoções negativas, da mesma forma que a água flui de seu manto como uma válvula de escape. Assim como a Alta Sacerdotisa está firmemente ancorada em seu trono, apesar de toda a água que flui através dela, você também pode encontrar estabilidade e ancoragem, independentemente da quantidade de energia que flui através de você.

1. Fique confortável e sente-se com os dois pés apoiados no chão. Feche os olhos e respire fundo algumas vezes para se centralizar, ancorando sua presença da mesma forma que a Alta Sacerdotisa se senta com segurança em seu trono.
2. Agora, tome consciência da energia natural que flui através de você. Imagine essa energia como uma corrente de água cintilante, assim como a água que flui graciosamente no manto da Alta Sacerdotisa.

3. Visualize qualquer excesso de energia, estresse ou emoções negativas em seu interior enquanto essa corrente de água cintilante, fluindo graciosamente para baixo e para fora de seus pés, encontra o caminho para a terra abaixo.
4. A cada respiração, permita que esse excesso de energia flua através de você, como a água descendo em cascata por uma cachoeira suave, liberando e lavando qualquer tensão ou fardo.
5. À medida que a energia flui para baixo, visualize-a se dissolvendo sem esforço na terra, sendo absorvida e transformada pela energia natural de cura da terra, assim como o manto da Alta Sacerdotisa encontra graciosamente o chão.
6. Abrace a sensação de leveza e alívio ao liberar o excesso de energia, permitindo que você permaneça firmemente sentado e composto, assim como a Alta Sacerdotisa, que está ancorada em seu trono enquanto canaliza sua sabedoria.
7. Afirme para si mesmo que qualquer excesso de energia ou peso emocional com o qual não consiga lidar, seja ele seu ou não, está sendo liberado e transformado agora e permanecerá assim durante todo o exercício de energia com o qual se envolver, deixando-o com uma sensação de calma e equilíbrio interior e permitindo que você fique ancorado.
8. Continue essa prática pelo tempo que precisar, sentindo-se cada vez mais enraizado e livre de qualquer fardo desnecessário, firmemente ancorado na energia que flui através de você.
9. Quando estiver pronto, traga suavemente sua consciência de volta ao momento presente, sabendo que o aterramento está ocorrendo continuamente, mesmo quando você se distrai dele. Você pode voltar a essa prática sempre que precisar liberar o excesso de energia e encontrar uma sensação de estabilidade pacífica em sua vida, assim como a presença serena e firme da Alta Sacerdotisa em seu trono.

## EXERCÍCIO 9

### *FLUXO DE ENERGIA DA TEMPERANÇA*

Esta meditação se baseia nas imagens da carta Temperança, utilizando as taças como recipientes simbólicos para os poços de poder das energias terrestres e celestiais. Ao visualizar o fluxo de energia entre as taças, você harmoniza as energias terrestres e celestiais dentro de si mesmo e cria um circuito fluido de correntes de energia para alimentar sua capacidade psíquica e suas sobreposições energéticas ou formas de pensamento. Você também pode praticar essa meditação sempre que quiser restaurar o equilíbrio, integrar as energias e se conectar com a unidade de toda a existência.

1. Faça uma breve pausa para se posicionar confortavelmente em uma postura sentada, certificando-se de que seus pés estejam apoiados no chão ou que você esteja sentado com as pernas cruzadas.
2. Feche os olhos e comece a respirar calmamente, permitindo que seu corpo relaxe ainda mais a cada inspiração e expiração suave.

3. Agora, visualize a imagem da carta Temperança. Em sua imaginação, visualize a figura central segurando duas taças, uma em cada mão. Essas taças estão cheias de luz líquida fluindo, representando as energias terrestre e celestial. Visualize que cada uma dessas taças está diretamente acima e abaixo de você.
4. Concentre sua atenção na taça abaixo de você, que simboliza a Energia Terrestre. Visualize-a como um recipiente cheio da essência nutritiva e vivificante da terra. Veja essa taça transbordando de energia rica e dourada, representando a força vital que percorre a própria terra. Sinta a estabilidade e a energia de aterramento que emana dela.
5. Em seguida, volte sua atenção para a taça acima de você, que simboliza a Energia Celestial. Imagine-a repleta de energia radiante e do Outromundo, representando as forças cósmicas que envolvem e permeiam o Universo. Visualize essa taça transbordando de energia prateada cintilante, incorporando a sabedoria e a inspiração dos reinos celestiais.
6. Imagine um fluxo suave de energia movendo-se para frente e para trás entre as duas taças, como uma dança rítmica de luz líquida ao seu redor.
7. Ao inspirar, visualize a energia terrestre da taça abaixo de você fluindo pelo seu corpo, nutrindo cada célula e fibra. Sinta suas qualidades de aterramento, estabilização e cura à medida que ela circula em seu interior.
8. A cada expiração, imagine a energia celestial da taça acima de você caindo em cascata como uma cachoeira de luz radiante. Sinta suas qualidades edificantes, expansivas e iluminadoras à medida que ela se funde com a energia terrestre dentro do seu ser.
9. Continue essa visualização, inspirando a Energia Terrestre e expirando a Energia Celestial, permitindo que elas fluam em seu interior. Sinta o equilíbrio e a integração dessas energias à medida que elas se entrelaçam e se misturam, criando uma sinfonia de vibrações.
10. Na próxima inspiração e expiração, quando as energias terrestre e celestial se encontrarem internamente, sinta-as se unirem e produzirem um terceiro tipo de energia: a Energia Divina.

11. Ao manter esse fluxo, sinta uma profunda sensação de harmonia e equilíbrio permeando todo o seu ser à medida que você experimenta a Energia Divina. Experimente a unidade da terra e do cosmo em seu interior e a interconexão de todas as coisas.
12. Quando estiver pronto, passe diretamente para o próximo exercício ou gradualmente traga sua consciência de volta ao momento presente, abrindo suavemente os olhos e levando essa sensação de equilíbrio e conexão com você durante todo o dia.

## EXERCÍCIO 10

### *CENTRALIZAÇÃO DO CORAÇÃO*

Esta técnica permite que você se conecte com o centro do seu coração e cultive um senso de presença e amor no momento presente. Por meio de uma prática consistente, você pode aprimorar sua capacidade de permanecer enraizado e, simultaneamente, conectar-se com o amor e a compaixão que residem em seu interior e ao seu redor. Esse estado de amor, compaixão e empatia elevará a qualidade de suas leituras, permitindo uma conexão genuína com a outra pessoa, enquanto a energia da Temperança permanece centrada em seu interior, proporcionando maior clareza e precisão.

1. Coloque as mãos em seu peito. Reserve um momento para respirar profundamente, com calma. Mantenha um ritmo constante.
2. Enquanto inspira e expira, leve sua consciência para a batida suave e constante do seu coração.
3. Direcione sua atenção e foco para o centro do coração. Visualize uma luz quente e radiante enchendo seu peito, representando a energia da compaixão.
4. A cada batida de seu coração, imagine essa luz se expandindo e ficando mais brilhante, envolvendo todo o seu ser. Permita que essa luz o encha de um profundo sentimento de amor e compaixão.
5. Mantenha uma respiração consciente e sinta a energia no centro do seu coração. Afirme para si mesmo que está totalmente imerso

no momento atual. Reconheça que cada batida do seu coração o ancora no agora, conectando você ao presente.

6. Repita uma afirmação em silêncio ou em voz alta, como, por exemplo: "Estou aqui, neste exato momento, emanando amor e confiança perfeitos".
7. Ao repetir a afirmação, deixe que a paz e o amor do centro do seu coração irradiem para fora, preenchendo todo o seu ser com uma profunda sensação de calma e calor.
8. Reserve mais alguns momentos para se aquecer nesse estado de centralidade, sentindo a paz e o amor que emanam de seu coração. Quando estiver pronto, solte gentilmente a afirmação e a visualização, sabendo que pode retornar a esse estado de centralização sempre que precisar encontrar paz e equilíbrio interior. Se estiver pronto, você pode passar para o próximo exercício.

## Proteção

Você já se sentiu esgotado ou como se tivesse absorvido o humor da pessoa para quem lê as cartas? Se sim, você está em boa companhia. Muitas pessoas que são sensíveis à energia passam por isso com frequência, e isso não acontece somente durante as leituras de Tarô. Uma ilustração perfeita disso é exagerada em um dos meus programas favoritos, *What We Do in the Shadows (O que fazemos nas sombras)*. Esse *mockumentary*[8] acompanha a vida cotidiana e as desventuras de um grupo de vampiros colegas de quarto que vivem na Staten Island dos dias de hoje, enquanto lutam com questões mundanas como pagar o aluguel e navegar pela dinâmica social, tudo isso enquanto estão hilariamente fora de contato com o mundo humano moderno. Um dos personagens principais é Colin Robinson, um vampiro psíquico que, ao contrário dos outros vampiros

8. *Mockumentary* se refere a um tipo de comédia que imita o formato e estilo de um documentário, mas com conteúdo fictício e humorístico. Em português, pode ser traduzido como "falso documentário" ou "documentário de paródia". (N. T.)

que se alimentam drenando o sangue de suas vítimas, drena a energia das pessoas por meio do tédio ou da irritação. Outro exemplo é a personagem recorrente Evie Russell, que se alimenta de energia emocional intencionalmente, fazendo com que as pessoas simpatizem constantemente com ela e com suas histórias de infortúnio e vitimização, rejuvenescendo assim às custas delas. Como leitor de Tarô, é muito provável que você se depare com esses dois arquétipos de pessoas regularmente, embora seja extremamente raro que elas estejam fazendo isso conscientemente. Independentemente dos motivos, o impacto desses encontros desgastantes é real e merece consideração, especialmente porque há uma chance maior de entrar em contato com essas pessoas se você lê para o público e está constantemente interagindo com a energia dessas pessoas.

Felizmente, há algumas soluções: a primeira é o aterramento; a segunda é a blindagem energética. Ao usar técnicas de blindagem energética, podemos proteger nossa própria energia e evitar que energias externas afetem negativamente nossas leituras ou nos drenem. Seja a energia emitida pela pessoa que está buscando a leitura ou pelo ambiente ao nosso redor, é preciso estabelecer limites. Quando protegemos nossa própria energia, criamos uma barreira protetora que filtra as energias indesejadas ou perturbadoras. Essencialmente, trata-se de estabelecer limites para o que pode entrar em nosso espaço pessoal e campo de energia. Não subestime nem descarte essa prática como mera paranoia. Pense nisso como colocar o cinto de segurança antes de dirigir ou aplicar protetor solar antes de passar muito tempo na praia. Essas ações não estão enraizadas na paranoia; são medidas preventivas que aumentam nossa segurança e bem-estar, especialmente a longo prazo. A importância da blindagem energética torna-se ainda mais pronunciada quando nos envolvemos no trabalho direto com energia, que é o foco deste livro. Como leitores, é essencial nos protegermos proativamente para manter nossa integridade energética. Ao fazer isso, podemos criar um espaço tranquilo e protegido que permite leituras precisas e imparciais, não afetadas por influências energéticas externas.

## EXERCÍCIO 11

### *ARMADURA LUNAR*

Este exercício utiliza blindagem energética inspirada na imagem da armadura lunar do cocheiro da carta do Carro. A armadura lunar promove a receptividade equilibrada e a filtragem das energias, permitindo que o que for útil flua enquanto desvia as influências desequilibradas. Essa abordagem de proteção garante que você esteja em um estado receptivo sem ser dominado por energias externas, mantendo-se protegido e, ao mesmo tempo, aberto a impressões psíquicas.

1. Feche os olhos e visualize a armadura lunar usada pelo cocheiro na carta do Carro formando-se ao redor de seu corpo. Concentre-se na suave luminescência da energia lunar dentro da armadura, simbolizando receptividade, filtragem e proteção. Conecte-se com a imagem da armadura lunar, reconhecendo sua capacidade de permitir energias úteis enquanto desvia influências desequilibradas.
2. A cada respiração, visualize a armadura lunar se energizando, envolvendo sua aura em um escudo energético de energia lunar radiante. Veja a armadura emitindo um brilho azul prateado suave à medida

que estabelece uma camada protetora ao redor de seu corpo. Ela incorpora as qualidades de receptividade e amplificação, agindo como um espelho que permite a passagem de energias úteis sem esforço, ao mesmo tempo em que repele vibrações desequilibradas ou discordantes.

3. Respire fundo e imagine uma onda de energia lunar fortalecedora infundindo a armadura, fortalecendo sua receptividade e capacidade de filtragem.
4. Sinta essa energia fortalecendo a armadura, filtrando e protegendo sem esforço sua energia pessoal durante as leituras de Tarô. Ela mantém um estado de equilíbrio e receptividade, apoiando sua conexão intuitiva e psíquica.
5. Libere quaisquer preocupações ou distrações, confiando na armadura lunar para proteger sua energia pessoal, aprimorar suas leituras de Tarô e manter seu estado receptivo.

## Definição de suas intenções para a leitura

Antes de iniciar uma leitura de Tarô, ter intenções bem definidas prepara o cenário para uma sessão concentrada e perspicaz. Definir essas intenções permite que você determine o que espera alcançar, ajudando a conduzir a leitura em uma direção específica. Esse foco aumenta a chance de obter percepções valiosas. Além disso, ao definir seus interesses, você santifica o ambiente de leitura, abrindo portas para a influência divina e fortalecendo o vínculo entre você, as cartas e o mundo espiritual. Como resultado, a leitura ressoa mais profundamente e se torna uma experiência transformadora e impactante.

A definição de intenções é uma oportunidade para você invocar aliados espirituais ou poderes superiores para obter orientação e assistência. Ao declarar claramente suas intenções, você se abre para receber sabedoria e apoio adicionais durante a leitura. Essa colaboração entre você e o Divino aprofunda a conexão e amplia as percepções que podem ser obtidas das cartas. Outro aspecto importante da definição das intenções é sua capacidade de filtrar e canalizar as energias durante a leitura. Ao definir intenções claras, você pode estabelecer limites e direcionar o fluxo de energia de forma a garantir que somente informações relevantes e significativas sejam recebidas. Esse foco permite uma leitura mais eficiente e precisa, fornecendo ao consulente a orientação que ele procura.

Intenções claras promovem a conduta ética e o respeito dentro do espaço de leitura. Ao estabelecer intenções que priorizam o bem maior de todos os envolvidos, você cria um ambiente seguro e de apoio tanto para você quanto para o consulente. Essa base ética promove a confiança e a integridade no processo de leitura. Antes de uma leitura, peço especificamente para ver apenas o que eu e a pessoa para quem estou lendo realmente precisamos saber – nem mais, nem menos. Essa abordagem focada tem duas vertentes. Em primeiro lugar, ela garante que eu receba apenas informações relevantes, filtrando distrações desnecessárias. Isso também demonstra respeito pela privacidade do indivíduo. Dessa forma, não entro acidentalmente em áreas pessoais que eles preferem manter em sigilo. Em resumo, trata-se de criar confiança, honrar os limites e fornecer insights atenciosos e significativos.

Eu sigo um acrônimo duplo para CHARGE no intuito de lembrar minha intenção. Meu objetivo é que as leituras que conduzam sejam:

| | |
|---|---|
| C | Claras e Concisas |
| H | Honestas e Harmoniosas |
| A | Acessíveis e Autênticas |
| R | Relevantes e Reveladoras |
| G | Gentis e Gestoras |
| E | Enriquecedoras e Eficazes |

## EXERCÍCIO 12

### *EVOCAÇÃO PRÉ-LEITURA*

Veja como as evocações do Tarô ressoam em minha mente enquanto as realizo. A evocação a seguir foi ajustada para leituras destinadas a outras pessoas, mas, com pequenas adaptações, pode ser usada também em leituras pessoais.

Eu convoco meus espíritos, aliados e guias.
Aproximem-se, amigos, e ajudem na tarefa em questão.
Peço que eu receba o que precisamos saber,
nem mais nem menos.

Que as leituras que eu receber sejam claras e concisas,
para que eu possa entender plenamente as mensagens
que estão sendo transmitidas.

Que elas sejam honestas e harmoniosas,
concedendo o suporte necessário para enfrentar
os desafios e oportunidades da vida.

Que as leituras sejam acessíveis e autênticas,
refletindo sua situação com exatidão.

Que as informações sejam relevantes e reveladoras,
para que as pessoas possam se conectar com as mensagens
de maneira que ressoe com suas experiências e sabedoria.

Que a orientação que eu receber seja gentil e
gestora, ajudando-os a navegar pelos
altos e baixos da vida com compaixão e graça.

Que haja ênfase nas mensagens onde for necessário,
e que esta leitura lhes ofereça paz e conforto.

Que as mensagens sejam enriquecedoras e eficazes
onde forem necessárias, e que esta leitura
lhes ofereça paz e conforto.

## Manutenção energética do seu baralho

O Tarô é uma ferramenta e, como qualquer outro instrumento, queremos garantir que tudo esteja funcionando em condições ideais. Para manter suas cartas de Tarô em ótimas condições, a manutenção energética regular é essencial. A combinação de limpeza e carregamento do baralho garante que suas leituras sejam precisas e livres de qualquer energia perturbadora ou indesejada. Ao realizar essas práticas regularmente, você cria um estado energético claro e vibrante para suas cartas, permitindo que elas transmitam as mensagens mais precisas e perspicazes. A limpeza é exatamente o que parece: o processo de remoção de energias persistentes de leituras ou encontros anteriores que possam interferir em suas leituras atuais. Ela garante que a energia de leituras anteriores não influencie os resultados das consultas subsequentes.

Há vários métodos que você pode usar para limpar suas cartas, como o uso de fumaça de incenso (como o olíbano) ou feixes de plantas (como o alecrim). Como alternativa, expor suas cartas ao brilho suave da luz da lua ou ao brilho da luz do sol também pode limpar a energia delas. Mas lembre-se de que deixá-las expostas à luz do sol por muito tempo pode desbotar a arte. Os cristais, principalmente a selenita, possuem propriedades poderosas de purificação de energia e podem ser usados nesse processo. Por exemplo, você pode usar um pedaço de selenita no topo do baralho ou passar um bastão desse cristal sobre cada carta enquanto concentra sua intenção em limpar e purificar a energia do baralho. Energizar suas cartas é como garantir que elas estejam totalmente "carregadas", da mesma forma que carrega uma bateria. Fazer isso fortalece seu vínculo com o baralho. Quando você carrega as cartas, está basicamente sintonizando-as para que ressoem com sua energia pessoal, tornando as leituras mais personalizadas.

## EXERCÍCIO 13

### *LIMPEZA ENERGÉTICA E ENERGIZAÇÃO DE SUAS CARTAS*

Esta é a minha técnica preferida para limpar e energizar minhas cartas. Tudo o que você precisa é do seu baralho de Tarô; você não precisará de nenhum item adicional.

1. Encontre um local onde não será incomodado ou distraído. Sente-se confortavelmente em uma cadeira ou com as pernas cruzadas no chão. Comece respirando profundamente para se livrar de qualquer estresse ou tensão. Permita que seus pensamentos se acalmem enquanto você se concentra na respiração.
2. Imagine a Lua, com sua luz prateada brilhando sobre você. Visualize a energia da Lua fluindo para seu corpo, limpando e purificando sua energia. Permita que a luz prateada o preencha e flua para suas mãos.
3. Em seguida, segure o baralho em suas mãos e sinta o peso e a textura dele. Imagine a luz prateada da Lua fluindo por suas mãos e para as cartas, limpando-as de qualquer energia psíquica que tenham captado de outras pessoas ou de leituras anteriores. Sinta as cartas se tornando mais leves e claras, infundidas com percepção e intuição.
4. Ao fazer isso, declare:

   Com o poder lunar, cada carta é purificada,
   removendo os vestígios que turvam a jornada.
   Todos os resquícios que obscurecem a visão,
   são infundidos com brilho prateado para a percepção.

5. Agora, visualize o Sol com sua luz dourada brilhando sobre você. Visualize a energia do Sol fluindo em seu corpo, limpando e carregando sua energia. Permita que a luz dourada o preencha e flua para suas mãos.
6. Mais uma vez, segure as cartas de Tarô em suas mãos e sinta o peso e a textura delas. Imagine a luz dourada do Sol fluindo por suas mãos e para as cartas, limpando-as de qualquer energia desequilibrada ou estagnada. Sinta as cartas se tornarem energizadas e cheias de poder, carregadas de exatidão e precisão.

7. Ao fazer isso, declare:

Com o poder solar, cada carta é renovada,
removendo as forças estagnadas que se instalam na jornada.
Todas as energias desequilibradas se alinham com precisão,
e são infundidas com a luz dourada da correção.

8. Embaralhe suas cartas quatro vezes. A cada vez, visualize um dos quatro Elementos equilibrando sua Energia Elementar nas cartas. Por exemplo, durante o primeiro embaralhamento, imagine a energia da Terra aterrando e estabilizando as cartas. Durante o segundo embaralhamento, imagine a energia do Ar trazendo clareza e percepção para as cartas. Durante o terceiro embaralhamento, imagine a energia do Fogo trazendo paixão e criatividade para as cartas. E durante o quarto embaralhamento, imagine a energia da Água trazendo profundidade emocional e intuição para as cartas.
9. Quando terminar de embaralhar, agradeça à Lua e ao Sol por sua energia de limpeza e carga. Agradeça aos Elementos por equilibrarem a energia das cartas.

## A energia de suas mãos

O despertar dos pontos centrais das mãos é fundamental em qualquer trabalho energético. Suas mãos podem ser uma ferramenta poderosa para leituras de Tarô, pois é por meio delas que nos conectamos e interagimos com o mundo ao nosso redor. As mãos são essenciais para acessar realidades energéticas, permitindo direcionar a energia e aumentar a percepção das sensibilidades, tanto pela clareza quanto pela psicometria. Essa consciência física aumentada também pode torná-lo mais sensível à energia das cartas de Tarô, permitindo que você desenvolva uma conexão mais profunda com elas e acesse percepções e orientações mais intuitivas. À medida que suas mãos se sintonizam com a energia ao segurar uma carta de Tarô, diferentes sensações físicas surgem: calor, frio, vibrações, formigamento ou pulsos. Essas revelações são sinais da intuição, indicando que a carta tem algo importante a revelar. Ao se conectar com essas sensações e permitir que sua intuição guie o processo, percepções mais profundas podem ser desbloqueadas, e as cartas que despertam essas sensações acabam se destacando naturalmente.

## EXERCÍCIO 14

### *DESPERTANDO OS CENTROS DAS MÃOS*

Este exercício tem o objetivo de ajudar a despertar e sentir a energia dentro de suas mãos. Essa energia pode ser usada para cura, leituras psíquicas, direcionamento de energia e muitas outras práticas metafísicas.

1. Inspire profundamente. Permita que sua mente e seu corpo encontrem um estado de paz e relaxamento.
2. Esfregue as mãos uma na outra por dez segundos. Isso faz o sangue fluir e ativa os nervos das mãos. O sangue transporta e movimenta a energia do corpo, estimular os nervos das mãos dessa forma ajuda você a se concentrar nas sensações das mãos.
3. Concentre sua atenção em suas mãos. Observe como elas se sentem e quaisquer sensações que surjam quando você se concentra nelas.
4. Imagine uma esfera de luz branca pura e radiante diante de você. Veja essa bola de luz como uma fonte de cura e energia e estenda a mão dominante para tocá-la. Ao tocar a bola de luz, imagine que está absorvendo a energia dela em sua mão. Sinta o calor e a sensação de formigamento que aumenta na palma da mão e nos dedos.
5. Afaste delicadamente a mão da bola de luz radiante e observe como a energia continua a residir em sua mão.
6. Repita esse processo com sua mão não dominante, sentindo a energia fluir para essa mão também. Esse é o despertar da energia em suas mãos.
7. Visualize um objeto simples, como uma caneta ou uma chave, e imagine-se segurando-o em sua mão dominante. Preste muita atenção ao objeto e veja se consegue sentir sua energia. Você pode

sentir um formigamento, um calor ou uma sensação de peso. Use o sentido do tato para explorar a forma, a textura e quaisquer outras características que lhe ocorrerem.

8. Repita esse processo com objetos diferentes até se sentir confortável com sua capacidade de sentir a energia deles.
9. Quando estiver pronto, junte as mãos e imagine um fluxo de energia se movendo entre elas. Sinta a conexão entre suas mãos e a energia que você despertou nelas.

## EXERCÍCIO 15

### *SENTINDO A ENERGIA PARA SABER QUANDO PARAR DE EMBARALHAR*

As pessoas que estão começando no Tarô geralmente me fazem uma das perguntas mais comuns: quando elas devem parar de embaralhar as cartas e começar a tirá-las? A resposta é simples e complexa ao mesmo tempo. Vários fatores influenciam esse momento, mas o segredo é ouvir sua intuição e seu instinto. Eles são guias importantes que indicam quando é hora de dar início à leitura. Ao embaralhar as cartas, preste atenção a todas as sensações ou sentimentos que surgirem. Você pode sentir um aumento repentino de energia ou uma mudança nas sensações de suas mãos. Confie na sua intuição e nas respostas do seu corpo para guiá-lo na decisão de quando parar de embaralhar e tirar uma carta. Às vezes, você simplesmente sabe quando é hora de parar. Aqui está um exercício que pode ajudar.

1. Com uma respiração profunda, comece a expirar lentamente. Deixe sua mente e seu corpo relaxarem.
2. Agora, segure o baralho de Tarô com sua mão não dominante, a "mão da Lua", conhecida por ser energeticamente mais receptiva. Ao usá-la, você se abre para as sutilezas do Tarô, permitindo que as vibrações e mensagens das cartas se revelem.
3. Concentre sua atenção no baralho e sinta a energia que emana dele. Você sente uma sensação de formigamento ou talvez uma onda de

energia quente? Ou até uma pressão suave e sutil. O que quer que sinta, saiba que é a energia das cartas chamando por você.

4. Comece a embaralhar as cartas no seu próprio ritmo, com movimentos precisos e tranquilos que sejam confortáveis. Pode ser um embaralhamento simples ou algo mais elaborado, como o embaralhamento de *riffle*[9]. O objetivo é criar uma conexão com as cartas e sentir a energia que flui entre elas.
5. Ao embaralhar as cartas, fique atento às sensações em suas mãos. Observe qualquer mudança de energia, pressão ou temperatura. Essas mudanças indicam que uma conexão com as cartas está se formando.
6. Continue embaralhando até sentir um sinal claro em suas mãos de que é hora de parar. Pode ser uma mudança repentina na energia das cartas ou nas sensações de sua mão, ou talvez uma percepção de que as cartas se acomodaram naturalmente. Confie na sua intuição e permita que seu corpo guie você.
7. Quando sentir o sinal, coloque o baralho virado para baixo sobre a mesa e sintonize-se com sua energia. Observe todas as sensações ou mensagens que surgem. Isso vai prepará-lo para tirar sua primeira carta e se abrir à orientação e à sabedoria do Tarô.

## EXERCÍCIO 16

### *ESTABELECENDO SEU ESPAÇO ENERGÉTICO*

Agora, podemos nos concentrar em estabelecer nossa presença energética e criar um espaço que realmente ressoe com nossa energia pessoal. Assim como as sinalizações de neon que ficam do lado de fora dos estúdios de leitura de médiuns, tarotistas ou quiromancistas, podemos visualizar sinais energéticos vibrantes com nosso nome ao nosso redor. Esses sinais que criamos emitem uma energia poderosa, atraindo vibrações positivas e afastando

9. O embaralhamento de *riffle*, também conhecido como "embaralhamento em ponte" ou "embaralhamento americano", é uma técnica em que o baralho é dividido em duas partes e as cartas de cada metade são intercaladas ao serem flexionadas e soltas juntas. (N. T.)

as perturbadoras. Ao nos capacitarmos com força e confiança, imprimimos nossas assinaturas energéticas em todo o espaço, reforçando nossa presença e garantindo um ambiente calmo para leituras ou trabalhos energéticos. Essa técnica garante que nossa energia seja mais potente do que a de quaisquer espíritos, forças desequilibradas ou distúrbios em potencial que possam tentar interferir na leitura e no espaço da consulta.

1. Feche os olhos e reserve alguns momentos para esclarecer sua intenção para este exercício, criando um espaço de energia que seja exclusivamente seu.
2. Concentre-se em sua respiração. Observe o ritmo natural de sua inspiração e expiração. Perceba a sensação da respiração entrando e saindo de seu corpo.
3. A cada inspiração, imagine-se atraindo a energia fresca e revitalizante do fluxo de energias terrestres e celestiais que passam pelo seu corpo. Visualize essa energia como uma luz brilhante e resplandecente.
4. Ao expirar, imagine-se liberando qualquer tensão, estresse ou energia estagnada do seu corpo, permitindo que ela se disperse e se dissolva no espaço ao redor.
5. Direcione sua atenção para a mão dominante e visualize-a brilhando com uma energia vibrante.
6. A cada inspiração, imagine a energia fluindo da respiração para a mão, enchendo-a de poder e vitalidade.

7. Gire lentamente o corpo para ficar de frente para uma direção da sala. Use seu dedo para escrever seu nome. Visualize seu nome escrito em energia brilhante na parede, como um letreiro em neon.
8. A cada respiração, reforce a energia que flui por sua mão e visualize seu nome se tornando mais brilhante e vibrante na parede.
9. Reserve alguns momentos para apreciar a assinatura de energia que você criou.
10. Gradualmente, vire-se para cada direção da sala, repetindo o processo de escrita de energia para seu nome em cada direção.
11. Ao encarar cada direção, concentre-se em manter um fluxo constante de energia e visualize seu nome se tornando mais pronunciado e vívido.
12. Depois de encarar cada direção e concluir o exercício de escrita de energia, volte sua atenção para a respiração.
13. Reserve alguns momentos para observar quaisquer sensações ou mudanças em seu campo de energia.
14. Abra os olhos com cuidado. Com gratidão, reconheça a energia em seu interior e ao seu redor.

## Quando a energia psíquica é demais

Por muitos anos, trabalhei como leitor profissional de Tarô psíquico na cidade de Salem, Massachusetts, durante todo o ano, inclusive em outubro. Descrevê-la como uma cidade animada e dinâmica, sempre repleta de atividades e entusiasmo durante esse período, não capta totalmente o espírito do local. Sua associação com a Bruxaria, tanto historicamente quanto nas práticas ocultas modernas, é um grande atrativo para pessoas do mundo todo, especialmente durante a época do *Halloween*. A maioria dessas pessoas quer fazer uma leitura de Tarô em sua visita, porque, "quando em Roma...". Para jogar gasolina na fogueira, a loja para a qual fiz a leitura foi a Enchanted, a loja base da famosa Bruxa Psíquica Laurie Cabot, que realiza leituras psíquicas e vende seus artesanatos mágicos feitos à mão no local. Entre a fama de Laurie está a história de como ela ajudou a polícia de Salem a encontrar corpos desaparecidos e capturar assassinos usando sua vidência e magia, que foi apresentada em um episódio da *Unsolved Mysteries*. Portanto, Enchanted é um ponto de referência em Salem, que já é extremamente movimentada nessa época.

Laurie Cabot

Christopher Penczak

Não estou exagerando quando digo que todos os dias de outubro, todos nós, leitores, ficávamos ocupados o dia todo, sem parar, com alguns dias chegando a durar onze horas. O problema era que, durante os intervalos ou depois do meu turno, eu não podia desligar minhas leituras psíquicas, o que era a última coisa que eu queria. Parecia que eu estava sendo forçado a fazer leituras mesmo nos meus horários de folga, o que interferia na privacidade das pessoas. Isso porque eu passava a maior parte do dia com todas as minhas faculdades psíquicas completamente abertas. No entanto, consegui encontrar uma solução. Peguei uma técnica que aprendi estudando com Christopher Penczak e Laurie Cabot e fiz uma engenharia reversa. Eles usam um "gatilho psíquico", que é um gesto especial usado para estimular o Eu por meio da resposta pavloviana para condicionar o subconsciente a atingir o estado *alfa* imediatamente quando acionado. (Para conhecer minha versão desse gesto, que chamo de "Estabelecendo um Comando Psíquico", consulte o exercício 18 em *Bruxa Psíquica*). Como isso funcionou para abrir as faculdades psíquicas rapidamente, imaginei que algo semelhante poderia ser usado para sinalizar ao subconsciente que eu estava de volta à minha percepção mundana.

## EXERCICIO 17

### *O ANEL DE FECHAMENTO*

A inspiração para esse método foi tirada do romance infantil *O Sobrinho do Mago*, de C. S. Lewis. No romance, as crianças colocam e tiram anéis para viajar entre a Terra e a Floresta Entre os Mundos. Decidi fazer um experimento usando um anel feito de hematita, que pode ser encontrado em praticamente qualquer loja esotérica ou facilmente na Internet. Escolhi a hematita devido às suas qualidades inerentes de aterramento e proteção como pedra. Nas etapas a seguir, demonstrarei o uso de um anel de hematita como exemplo. No entanto, fique à vontade para adaptar essas instruções a qualquer anel ou peça de joalheria que você possa colocar e tirar confortavelmente. Essa técnica é opcional para quem lê profissionalmente ou tem problemas extremos para silenciar suas percepções psíquicas. Para obter mais técnicas para navegar pelo "controle de volume" do fluxo de informações psíquicas ou para se desligar depois disso, recomendo conferir os exercícios do meu livro *Bruxa Psíquica* que abordam essas questões.

1. Comece com o aterramento. Após aterrar, sinta a energia terrestre se misturando com a sua, impregnando o anel de hematita com a energia do aterramento.
2. Mantenha a respiração estável e concentre-se em sua intenção, garantindo que a energia extraída da terra permaneça pura e específica em seu propósito.
3. Pronuncie silenciosamente uma afirmação que esteja de acordo com seu propósito para o anel, como, por exemplo:

   Anel de hematita, guardião da mente,
   feche a porta e os segredos à frente.
   Quando estiver em ação, silencie a visão,
   acalme o psíquico, diminua a luz da razão.

4. Permita que essa frase ressoe como uma vibração energética bem ajustada que permeia o anel de hematita em suas mãos em concha.

5. Coloque o anel em seu dedo. Ao usá-lo, reconheça a assinatura energética exclusiva que você infundiu nesse objeto, configurando-o como uma pista física para ajudá-lo a mudar a consciência sempre que usá-lo.
6. Você carregou com sucesso o anel de hematita usando a energia da Terra combinada com a sua intenção concentrada. O anel agora tem uma ressonância específica que pode ajudá-lo a fazer a transição para um estado de consciência fundamentado e cotidiano. Recite afirmação toda vez que colocar o anel.
7. Quando estiver prestes a realizar os exercícios preliminares antes de uma leitura, tire o anel e diga em voz baixa:

Deslize para fora, a névoa se vai,<br>Sentidos psíquicos prontos já se faz.<br>Abra o canal, deixe a visão fluir,<br>Guie minha mente ao que preciso descobrir.

8. Repita isso toda vez que tirar o anel. No final da sessão de Tarô – depois de ter feito todos os exercícios de encerramento e se restabelecido – coloque o anel novamente e repita a primeira rima. Ao fazer isso constantemente com o anel, você programará rapidamente sua mente para saber quando está aberto à percepção psíquica e quando está se fechando intencionalmente.

VI
OS ENAMORADOS

# 3

# Contemplação e Meditação

A meditação realmente despertou meu interesse quando eu tinha cerca de quinze anos. Na verdade, eu não me apaixonei exatamente pela meditação em si, mas, sim, pelo conceito dela. Eu já havia lido sobre meditação em breves menções em livros, e ela parecia aparecer em filmes e programas de TV o tempo todo. Aqueles que praticavam meditação pareciam estar mais sintonizados espiritualmente, e esse aspecto me atraiu muito. Eu havia passado boa parte da minha infância buscando tudo o que fosse esotérico ou metafísico, portanto, a meditação parecia ser um ajuste natural. Eu estava decidido a aprender a meditar, mas me sentia um pouco perdido em relação a como começar ou qual abordagem adotar. Não conhecia ninguém que meditasse, e os livros a que eu tinha acesso faziam apenas uma breve menção ao assunto. Decidi dar uma olhada no estúdio de ioga mais próximo da cidade, que era novinho em folha, depois de ver um anúncio no jornal que dizia que eles tinham uma promoção em que você podia participar uma vez gratuitamente. Peguei o dinheiro do ônibus e fui até lá depois de uma hora de viagem. Passei cerca de uma hora e meia colocando meu corpo em posições em que eu me sentia como um *pretzel* e tinha que me esforçar para segurá-lo. Por mais que eu tenha feito isso de forma ruim, ainda assim dei o meu melhor. Eu me apaixonei pelo estúdio, pelo tipo de pessoas que estavam lá e por toda a vibração em geral.

Eles concluíram a sessão de ioga com uma meditação não guiada, que acabou sendo minha parte favorita. No final da minha sessão gratuita, o instrutor e o proprietário se aproximaram de mim e começaram a conversar e a me fazer perguntas, já que eu era a pessoa mais jovem do local. Expliquei que não podia pagar por mais aulas, então eles ofereceram uma troca de trabalho para limpar os estúdios depois de cada aula que eu participasse, e eu concordei com entusiasmo. Assim, por cerca de um ano, eu ia quase todos os sábados à aula de ioga para fazer a meditação no final. Embora eu realmente gostasse desses momentos de paz silenciosa durante as meditações, muitas vezes me perguntava se estava fazendo isso corretamente, pois não havia muita instrução durante esse período. Para ser sincero, durante a maior parte dessas sessões de meditação, eu estava muito ocupado pensando se estava meditando corretamente para realmente relaxar. Apesar de estar um pouco inseguro se estava meditando da maneira que "deveria", ainda assim dei o meu melhor. Quando deixei de lado a necessidade de meditar da "maneira correta", notei uma mudança. Minhas visualizações ficaram mais nítidas, alcançar um estado calmo e concentrado ficou mais fácil. Meus sonhos também se tornaram mais vívidos e significativos. Esses foram os motivos que aprofundaram meu amor pela meditação. Não se tratava apenas do conceito ou da ideia de ser um meditador; o que conquistou meu coração foram os benefícios da meditação em si.

Através da minha extensa exploração de práticas metafísicas e esotéricas desde que eu era aquele jovem de quinze anos falido, mas ambicioso, determinei com confiança que a meditação não é apenas uma técnica incrivelmente eficaz para leituras de Tarô psíquico; é a pedra fundamental. É mais do que simplesmente um método para induzir o autorrelaxamento, embora, sem dúvida, também faça isso. A meditação é para a habilidade psíquica o que a compressão de som é para a música. Um dos motivos pelos quais a música gravada soa mais suave é o fato de a compressão ser usada pelos engenheiros de som. Da mesma forma, a meditação torna a percepção da habilidade psíquica mais suave e mais fácil de trabalhar, silenciando o que é distração e amplificando o que é importante. O que é incrível é que você pode meditar em qualquer lugar, a qualquer hora, sem a necessidade de se inscrever em um estúdio de ioga para começar.

Embora a meditação possa ser um ótimo refúgio para escapar momentaneamente e recarregar as energias da vida cotidiana, ela não deve nos desconectar da realidade. Em vez disso, deve nos ajudar a nos envolver com o mundo de forma empática, o que aumenta nossa compreensão das pessoas e da vida. A meditação aprimora nossa capacidade de visualizar, servindo como uma ponte mental direta entre nossas mentes subconsciente e consciente. Nas disciplinas psíquicas, a capacidade de existir em um estado de liminaridade é frequentemente discutida – não estar totalmente no mundo espiritual nem no físico, mas em algum ponto intermediário. A meditação nos proporciona o equilíbrio necessário para atingir esse estado limiar, o que, por sua vez, permite-nos obter insights tanto do nosso mundo interior quanto da leitura que está ocorrendo na mesa ao mesmo tempo.

## Não se trata de perfeição; trata-se de estar presente

A menção à meditação geralmente divide a sala: ou as pessoas a adoram ou não a suportam. E, acredite, nem sempre fui exemplar em relação à minha própria prática ao longo dos anos. Nem toda sessão foi uma alegria, e estou longe de acumular horas dignas de um monge. A verdade é que houve momentos em que a vida ficou muito agitada, ou meus próprios obstáculos mentais ou emocionais pareciam muito altos para serem superados, e minha prática foi por água abaixo. Houve momentos em que parecia que eu estava apenas girando minhas rodas, sem obter as percepções, a paz ou qualquer outro resultado que eu esperava. Às vezes, a meditação se tornava apenas mais uma tarefa em uma lista já sobrecarregada, tornando tentador pulá-la completamente. Portanto, entendo perfeitamente quando as pessoas reviram os olhos ao sentirem que precisam meditar e a resistência que pode surgir em relação a isso.

O domínio da meditação não acontece da noite para o dia, exige tempo e dedicação, assim como qualquer outra habilidade. É aconselhável começar devagar e aumentar gradualmente a duração de cada sessão. Seja gentil consigo mesmo se não obtiver resultados imediatos em suas primeiras experiências ou se passar por períodos em que, de repente, parece que atingiu um muro. O progresso, e não a perfeição, é importante no caminho meditativo. Especialmente nos estágios iniciais, não é necessário concentrar-se em executar tudo de forma impecável ou ter visualizações vívidas. Em vez disso, aborde cada sessão com curiosidade e uma mentalidade de iniciante, criando uma abordagem de facilidade e prazer. Quando você começar a ver a meditação como uma atividade divertida, algo que realmente gosta de fazer, em vez de apenas uma tarefa, verá que a resistência desaparece. Além disso, os benefícios que tem buscado provavelmente aparecerão muito mais rapidamente. A sinceridade e o entusiasmo não devem ser subestimados. Se estiver resistindo à meditação, pergunte a si mesmo como pode se entusiasmar com ela novamente. Às vezes, dar um passo atrás é a melhor maneira de obter uma nova perspectiva e reiniciar seu relacionamento com a meditação. Dar a si mesmo um tempo para respirar pode ajudá-lo a recarregar as baterias e voltar mais forte.

## Solução de problemas com o foco

Quando seus pensamentos vagueiam durante a meditação, não se preocupe, isso não significa que você está fazendo errado. Essa distração mental faz parte da meditação. Redirecionar seu foco é parte integrante da prática. Cada vez que você redireciona o foco depois de se distrair, serve como um exercício mental que aprimora sua capacidade de concentração. Isso não é muito diferente de construir músculos em uma academia. Cada levantamento contra a resistência fortalece o músculo envolvido. É essa resistência que é fundamental para a construção do músculo. Da mesma forma, cada retorno de foco durante a meditação fortalece suas faculdades mentais. O objetivo não é atingir um estado de ausência de pensamentos, mas promover uma consciência relaxada e presente. No caso de distrações, redirecione seu foco com calma. A aplicação consistente dessa prática não só melhorará seu estado meditativo, como também contribuirá positivamente para seu foco geral e sua paz na vida diária.

## EXERCÍCIO 18

### *FORTALECIMENTO DE SEU FOCO*

A meditação a seguir ajuda a reforçar seu foco e aprimorar suas habilidades de concentração. Fazer essa meditação regularmente pode treinar sua mente para permanecer alerta e presente. Lembre-se de que, assim como o treinamento físico, aprimorar seu foco requer tempo e prática regular. Seja gentil consigo mesmo e comemore as pequenas vitórias, como perceber a mente divagando e conseguir voltar a concentrar sua atenção. Com o tempo, você sentirá uma melhora perceptível na sua capacidade de manter o foco, beneficiando sua meditação e suas habilidades psíquicas, bem como sua vida cotidiana.

1. Encontre um local silencioso e livre de interrupções. Posicione-se confortavelmente, seja com as pernas cruzadas no chão ou em uma cadeira com os pés plantados. Mantenha uma postura ereta. Deixe suas mãos repousarem suavemente sobre os joelhos ou juntas em seu colo.
2. Feche os olhos e inspire profundamente pelo nariz, certificando-se de que sua boca esteja fechada. Ao fazer isso, sinta o ar expandindo seus pulmões. Expire em um ritmo moderado, sentindo o ar sair do corpo.
3. Concentre sua atenção na respiração. Observe como ela se sente ao entrar e sair de suas narinas. Sinta a subida e a descida do peito e do abdômen a cada respiração.
4. Sua mente pode se distrair e pensamentos podem surgir. Não tem problema. O objetivo não é parar de pensar. O verdadeiro objetivo é perceber quando sua mente se desviou. Quando perceber isso, volte a se concentrar na respiração.
5. Toda vez que sua mente divagar, reconheça o pensamento ou a distração e, em seguida, redirecione suavemente sua atenção de volta à respiração. O ato de reconhecer a divagação de sua mente e trazê-la de volta é a essência dessa prática.

6. Comece com apenas 5 a 10 minutos de foco na respiração. À medida que melhorar sua capacidade de manter a atenção ancorada, sinta-se à vontade para aumentar o tempo.
7. Para finalizar a meditação, traga lentamente sua consciência de volta para o ambiente ao seu redor. Mexa os dedos das mãos e dos pés, alongue-se levemente e, quando se sentir pronto, abra os olhos com cuidado.

## Solução de problemas de visualização

Quando falo sobre visualização ou imaginação, não estou me referindo apenas a "ver" com os olhos da mente. Visualizar não se trata apenas de formar imagens mentais; é uma experiência imersiva que envolve todos os seus sentidos. A visualização permite que você imagine não apenas imagens, mas também aromas, sabores, sons e até mesmo sensações táteis. Essa abordagem multissensorial transforma seu cenário visualizado em algo mais concreto e impactante. Formas imersivas de visualização como essa trazem benefícios, principalmente nas áreas de intuição e experiências psíquicas, ajudando-o a aperfeiçoar suas habilidades intuitivas e a enriquecer suas experiências psíquicas ao aprimorar sua consciência e percepção sensoriais gerais.

A visualização durante uma sessão guiada ou prática de energia pode ser um pouco complicada para algumas pessoas. Se estiver encontrando dificuldades com a visualização, você pode explorar métodos diferentes. Uma abordagem eficaz é mudar o foco para as sensações e emoções ligadas ao que você está tentando visualizar. Em vez de tentar "ver" vividamente uma imagem, preste atenção às emoções e outras sensações que ela evoca. Digamos que você queira visualizar uma cena serena na praia. Em vez de se esforçar para criar uma imagem mental, mergulhe totalmente na experiência da areia morna sob seus pés, na carícia refrescante da brisa fresca do oceano contra sua pele ou no som suave das ondas quebrando na praia. Esse foco sensorial pode ser tão eficaz quanto a visualização, e pode até parecer mais natural para alguns. O essencial é descobrir o método que mais se alinha com suas preferências pessoais, permitindo que você estabeleça uma forte conexão com seus sentidos internos e sua intuição. O segredo é tornar a experiência de visualização mais sensorial e menos dependente de imagens mentais claras.

Outra técnica que pode ser bastante eficaz envolve o uso de palavras ou frases descritivas como guias mentais para seus pensamentos. Você pode recitar repetidamente palavras ou frases que correspondam ao que deseja visualizar. Se a visualização, principalmente por meio do sentido da visão, parecer desafiadora, o envolvimento de outros sentidos ou o emprego de linguagem descritiva podem oferecer caminhos alternativos para alcançar o mesmo resultado. Assim como qualquer habilidade, a visualização melhora com a prática e a consistência. Seja paciente consigo mesmo; lembre-se de que não existe uma abordagem "errada". O objetivo final é envolver sua mente de forma a aprimorar seu vínculo com a intuição e os talentos psíquicos, e há muitos caminhos para conseguir isso.

## EXERCÍCIO 19

### *FORTALECENDO SUA VISUALIZAÇÃO COM O TARÔ*

Esta prática é útil para qualquer pessoa que esteja buscando aprimorar sua capacidade de visualização. O exercício envolve selecionar uma carta do baralho de Tarô, estudar minuciosamente seus detalhes e, em seguida, recriá-la mentalmente com o máximo de precisão possível com os olhos fechados.

1. Localize uma área tranquila e confortável onde você não possa ser perturbado. Certifique-se de ter o baralho de Tarô por perto. Sente-se em uma posição relaxada. A cada respiração, entre no momento apenas um pouco mais. Acalme seu corpo e sua mente.
2. Embaralhe suavemente as cartas do Tarô com a intenção de fortalecer suas habilidades de visualização e, em seguida, tire uma carta.
3. Passe algum tempo observando a carta que você tirou. Observe as cores, as figuras, os símbolos e os padrões. Perceba a disposição geral e a energia da carta. Veja os detalhes – pequenos e grandes – e lembre-se deles.

4. Depois de dar uma boa olhada na carta, veja o quanto você se lembra. Feche os olhos e recrie o que viu na sua tela mental. Comece com os elementos maiores e passe gradualmente para os detalhes menores. Visualize as cores, figuras, símbolos e padrões da forma mais vívida possível. Envolva seus sentidos. Qual é o cheiro ou o som das figuras na carta? Há alguma textura ou temperatura específica associada à imagem?
5. Depois de visualizar a carta com o máximo de detalhes possível, abra os olhos. Observe todos os elementos que deixou passar durante a visualização. Preste atenção especial a eles durante a próxima rodada de visualização.
6. Repita as etapas 4 e 5 várias vezes. A cada rodada, procure visualizar a carta com mais precisão e detalhes.
7. Depois de concluir sua prática de visualização, passe alguns minutos refletindo. Sua percepção da carta mudou durante o exercício? Houve elementos que foram mais fáceis ou mais difíceis de visualizar?

## Meditação contemplativa

A contemplação de um tema, ideia ou símbolo é uma forma de meditação em si. Esse tipo de meditação envolve concentrar sua atenção em um conceito específico, permitindo que você explore seu significado, importância e percepções associadas com profundidade. Ao contrário de algumas formas de meditação que se esforçam para limpar a mente ou manter a atenção no presente, a meditação contemplativa promove o envolvimento ativo com um foco específico. Essa prática se mostra particularmente útil para os leitores de Tarô. Ao contemplar os símbolos e temas de uma única carta, um leitor de Tarô pode assimilar sua essência em um nível mais profundo. Por exemplo, um leitor de Tarô pode se concentrar na carta do Louco. Ele pode considerar o simbolismo do penhasco, do pequeno cachorro, da rosa branca na mão do Louco ou do seu comportamento despreocupado. Cada símbolo incorpora uma variedade de interpretações que podem revelar novas camadas de compreensão e intuição para o leitor. Essa contemplação pode melhorar notavelmente as habilidades de um leitor de Tarô. Ela permite uma compreensão mais profunda de cada carta, o que cria um relacionamento pessoal e intuitivo com o baralho e ainda pode melhorar a capacidade do leitor de estabelecer conexões entre as cartas na leitura. Isso permite que ele entrelace a linguagem simbólica do Tarô em uma narrativa significativa e perspicaz para o consulente.

## Contemplação sobre o simbolismo

As práticas e meditações a seguir são úteis para adotar uma mentalidade psíquica do Tarô por meio da contemplação. A contemplação desenvolve uma forte conexão com as cartas de Tarô e a visualização do mundo através das lentes do Tarô. Essa conexão forma uma "linguagem" que une você, as cartas e o mundo. Quando se trata de habilidades psíquicas, a mente se baseia em seu conhecimento existente para transmitir informações. Em termos mais simples, ela só pode usar o que está em sua mente para comunicar seu significado. Dion Fortune, em seu clássico canalizado *A Doutrina Cósmica*, descreve as limitações das informações psíquicas recebidas afirmando que "a percepção cessa na barreira da manifestação"[10].

A "barreira da manifestação" refere-se ao ponto em que a informação psíquica se torna intangível e incompreensível em nossa mente, porque não temos um quadro de referência direto para ela. Em outras palavras, nossa capacidade de perceber e entender perfeitamente as informações psíquicas é limitada ao que nossa mente reconhece e com o que ela se relaciona. Só podemos receber e retransmitir com precisão as informações psíquicas se elas corresponderem ao conhecimento em nosso banco de dados mental interno; caso contrário, só podemos obter uma aproximação imprecisa, fornecendo um sentido geral da mensagem. Isso quer dizer, que conceitos ou informações desconhecidos serão apenas parcialmente

10. Fortune, *The Cosmic Doctrine*, 19

compreendidos ou vagamente interpretados. É por isso que expandir nossa compreensão do simbolismo do Tarô é fundamental, independentemente de há quanto tempo estamos estudando e lendo o Tarô. A contemplação fornece uma estrutura muito mais precisa para interpretar as impressões psíquicas que recebemos. Quanto mais clara for a nossa compreensão da linguagem simbólica do Tarô, mais precisa será a nossa interpretação das informações psíquicas que recebemos.

Os símbolos funcionam como uma ponte, ajudando-nos a entender e comunicar ideias complexas. Eles contêm significados ricos e podem conectar diferentes experiências ou pensamentos por meio das diferentes dimensões dos planos internos. Tudo, desde um cristal até um som, é feito de energia. Embora essa energia possa assumir várias formas, como um símbolo, sua essência permanece inalterada. Os símbolos nos permitem encapsular e comunicar essa energia, demonstrando que tudo, em sua maneira única, está interconectado e pode ser transmitido em várias manifestações. O Tarô é abundante em simbolismo e, ao nos aprofundarmos nessa linguagem simbólica e entendermos como ela se conecta ao mundo interno e externo, nós nos equipamos com um vocabulário mais amplo para compreender as mensagens transmitidas em uma leitura de Tarô. Arthur Waite, o cocriador do baralho de Tarô Rider-Waite-Smith, afirma claramente que:

> [...] o verdadeiro Tarô é puro simbolismo; ele não fala outra língua e não oferece outros sinais. Dada a profundidade dos significados de seus emblemas, eles se tornam uma espécie de alfabeto, capaz de combinações indefinidas que faz sentido em todas as situações.[11]

Carl Jung escreveu: "Assim como uma planta produz sua flor, a psique cria seus símbolos. Todo sonho é uma evidência desse processo".[12] Jung define a psique como a totalidade da mente humana. Em sua visão, a psique abrange os aspectos conscientes e inconscientes, os

11. Waite, *The Pictorial Key to the Tarot*, 5.
12. Jung, *Man and His Symbols*, 52.

pensamentos, as emoções e as experiências de uma pessoa. De acordo com Jung, a psique possui uma inclinação inerente para se expressar por meio de símbolos. Os símbolos são considerados a linguagem nativa da mente inconsciente, representando significados em camadas que podem não ser facilmente transmitidos por meios diretos ou literais. A citação sugere que, quando os aspectos mais profundos da psique se comunicam, especialmente nos sonhos, os símbolos se tornam o principal meio pelo qual essas comunicações se manifestam. Ao utilizar os símbolos, a parte inconsciente da psique pode acessar o vasto reservatório do inconsciente pessoal e coletivo, revelando percepções, verdades e conexões que podem permanecer ilusórias apenas por meio da percepção consciente. O mesmo princípio se aplica às informações psíquicas. Em nossa cosmologia, o Eu Superior transmite conhecimentos através do inconsciente usando o simbolismo armazenado no banco de dados de nossa psique, e é tarefa do Eu Intermediário interpretar e compreender esses símbolos da melhor forma possível.

O que distingue o Tarô de muitos outros métodos de adivinhação é sua natureza abrangente e concisa, que engloba uma ampla gama de experiências, eventos, emoções e interações humanas através de seus símbolos e arquétipos. O Tarô também permite a interpretação e os significados pessoais, ao mesmo tempo em que se beneficia dos séculos de utilização coletiva que fortaleceram sua presença em nosso inconsciente coletivo. Para pensar como um leitor de Tarô, é essencial começar a observar as sincronicidades e buscar o seu simbolismo em nossa vida diária. Entretanto, isso requer uma base sólida nos significados tradicionais do Tarô ou em nossas próprias interpretações desenvolvidas pessoalmente. Quando falo sobre pensar como um leitor psíquico de Tarô, quero dizer estar atento às nossas experiências, emoções, pensamentos – e as dos outros também – e contemplar qual carta ou cartas representariam melhor uma determinada situação se ela aparecesse em uma leitura de Tarô.

## EXERCÍCIO 20

### *PENSANDO COMO UM LEITOR PSÍQUICO DE TARÔ*

Este exercício tem o objetivo de aprofundar sua compreensão do simbolismo do Tarô associando personagens e cenas de livros e filmes a cartas de Tarô específicas. Ao se envolver nessa prática, você expandirá seu conhecimento de Tarô e obterá insights sobre os temas arquetípicos e o simbolismo representado em várias narrativas. Essa é uma exploração criativa que o incentiva a aprofundar sua compreensão do simbolismo do Tarô e sua aplicação a várias narrativas.

1. Escolha um livro ou filme que tenha uma conexão profunda com você. Pode ser aquela obra que você ama, uma leitura ou filme recente, ou algo que deseja explorar mais a fundo.
2. Pense nos personagens do livro ou filme escolhido e considere as características, motivações e papéis deles na história. Reflita sobre suas jornadas, desafios e transformações.
3. Comece a associar cartas de Tarô específicas com os personagens que você identificou. Considere os atributos simbólicos, os traços de personalidade ou os momentos-chave que se alinham com a essência de cada carta. Confie em sua intuição e interpretação pessoal das cartas.
4. Passe a analisar cenas ou eventos do livro ou filme. Identifique os momentos que ressoam profundamente com você, evocam emoções fortes ou tenham significados simbólicos. Conecte essas cenas às cartas de Tarô apropriadas que refletem seus temas ou lições.
5. Se desejar, estenda o exercício explorando como o simbolismo do Tarô se aplica a outros elementos, como cenários, objetos ou temas abrangentes do livro ou filme. Isso aprofundará ainda mais sua compreensão do simbolismo universal do Tarô.
6. Passe algum tempo contemplando os vínculos que você estabeleceu entre os personagens, as cenas e as cartas de Tarô. Considere as percepções e as mensagens que surgem dessas associações. Que novas

perspectivas ou entendimentos eles oferecem? Como o simbolismo do Tarô melhora sua interpretação do livro ou filme?

7. Repita esse processo com eventos, interações e pessoas em sua vida diária.

## Pensando como um leitor psíquico de Tarô

### COMO ISSO PODE SE MANIFESTAR

No filme *O Labirinto do Fauno*, de Guillermo del Toro, as experiências de Ofelia são ricas em simbolismo do Tarô. Ao se encontrar em um novo ambiente, ela enfrenta desafios cotidianos e místicos. Suas missões iniciais, criadas para verificar se ela é a princesa reencarnada Moanna do Submundo, ecoam os temas da carta Roda da Fortuna sobre a flutuação do destino e da sorte. Quando entra no labirinto, ela enfrenta situações que refletem o simbolismo da carta da Lua, que lida com ilusão, intuição e elementos subconscientes. O Fauno, ou Pan, a ajuda a navegar nesse cenário misterioso. Sua função se alinha estreitamente com a do Hierofante, servindo de ponte entre a sabedoria espiritual e a vida cotidiana, o Outromundo e a realidade mundana.

Ofelia enfrenta obstáculos difíceis em sua busca. Seu padrasto, o Capitão Vidal, atua como o vilão da história e é um reflexo sombrio da carta do Imperador, enfatizando seus modos ditatoriais e inflexíveis. A tensão crescente entre Vidal e os rebeldes traça paralelos com o Cinco de Paus, que representa o conflito e a competição. A mãe de Ofelia, Carmen, que anseia por estabilidade e personifica o amor maternal, alinha-se com as energias da Imperatriz e do Enforcado, representando a nutrição e o autossacrifício. Por outro lado, Mercedes, que secretamente apoia os rebeldes, pode ser associada à Alta Sacerdotisa e ao Carro, representando segredos e determinação.

Quando Ofelia encontra o Fauno pela primeira vez, considere o Valete de Copas e o Dois de Paus. Essas cartas capturam sua maravilha e imaginação infantis e as grandes ambições que ela está começando a desenvolver ao embarcar em sua busca mágica. À medida que avançamos para a inquietante sequência do Homem Pálido, o Sete de Copas e a Torre se tornam relevantes. Essas cartas simbolizam a atração perigosa da tentação e as duras consequências do perigo que podem resultar. Como você pode ver, é possível interpretar essas cenas e personagens de várias maneiras, usando diferentes cartas de Tarô. A ideia não é apontar a carta "correta" para cada momento ou personagem. Em vez disso, o foco está em como o Tarô pode lançar luz sobre diferentes elementos do que está acontecendo ou de quem está envolvido. O processo consiste em refletir sobre o Tarô e como as cartas podem demonstrar diferentes aspectos da situação ou do personagem para criar uma linguagem entre você e o Tarô fora do contexto de uma leitura.

## Diário de Tarô

Manter um diário de Tarô beneficia tanto os leitores iniciantes quanto os experientes. Ler suas anotações ajuda a identificar símbolos e temas recorrentes ou mudanças significativas em sua compreensão das cartas. Essa atividade permite que você veja como o simbolismo do Tarô moldou seus pensamentos e ações ao longo do tempo, dando-lhe uma visão aguçada do seu próprio crescimento mental e emocional. Escrever em um diário de Tarô significa envolver-se ativamente com o simbolismo das cartas; você não está apenas recebendo informações passivamente. Essa interação aprimora sua compreensão dos significados e símbolos de cada carta. Ao continuar escrevendo no diário, você começará a reconhecer motivos ou arquétipos específicos que aparecem em cenários semelhantes, ajudando-o a adaptar sua compreensão do Tarô às suas experiências pessoais.

Anotar suas percepções sobre o Tarô também promove um estado de reflexão e introspecção em você, o que é ideal para um leitor de Tarô. Articular seus pensamentos revela emoções e padrões mentais ocultos, ajudando-o a se aprofundar em sua própria psique. Um diário de Tarô ajuda você a aplicar a sabedoria adquirida com suas leituras na vida cotidiana. Ao refletir sobre as mensagens que recebe e como elas se conectam às suas experiências pessoais, você faz uma ponte entre o simbolismo do Tarô e seus próprios processos de pensamento e ações.

Isso não apenas aprofunda sua prática de Tarô, mas também aprimora seu autoconhecimento para entender como sua mente funciona – um recurso inestimável em qualquer trabalho psíquico ou espiritual.

## EXERCÍCIO 21

### *SEU DIÁRIO DE TARÔ*

1. Crie um espaço sagrado para a prática do seu diário de Tarô. Encontre um lugar calmo e confortável onde possa se concentrar sem distrações. Acenda uma vela, toque uma música suave ou incorpore qualquer outro ritual pessoal que o ajude a entrar em um estado de espírito calmo e receptivo.
2. Escolha um diário que tenha a ver com você. Pode ser um caderno em branco, um diário de Tarô lindamente projetado ou até mesmo uma plataforma de diário digital. Encontre algo que o inspire e seja convidativo para a autoexpressão.
3. Antes de cada sessão de registro no diário, centre-se e defina a intenção. Isso pode incluir embaralhar as cartas, concentrar-se em uma pergunta ou tema e puxar uma carta para fornecer orientação e inspiração para sua sessão de registro no diário.
4. Escreva sobre as leituras de Tarô que você fez recentemente ou no passado. Inclua detalhes como a data, a pergunta ou o tema da leitura, as cartas retiradas e suas interpretações do significado de cada carta em relação à pergunta ou ao tema. Reflita sobre as percepções, emoções ou conexões que surgirem durante a leitura.
5. Dedique algum tempo para explorar o simbolismo do Tarô. Escolha uma carta de suas leituras ou desenhe uma aleatoriamente e escreva sobre suas imagens, símbolos, cores e impressão geral. Considere o significado pessoal desses símbolos e como eles podem se relacionar com as circunstâncias e experiências de sua vida atual.
6. Escreva em um diário sobre quaisquer flashes intuitivos, mensagens, pressentimentos e impressões psíquicas que receber durante ou após as leituras de Tarô. Confie em sua orientação interior e deixe

sua intuição fluir para as páginas. Essas percepções intuitivas geralmente contêm sabedoria e revelações pessoais.

7. Use seu diário de Tarô como um espaço para expressar suas emoções, medos, alegrias e reflexões pessoais. Escreva sobre como as cartas se alinham com seu estado mental atual, eventos que estão ocorrendo em sua vida ou quaisquer desafios que possa estar enfrentando. Permita que seu diário se torne um recipiente seguro para a autoexpressão e a liberação emocional.
8. Revise periodicamente as entradas do diário para identificar padrões, temas recorrentes ou marcos em sua jornada no Tarô. Você perceberá como a sua compreensão das cartas se transformou, as percepções que obteve e o desenvolvimento pessoal pelo qual passou. Anote todas as sincronicidades ou momentos de clareza que surgirem ao olhar para trás em seu diário.

## EXERCÍCIO 22

### *LEITURA DIÁRIA*

Incorporar uma tiragem diária de Tarô em sua rotina é uma ferramenta valiosa para navegar pelo seu dia com orientação. Essa leitura funciona como uma companhia psíquica pessoal, oferecendo percepções e avisos e, ao mesmo tempo, ajudando a desenvolver suas habilidades intuitivas e a aumentar sua proficiência na interpretação das cartas. Embora essa prática possa parecer simples e mais adequada para iniciantes, ela é um dos métodos mais poderosos para se familiarizar com a linguagem do Tarô e aprimorar suas habilidades intuitivas. Nunca subestime o poder imenso que as práticas fundamentais podem ter ao longo do tempo.

1. Para começar, no início do dia, embaralhe as cartas do Tarô e faça uma pergunta direta como "O que devo priorizar hoje?" ou "Quais aspectos precisam de minha atenção?" Depois disso, tire uma carta do baralho. Reserve um momento para contemplar a carta e anote todas as percepções ou ideias que surgirem. Não se preocupe se essas impressões parecerem aleatórias ou confusas no início, pois

elas podem revelar mensagens simbólicas que se tornarão mais claras para você mais tarde. É por isso que é recomendável manter um diário e registrar as leituras diárias das cartas.

2. Preste atenção a quaisquer padrões recorrentes que surjam ao longo do tempo em suas extrações e reflexões diárias. Anote as cartas que aparecem com frequência. Há cartas específicas que parecem se repetir? Há temas ou mensagens recorrentes que se manifestam de forma consistente? Certos números, naipes ou cartas da Corte se repetem? Esses padrões podem fornecer informações sobre seu crescimento e desenvolvimento pessoal. Ao registrar diligentemente suas tiragens diárias durante um longo período, você pode discernir padrões nas cartas, iluminando a natureza cíclica da vida e as energias influentes em jogo.
3. Você também pode ritualizar um pouco, recitando um encantamento enquanto embaralha suas cartas. Um que gosto de dizer é:

   Embaralho estas cartas, para o segredo revelar,
   Busco pela respostas que sua sabedoria possa dar.
   Quais destinos me aguardam neste dia a chegar?
   Que orientações e forças vão me guiar?

## EXERCÍCIO 23

### *EXPLORAÇÃO COMPARATIVA DO TARÔ*

Embora cada carta tenha uma interpretação ampla, a expressão desses significados pode diferir significativamente de um baralho para outro. As nuances podem melhorar muito nossa compreensão e interpretação das cartas. Neste exercício, você explorará essas nuances comparando a mesma carta de dois baralhos diferentes. Essa comparação pode destacar diferenças sutis e semelhanças nas imagens, no simbolismo e nas emoções que elas evocam, proporcionando uma melhor compreensão do significado da carta. Ao observar essas diferenças e semelhanças sutis, você aprofundará sua compreensão de cada carta individual, além de enriquecer seu relacionamento com os diferentes baralhos de Tarô e as percepções exclusivas que cada um oferece.

1. Escolha dois baralhos de Tarô e embaralhe as cartas de um deles enquanto se concentra em sua intenção de obter insights.
2. Retire uma carta de seu baralho e observe-a atentamente. Reserve um momento para perceber suas imagens, cores, símbolos e quaisquer sentimentos ou pensamentos imediatos que ela lhe traga à mente.
3. Coloque a carta de lado, onde você possa vê-la, e agora escolha um baralho de Tarô diferente, de um artista diferente.
4. Busque nesse Tarô a mesma carta que você tirou do primeiro baralho.
5. Coloque-a ao lado da primeira carta que você tirou.
6. Passe algum tempo contemplando as duas cartas lado a lado. O que você vê como aspectos compartilhados entre essas duas cartas? Há símbolos ou cores em comum? As cartas provocam sentimentos ou pensamentos semelhantes?
7. Depois de observar as semelhanças, mude seu foco para as diferenças. Como a arte difere? Há elementos presentes em uma carta, mas não na outra? Elas evocam emoções ou pensamentos diferentes?
8. Pegue seu diário e comece a anotar suas observações, certificando-se de registrar tanto as semelhanças quanto às diferenças que notou entre as duas cartas. Reflita sobre suas anotações. Considere como as diferentes representações da mesma carta podem oferecer diferentes percepções ou perspectivas.

## Exploração comparativa do Tarô

### *COMO ISSO PODE SE MANIFESTAR*

Para ilustrar como isso pode se manifestar, vamos analisar a carta da Imperatriz em dois baralhos diferentes e ver como o simbolismo muda de forma distinta, apesar de ser a mesma carta. Para isso, vou comparar a Imperatriz do baralho Rider-Waite-Smith com a Imperatriz do Tarô de Marselha.

No baralho de Rider-Waite-Smith, a Imperatriz descansa em uma abundância divina. Ela se reclina em um trono almofadado salpicado de símbolos venusianos e imagens de colheita. Sua cabeça é coroada com doze estrelas, ligando-a às forças cósmicas. Romãs decoram seu manto, servindo como uma referência à sua fertilidade inerente, bem como aos ciclos da natureza; nesse sentido, pense no mito da jornada de Perséfone e sua relação com as estações. Ao redor dela, os campos estão repletos de trigo maduro, enfatizando sua conexão com a abundância da terra. Um rio tranquilo corre atrás dela, sugerindo suas camadas emocionais e intuitivas. Um escudo em forma de coração, marcado com o símbolo de Vênus, reforça suas associações com o amor, a beleza e a fertilidade.

Mudando o foco para o Tarô de Marselha, a Imperatriz aqui revela um estilo diferente de realeza. Ela senta em seu trono de forma mais ereta e empunha um escudo com uma águia, representando sua autoridade. Sua coroa, embora mais simples, não é menos significativa. Ela pode não ter estrelas ornamentadas ou desenhos detalhados, mas sua simplicidade transmite um senso direto de autoridade terrena. O ambiente é escasso, concentrando nossa atenção em seu papel de governante perspicaz. A simplicidade pode ser uma virtude quando se trata de liderança; ela abranda o barulho e impõe respeito sem precisar gritar. A versão da Imperatriz do Tarô de Marselha nos convida a considerar as qualidades de governança, liderança e clareza de propósito.

Ambas as versões da carta da Imperatriz nos cativam com temas de criatividade, abundância e influência, mas oferecem perspectivas contrastantes sobre como esses temas são incorporados. A Imperatriz do Rider-Waite-Smith parece quase uma figura de Gaia ou Deméter, completamente envolvida com a natureza e seus ciclos. Por outro lado, a Imperatriz de Marselha surge como uma comandante, priorizando a governança e a ordem em detrimento de uma conexão com o mundo natural. A Imperatriz de Marselha também incorpora o arquétipo da mãe de uma maneira diferente: ela é a matriarca do povo que governa. Embora as duas cartas expressem o mesmo arquétipo geral, esse papel é expresso de forma diferente. A Imperatriz de Rider-Waite-Smith nos enche de detalhes sensoriais: os campos exuberantes, o rio caudaloso, a coroa de estrelas. Ela incorpora um ideal de abundância e riqueza emocional intimamente ligado à terra e a seus ciclos de vida. Essa Imperatriz é muito mais uma Deusa-mãe do que a Imperatriz de Marselha, que exala um tipo de autoridade calculada. No Marselha, seu ambiente esparso serve para focar nossa atenção somente nela. Seu escudo com a águia e sua coroa sem adornos ecoam temas de liderança estratégica e autoridade direta. Sua versão nos convida a considerar o poder, a sabedoria e a governança como atributos igualmente significativos do arquétipo da Imperatriz. Podemos ver as duas cartas da Imperatriz como oitavas quase diferentes do mesmo arquétipo, sendo que a Imperatriz do Rider-Waite-Smith tem mais a ver com o poder da terra, o amor e a nutrição, e a de Marselha se conecta mais à personificação da energia da rainha na sociedade e nas interações indiretas, já que ela está olhando para longe do observador, ao contrário de sua contraparte do RWS.

## EXERCÍCIO 24

### *CONTEMPLAÇÃO DO AGRUPAMENTO DE CARTAS.*

Assim como no exercício anterior, esta prática convida você a explorar a interação dinâmica entre duas cartas, lançando luz sobre as maneiras complexas pelas quais elas podem influenciar e moldar as narrativas uma da outra. A comparação pode ajudar a ver os temas quando eles aparecem nas leituras, bem como as nuances entre cartas de aparência semelhante. Lembre-se de que o foco dessa leitura é explorar a relação entre as cartas. Confie em sua intuição e permita-se estar aberto às percepções que esse processo traz.

1. Selecione o baralho de Tarô de sua preferência e comece a embaralhar as cartas, definindo sua intenção de descobrir novas percepções sobre a interação das narrativas do Tarô.
2. Quando se sentir intuitivamente pronto, tire duas cartas do baralho e coloque-as uma ao lado da outra, permitindo-se absorver suas imagens individuais e coletivas.
3. Comece sua exploração com a primeira carta. Observe as imagens, os símbolos e as cores, anotando quaisquer pensamentos ou sentimentos que ela invoca em você.
4. Prossiga para a segunda carta, repetindo o mesmo processo de observação cuidadosa.
5. Com as duas cartas em sua consciência, contemple como elas interagem. Elas compartilham um tema comum? Há elementos que parecem estar em conflito? Há uma narrativa que surge quando você as considera juntas?
6. Abra seu diário e registre suas observações, reflexões e qualquer narrativa percebida, considerando cada carta individualmente e em conjunto. Revise suas anotações e reflita sobre como as percepções obtidas podem se aplicar à sua própria jornada ou a uma situação específica em sua vida.

## Contemplação do agrupamento de cartas

### *COMO ISSO PODE SE MANIFESTAR*

Para demonstrar essa manifestação na prática, estou utilizando o baralho Rider-Waite-Smith. As cartas que surgem são o Diabo e os Enamorados. Primeiro, viro a carta do Diabo. Uma figura sinistra, lembrando a representação clássica do Diabo, domina a cena. Sentada sobre um meio cubo, essa imagem pode simbolizar uma compreensão incompleta ou uma perspectiva limitada, enraizada no materialismo, já que o cubo remete ao Elemento Terra. Um homem e uma mulher estão logo embaixo, acorrentados frouxamente ao cubo. Ambos se assemelham de maneira inquietante aos amantes da carta dos Enamorados. Suas caudas, uma labareda para o homem e um cacho de uvas para a mulher, revelam suas paixões e desejos primais. A carta, em sua totalidade, retrata um quadro de escravidão, materialismo e os aspectos mais sombrios de nossa natureza aos quais estamos presos, mas que podemos nos libertar, se assim desejarmos.

Em seguida, viro a carta dos Enamorados. Essa carta é um forte contraste com a carta do Diabo. Um anjo com asas bem abertas paira no céu, enquanto abaixo, um homem e uma mulher estão no Jardim do Éden. Essa carta representa harmonia, unidade e uma encruzilhada moral. Ela sugere a necessidade de fazer uma escolha com possíveis implicações de longo prazo – geralmente uma escolha entre virtude e vício.

A carta dos Enamorados ecoa o conceito de conexão, mas em um contexto diferente – o amor, o respeito mútuo e o uso de nosso livre-arbítrio em contraste com os companheiros acorrentados da carta do Diabo. Comparando as duas cartas, é intrigante observar que ambas apresentam um homem e uma mulher com uma figura de um outro mundo acima deles. Isso indica imediatamente a presença de um relacionamento ou uma conexão entre as duas cartas. Entretanto, a natureza dessas conexões difere drasticamente. A carta do Diabo representa vínculos e escravidão doentios, enquanto a carta dos Enamorados significa uma conexão pura baseada no amor e no respeito. Além disso, ambas as cartas apresentam uma encruzilhada moral. A carta do Diabo geralmente nos pede para examinar nossa vida em busca de hábitos, dependências ou relacionamentos doentios, o que significa a necessidade de nos libertarmos. A carta dos Enamorados pode representar a necessidade de fazer uma escolha de acordo com nosso eu mais elevado, geralmente envolvendo valores ou relacionamentos pessoais.

## EXERCÍCIO 25

### *ANALISANDO AS CARTAS COMO PAINÉIS PARA INTERPRETAÇÃO*

Uma maneira útil de perceber a interação entre as cartas de Tarô em uma tiragem é imaginá-las como painéis individuais em uma história em quadrinhos. Cada carta, assim como um painel, está sozinha em sua narrativa, mas também se entrelaça perfeitamente com o enredo maior e interconectado. Esse ponto de vista pode enriquecer sua compreensão do diálogo que ocorre em uma tiragem de Tarô. Em uma história em quadrinhos, cada painel carrega seu próprio ponto de enredo, contribuindo com uma parte única da história geral. Da mesma forma, cada carta de Tarô traz uma mensagem distinta. Entretanto, o significado completo da carta fica realmente claro quando ela é interpretada no contexto das cartas vizinhas. Assim como o significado de um painel de quadrinhos é aprimorado pelos painéis ao redor dele, a narrativa de uma carta de Tarô é influenciada pelas cartas vizinhas.

Ler as cartas de Tarô de forma linear, como se fosse uma história em quadrinhos, pode ajudar a entender a progressão da leitura e a jornada que ela está traçando. A interação dinâmica entre as cartas pode revelar mudanças de energia, destacar pontos de tensão ou harmonia e fornecer uma linha do tempo clara de eventos ou transformações internas. A posição de cada carta influencia e molda sua interpretação, visualizá-las em ordem sequencial pode trazer à tona percepções valiosas que poderiam permanecer ocultas se as cartas fossem lidas individualmente e como se estivessem desconectadas. Essa abordagem aumenta sua capacidade de decodificar a complexa linguagem simbólica do Tarô e ajuda a tecer uma narrativa coerente e perspicaz a partir de suas leituras.

1. Disponha as cartas na tiragem escolhida, certificando-se de que estejam posicionadas em uma fileira para que, ao olhar para elas, crie um enredo linear como os painéis de uma história em quadrinhos.
2. Faça uma rápida varredura de toda a tiragem, como faria ao dar a primeira olhada em uma história em quadrinhos. Observe cuidadosamente quaisquer energias ou temas dominantes que chamem sua atenção imediatamente.
3. Volte ao início de sua tiragem e comece a examinar cada carta individualmente. Pense em cada carta como um painel separado em uma história em quadrinhos, cada um com sua própria narrativa ou mensagem.
4. Ao examinar cada carta, leve em conta também as cartas vizinhas. Considere como a energia ou a mensagem de uma carta pode ser influenciada pelas cartas adjacentes a ela.
5. Preste atenção à sequência das cartas à medida que você avança na tiragem. Procure mudanças de humor, ritmo ou ação que possam indicar uma progressão ou jornada.
6. Depois de examinar atentamente cada carta, reserve um momento para dar um passo atrás e ver a tiragem inteira como um todo coeso.

7. Imagine como seria uma carta de Tarô de transição entre duas cartas adjacentes na tiragem. Se você tivesse que preencher um "painel faltante" que tornasse a transição entre essas cartas mais suave ou mais compreensível, que símbolos ou temas essa carta conteria?
8. Agora, compare suas impressões iniciais de sua análise rápida com a compreensão mais detalhada que você adquiriu. Veja se seus pensamentos iniciais ainda se mantêm ou se você descobriu novos temas que mudam sua compreensão da leitura.
9. Reserve algum tempo para anotar suas observações, a história mais ampla que percebeu e quaisquer outros insights que tenha obtido.
10. Agora, dedique um momento à reflexão. Medite sobre a narrativa mais ampla que você discerniu e reflita em quaisquer percepções ou revelações práticas que tenham surgido.

## Analisando as cartas como painéis

*COMO ISSO PODE SE MANIFESTAR*

Um exemplo que se destaca vividamente, foi quando recorri a uma leitura de Tarô de três cartas em busca de orientação pessoal durante um período desafiador. As cartas que se desdobraram diante de mim foram o Cinco de Copas, o Sol e o Ás de Paus. Na primeira carta, o Cinco de Copas, eu me vi refletido na figura que lamenta as três taças derramadas. Semelhante ao início de um filme, essa carta estabeleceu a narrativa da história que estava prestes a se desenrolar. Ela pintou um quadro do meu passado, colorido por um sentimento de perda e decepção. Mas como na vida as histórias evoluem e as cenas mudam, o Sol, a segunda carta, representava uma mudança dramática de cena na narrativa, espelhando uma transição em minha própria jornada. Se o Cinco de Copas era uma tarde chuvosa, o Sol era o amanhecer claro e radiante de um novo dia. A carta do Sol apresenta uma criança alegre montada em um cavalo sob um Sol brilhante – um forte contraste com a figura de luto da carta anterior. Essa transição sugeria que havia ocorrido uma transformação interior: a figura havia superado as decepções representadas pelas taças derramadas, abraçado as lições que essas experiências ofereciam e experimentado a alegria e o otimismo recém-descobertos.

A narrativa então progrediu para o Ás de Paus, significando outra mudança na paisagem da história. Dos campos de girassóis da cena anterior, agora somos apresentados a uma mão que emerge das nuvens e segura um bastão em formação. Essa transição marcou o estágio futuro da jornada, representando um início promissor repleto de paixão e energia criativas. A carta do Sol retrata uma cena que nutre o crescimento e o amadurecimento do Ás de Paus, significando o potencial para começos vibrantes. A alegria e a vitalidade do Sol provocaram um renascimento criativo, levando às buscas apaixonadas simbolizadas pelo Ás de Paus.

Ao ver essas cartas como cenas distintas dentro de uma narrativa mais ampla, pude entender melhor a progressão do meu caminho. Foi útil ver como cada cena levava à seguinte, ilustrando uma clara transição de um período de perda (Cinco de Copas) para uma fase de alegria (o Sol) e culminando em um futuro brilhante de possibilidades criativas (Ás de Paus). Era como se a tristeza tivesse sido a chuva necessária que regou o solo para que os girassóis surgissem nessa carta e, talvez, um desses girassóis tenha sido colhido para que o bastão fosse empunhado até a maturidade. Cada passo da jornada era necessário.

## EXERCÍCIO 26

### *CRISTALOCAÇÃO COM O TARÔ*

Se você não está familiarizado com o termo, a cristalocação é uma antiga técnica de adivinhação que geralmente envolve olhar para uma superfície reflexiva ou objeto, como cristais, para obter insights espirituais ou prever eventos futuros. A cristalocação pode ser feita com nuvens, folhas de plantas na natureza ou praticamente qualquer coisa onde você possa começar a ver imagens. Essa prática, usada por várias culturas em todo o mundo, baseia-se no conceito de que as imagens no objeto revelam informações ocultas que podem ser interpretadas pelo observador. Na leitura de cartas de Tarô, as técnicas de cristalocação podem ser utilizadas para ampliar a intuição e acessar a mente subconsciente, permitindo que as imagens das cartas se movam ou se transformem na mente do observador. Ao liberar a imaginação e entrar em um estado meditativo, os leitores podem visualizar narrativas que se desenvolvem ou observar como as imagens estáticas se transformam em formas completamente diferentes. Embora a cristalocação seja reconhecida como uma arte psíquica, ela também envolve a contemplação do que está sendo observado, especialmente quando se trata de Tarô. Esse processo dinâmico entrelaça intuição e introspecção. A cristalocação facilita uma compreensão mais profunda do que o subconsciente traz à tona e que pode não ser imediatamente aparente no simbolismo pretendido ou nos significados tradicionais das cartas.

1. Embaralhe as cartas do Tarô com uma pergunta ou intenção em mente e, em seguida, tire uma carta.
2. Observe as cores, os símbolos e as imagens. Não se apresse em interpretá-las ainda. Em vez disso, permita que seus olhos relaxem e percam um pouco o foco enquanto você continua a olhar para a carta.
3. Ao olhar para a carta, deixe sua imaginação correr livremente. Permita que as imagens se movam, mudem ou evoluam em sua mente. Não restrinja o que você vê – a imagem pode se transformar em uma cena completamente diferente, os personagens podem aparecer e interagir ou novos símbolos podem surgir.

4. Preste atenção a todos os sentimentos, pensamentos ou percepções que surgirem durante esse processo. Em vez de analisar essas impressões, apenas observe-as à medida que elas surgirem.
5. Quando se sentir preparado, saia gentilmente do estado meditativo. Pegue seu fiel diário de Tarô e anote o que viu, sentiu e pensou, bem como qualquer percepção intuitiva que tenha recebido. Reflita sobre sua experiência de vidência. Como as imagens e os sentimentos se relacionam com sua pergunta ou intenção? Elas lhe dão uma nova perspectiva sobre o significado tradicional da carta? Reserve um tempo para processar e integrar suas percepções.

## Cristalocação com o Tarô

### COMO ISSO PODE SE MANIFESTAR

Um dia, ao conduzir uma sessão de Tarô, tirei a carta Ás de Copas para um consulente. Normalmente, essa carta me fala do início de manifestações emocionais, intuitivas e espirituais. Mas naquele dia, ao olhar para a carta e permitir que minha imaginação vagasse por seus detalhes, as imagens começaram a dançar e a se transformar. A pomba que normalmente adornava a parte superior da carta, pairando sobre a taça, começou a se transformar, com suas penas brancas ficando em um tom brilhante de amarelo. Enquanto eu observava, fascinado, o pássaro amarelo transformado voou graciosamente para baixo, pousando ao lado de uma gaiola de pássaros ornamentada vintage formada pela água que fluía da taça. O pássaro parecia contente, chilreando alegremente, mas permaneceu fora da gaiola. Senti-me compelido a compartilhar essa visão com meu consulente, perguntando: "Um pequeno pássaro amarelo, talvez ao lado de uma bela gaiola vintage, significa alguma coisa para você?"

A reação que recebi foi inesperada. Os olhos do meu consulente se arregalaram de espanto. Ele admitiu que seu amado canário havia escapado alguns dias antes e, apesar de ter procurado em todos os lugares, não havia conseguido localizá-lo. Ele estava muito preocupado, temendo que o canário tivesse escapado. Todos estavam muito preocupados, com medo de que seu animal de estimação estivesse perdido ou algo pior. Mas a verdadeira surpresa foi quando mencionei uma gaiola de pássaros antiga e ornamentada, que eles tinham guardada em uma prateleira do armário e que não era a mesma da qual o canário havia desaparecido. Guiado pela visão, sugeri gentilmente que talvez eles quisessem inspecionar aquele armário específico ou os arredores. Alguns dias se passaram antes que eu recebesse um telefonema jubiloso do meu consulente. Seguindo meu conselho à risca, eles encontraram seu canário cantando alegremente dentro do mesmo armário em que estava a gaiola vintage. Embora não estivesse diretamente ao lado da gaiola, como em minha sessão de cristalocação com a carta, ele estava no mesmo armário com a porta fechada e eles não faziam ideia de como ele havia chegado lá.

V
O HIEROFANTE

# 4

# Tarô Intuitivo

O termo "intuição" geralmente é usado de forma casual, sem muita reflexão por trás da palavra. Como muitas outras pessoas, ouvi esse termo pela primeira vez em frases como "intuição feminina" e "intuição materna". Essas frases faziam parecer que as habilidades intuitivas eram algo que só as mulheres ou as mães tinham. Esse estereótipo aparecia com frequência nas lojas de Tarô, onde eu trabalhava como leitor. Embora seja natural preferir um leitor que você acha que pode se relacionar com suas experiências de vida com base no gênero, outra coisa é descartar os leitores do sexo masculino com o argumento de que "os homens não são intuitivos ou psíquicos", algo que as pessoas às vezes têm a audácia de me dizer. Por outro lado, considero isso um tiro no escuro; é difícil oferecer uma leitura significativa a alguém que não está aberto ao que você tem a dizer.

Somos todos intuitivos, porque, em nossa essência, somos animais – sim, animais, humanos altamente evoluídos, mas ainda assim, uma espécie do tipo animal. Muitas vezes ignoramos esse aspecto fundamental da nossa natureza, nosso eu inferior primordial, o que nos leva a nos desconectar de nossos próprios sentidos intuitivos. O instinto e a intuição estão tão intimamente ligados que, às vezes, são inseparáveis. Nossos instintos humanos, ajustados ao longo de milênios de evolução, alimentam diretamente nossas habilidades intuitivas. Quando falamos que alguém é intuitivo em um sentido prático, estamos, na verdade, destacando sua proeza natural e instintiva. Aquele ditado que diz "se adaptou a isso como um pato n'água" ilustra essa ideia; ele sugere que, assim como um patinho sabe instintivamente como nadar quando entra na água, algumas pessoas têm um dom natural para determinadas habilidades ou percepções.

As crianças têm um talento natural para a intuição, muitas vezes estando mais sintonizadas com seus lados imaginativos e instintivos do que muitos adultos. Para testar isso, da próxima vez que precisar de orientação, pegue uma carta de Tarô e mostre-a a uma criança próxima a você. Pergunte a ela sobre suas percepções da carta, como ela imagina o cenário da imagem se desenrolando e o que ela prevê que pode acontecer em seguida. Preste muita atenção, pois a nova visão que ela terá da carta pode oferecer insights surpreendentes. Não subestime o que sai da boca dos pequenos. Essa abordagem infantil capta a essência das leituras intuitivas do Tarô, que se baseiam na intuição e na criatividade em vez de qualquer conhecimento formal do seu simbolismo.

Mas há muito mais nas leituras intuitivas do que simplesmente ignorar o livro que acompanha o seu Tarô. Conforme mencionado anteriormente, o Eu Inferior absorve naturalmente a energia do ambiente que o cerca. Ele processa essa energia como emoções sentidas no corpo, sensações físicas, como um pressentimento, arrepios ou a vaga sensação de que alguém o está observando, para transmiti-la ao Eu Intermediário como informação. Por essas razões, T. Thorn Coyle se refere apropriadamente ao Eu Inferior como "o pegajoso" em seu livro *Bruxaria Evolutiva.*[13] Nosso Eu Inferior é essencialmente o rolo de fiapos energético de nossa individualidade, absorvendo todos os resíduos energéticos com os quais entra em contato em um nível instintivo, emocional e intuitivo.

---

13. Coyle, *Evolutionary Witchcraft*, 46.

## Confundindo intuição com respostas a traumas e preconceitos

Embora seja uma maneira valiosa de obter percepções, a intuição também deve ser diferenciada de outros fatores que podem confundir nosso julgamento. Vieses, preconceitos e respostas a traumas mantidos em nosso subconsciente podem moldar inconscientemente nossos pensamentos e decisões. As respostas a traumas são especialmente enganosas, pois podem desencadear reações emocionais intensas que se assemelham à intuição. Se um indivíduo tiver um trauma associado a cenários ou pessoas específicas, sua clareza intuitiva pode ser ofuscada por sentimentos de medo ou ansiedade, dificultando o acesso à sua verdadeira sabedoria interior. Por exemplo, se você foi traído em um relacionamento, isso afetará muito a sua capacidade de permanecer um canal claro e imparcial para a intuição em uma leitura se o consulente para o qual você está lendo estiver discutindo o caso que está tendo, que é um cenário que surge regularmente ao ler para o público. Nessas situações, tratar e curar a raiz do trauma pode ser benéfico antes de confiar na intuição.

Vieses e preconceitos podem afetar nossa capacidade de acessar e confiar em nossa intuição. Esses preconceitos, profundamente arraigados devido a nossos antecedentes e experiências culturais, sociais ou pessoais podem distorcer nossa percepção e compreensão do mundo. Por exemplo, a maioria das pessoas tem uma reação inerentemente diferente, porém forte, em relação a um bilionário e a um sem-teto, influenciada por noções preconcebidas, seu histórico pessoal e seu próprio relacionamento com o conceito de riqueza.

Uma ideia que capta bem isso é quando as pessoas dão conselhos ou provérbios com base na aparência, como, por exemplo, não confiar em alguém com dentes mais brancos do que a parte branca dos olhos. Isso me parece uma maneira muito falha de julgar o caráter de alguém. Há muitas razões médicas e hereditárias pelas quais os dentes ou os olhos de alguém podem ter a cor que têm. Isso não diz nada sobre quem você é como pessoa. Esse tipo de julgamento instantâneo está no mesmo patamar de achar que pessoas menos arrumadas são imorais porque "a limpeza está próxima da piedade" ou que tatuagens e piercings significam que a pessoa é rebelde ou não é profissional. Fico impressionado com o fato de as pessoas ainda julgarem as mulheres por suas escolhas de maquiagem ou pelas roupas que escolhem usar, assim como acharem que é possível saber o estado mental ou emocional de alguém apenas pelo seu peso, mas as pessoas ainda fazem isso. Também já vi pessoas julgando outras apenas com base em uma deficiência, como se fosse um tipo de resumo de caráter, o que é outro nível de confusão. Mas esses são vieses e preconceitos que a maioria costuma ter, às vezes conscientemente e às vezes inconscientemente.

Esses tipos de preconceitos me fazem questionar o leitor de Tarô muito mais do que qualquer pessoa que esteja sendo julgada por sua aparência. Se ele está julgando a confiabilidade de alguém com base na cor de seus dentes, não posso levar muito a sério suas leituras de Tarô ou suas percepções. É incrivelmente superficial avaliar o caráter de alguém com base em sua aparência. Fazer uma declaração como essa expõe sua perspectiva limitada e me faz pensar em outros preconceitos que ela possa ter e que possam obscurecer seu julgamento ou suas leituras. Como posso confiar em sua orientação ou interpretação das cartas quando ela está disposta a fazer julgamentos abrangentes com base na aparência? Isso prejudica sua credibilidade como leitor a meu ver. Sua atitude de julgamento levanta suspeitas sobre sua abordagem ética em relação à leitura e orientação com o Tarô e me faz questionar se ele pode oferecer conselhos imparciais e compassivos.

Ao reconhecer e confrontar nossos preconceitos, podemos promover uma visão de mundo mais clara e precisa e utilizar melhor os insights oferecidos por nossa intuição e pelas cartas. Precisamos separar a intuição genuína das influências que podem obscurecer nosso julgamento e percepção. Ao promover o discernimento e a introspecção, podemos superar esses obstáculos e liberar todo o potencial da nossa intuição nas leituras de Tarô e na vida cotidiana.

Identificar a intuição em meio a respostas a traumas, vieses e preconceitos pode ser complexo e difícil, mas vários métodos podem ajudar nesse processo. Uma abordagem envolve dar um passo atrás e avaliar criticamente os sentimentos e as sensações desencadeados por uma situação ou decisão específica. A verdadeira intuição costuma se manifestar como um entendimento interno sereno e claro, diferente de uma ocorrência emocional exacerbada. Embora ambos envolvam emoções, os sentimentos associados à intuição costumam ter uma natureza distinta. A intuição costuma trazer uma sensação de segurança tranquila e um conhecimento firme e estável, em contraste com a intensidade volátil que pode caracterizar as respostas emocionais. Essa diferença sutil pode auxiliar na distinção entre o insight intuitivo genuíno e as fortes reações emocionais. Ao aprimorar nossa habilidade de diferenciar esses tipos de reação, podemos reconhecer melhor a intuição verdadeira em relação às respostas a traumas ou a outras reações emocionais.

Outro método é praticar a autoconsciência e a introspecção. Isso envolve reservar um tempo para examinar nossos vieses e preconceitos, bem como questionar nossas próprias suposições e crenças sobre eles. Ao fazer isso, podemos garantir que nossas leituras intuitivas estejam livres de distorções pessoais e reflitam verdadeiramente a sabedoria que o Tarô tem a oferecer ao consulente. Reconhecer e lidar com nossos preconceitos pode nos tornar mais conscientes de como eles podem distorcer nosso julgamento e percepção. Buscar perspectivas e experiências diferentes também pode ser benéfico. Isso pode incluir uma imersão em várias culturas, sistemas de crenças, status sociais e processos de pensamento. Ao expandir nossa visão de mundo, podemos entender melhor as complexidades de diferentes situações e acessar mais prontamente nossa autêntica orientação interior.

Nas leituras de Tarô, é importante manter a mente aberta, evitar julgamentos sobre quem está recebendo a leitura e estar preparado para questionar nossas próprias suposições e preconceitos. Isso pode exigir um tempo de reflexão sobre os significados e símbolos de cada carta, avaliando nossas respostas a eles. Evitar projetar nossas próprias qualidades, traços e suposições na pessoa para quem estamos lendo é essencial, pois isso pode distorcer nosso julgamento e a nossa percepção. Mantendo essa cautela, é possível acessar uma compreensão mais refinada das mensagens das cartas e distinguir com mais clareza a intuição genuína de outros fatores que podem interferir. Esse processo de autorreflexão e conscientização é fundamental para nosso crescimento pessoal e espiritual, permitindo que nos tornemos indivíduos mais conscientes e compassivos e leitores de Tarô mais perspicazes.

## Sua frequência pessoal

Para compreender com mais clareza sua energia emocional e intuitiva, ter um ponto de referência pode ser muito útil, especialmente quando se trata de distinguir uma resposta a um trauma de um verdadeiro acerto intuitivo. Uma técnica chamada "frequência doméstica", desenvolvida por meu marido Devin e detalhada em seu livro *The Witch's Book of Power*[14], é algo que utilizo regularmente. A frequência doméstica refere-se a um estado em que podemos acessar nossas capacidades internas e incorpora uma maneira natural de viver magicamente. É um conceito que promove a estabilidade e a tranquilidade, elementos essenciais para o nosso bem-estar. Esse estado serve de barômetro para que médiuns e psíquicos identifiquem anomalias ou desvios. Além disso, funciona como uma base para diferentes níveis de consciência. A frequência doméstica também oferece proteção ao nos permitir identificar nossa própria energia e excluir qualquer coisa estranha. No entanto, os leitores de Tarô devem estar cientes de que outras medidas de proteção não devem ser negligenciadas. Sintonizar-se com a frequência de sua casa é como verificar sua "base" emocional e espiritual antes e depois de fazer algo como uma leitura de Tarô. Conectar-se com essa base antes de uma leitura, é como estabelecer um ponto de partida estável. Isso ajuda a captar melhor as energias ou mensagens que chegam por meio das cartas porque você sabe de onde ela está partindo. Após a leitura, fazer

---

14. Hunter, *The Witch's Book of Power*, 31-33.

o check-in novamente ajuda a se restabelecer. Considere isso como um meio de purificar e redefinir seu estado energético, da mesma forma que lava as mãos antes de preparar uma refeição. Essa prática remove qualquer energia residual da leitura antes de prosseguir com seu dia. Quanto à proteção, saber a frequência de sua casa ajuda a identificar quando algo está errado ou se uma energia não pertence a você. É semelhante a estar familiarizado com a aparência de sua casa, permitindo que você perceba se algo está fora do lugar ou faltando. Essa consciência permite que você tome precauções se perceber que algo está errado.

## EXERCÍCIO 27

### *ENCONTRANDO SUA FREQUÊNCIA PESSOAL*

Compreender a frequência de sua casa vai aprimorar suas habilidades como psíquico, intuitivo e empático, ajudando-o a distinguir o que é e o que não é parte de sua energia ou emoções. Com o tempo e a prática, procure sintonizar essa frequência à sua vontade apenas pensando nela. Esteja ciente de que dominar esse exercício pode levar tempo e prática, mas ele permitirá que você reconheça quase imediatamente quando estiver desalinhado com sua frequência pessoal.

1. Comece encontrando uma posição confortável.
2. Feche os olhos e respire fundo e comedidamente.
3. Ao inspirar, visualize a energia divina que nos cerca entrando e preenchendo seu corpo.
4. Ao expirar, imagine todas as tensões e emoções negativas sendo expelidas de seu corpo.
5. Quando sua mente começar a vagar e surgirem pensamentos alheios, simplesmente reconheça-os e permita que se afastem, como nuvens varridas pelo vento.
6. Relembre situações em que você se sentiu confiante, feliz, amado, criativo, poderoso e seguro de si.

7. Permita que as emoções associadas a essas lembranças borbulhem em seu interior.
8. Sinta essa energia positiva fluindo através de você, eliminando qualquer negatividade ou barreira.
9. Entenda que essa energia está redefinindo suas vibrações, fazendo com que você se sinta rejuvenescido e capacitado.
10. Visualize essa redefinição de energia como um retorno às suas configurações pessoais de fábrica.
11. Considere essa energia como a frequência de sua casa. Visualize-a como uma luz que irradia em seu interior e ao seu redor.
12. Use sua vontade e imaginação para expandir essa luz de seu corpo e aura para o ambiente ao seu redor.

## Como a intuição se manifesta

Durante uma consulta de Tarô, você pode notar certas sensações físicas ou sentimentos que fornecem informações valiosas sobre a leitura. Essas sensações podem incluir pressão no peito, palpitação no estômago ou formigamento. Cada uma dessas sensações tem seu próprio significado simbólico, ajudando-o a interpretar as cartas mais profundamente. Por exemplo, o aperto no peito geralmente está associado a emoções que sugerem ansiedade, medo ou incerteza, enquanto uma agitação no estômago pode significar antecipação ou excitação. As sensações físicas fazem parte da linguagem emocional de nosso corpo, o que nos dá uma visão mais clara de nossas informações emocionais durante uma leitura. Reconhecer essas sensações e o que elas simbolizam faz parte do desenvolvimento da consciência emocional. Isso envolve estar atento às nossas respostas físicas e às emoções que elas representam. Um método eficaz para cultivar essa consciência é por meio da meditação da atenção plena, concentrando-se nessas sensações sem julgamento. O envolvimento em práticas de atenção plena nos permite estabelecer uma conexão mais profunda com nossas emoções e as sensações físicas que as acompanham. Com o tempo, essa consciência elevada pode aprofundar nossa compreensão de nós mesmos e das mensagens que chegam nas leituras de Tarô. À medida que nos sentimos mais à vontade para confiar na intuição do nosso corpo e nas percepções que ele oferece, também nos tornamos leitores de Tarô mais confiantes.

Para aumentar sua consciência emocional, você também pode se concentrar nas sensações corporais em suas experiências diárias. Na próxima vez que se deparar com emoções desconfortáveis, preste atenção ao seu corpo. Você está sentindo um aperto no peito, um batimento cardíaco acelerado ou um nó no estômago? Embora deva fazer isso com todas as suas emoções, os sentimentos desconfortáveis tendem a ser os mais fortes. Por meio de uma maior atenção a essas sensações, você pode começar a decifrar os sinais que suas emoções transmitem e como seu corpo reage a elas. Isso pode ser especialmente útil nas leituras de Tarô, em que as sensações e emoções corporais podem fornecer insights sobre as mensagens e orientações das cartas. Por meio dessa conscientização, ficamos mais sintonizados com a linguagem emocional do nosso corpo e, com o tempo, passamos a entendê-la cada vez melhor.

## EXERCÍCIO 28

### *ESVAZIANDO A SUA MENTE PARA SENTIR SUA INTUIÇÃO*

Uma ótima prática para fortalecer sua conexão com seu Eu intuitivo envolve a criação de um estado mental de abertura emocional, essencialmente esvaziando sua mente e deixando de lado noções preconcebidas. Essa abordagem abre caminho para que a intuição venha à tona sem obstruções. A prática começa com o descarte de quaisquer preconceitos ou projeções baseados em aparências externas ou avaliações lógicas. Ao acalmar a tagarelice da mente consciente, você cria um espaço onde a compreensão intuitiva pode florescer. Nesse estado de abertura, você se desvincula das percepções externas ou dos vieses cognitivos, o que lhe permite acessar um nível mais profundo de consciência. A partir desse estado, preste atenção às emoções e sensações físicas que surgem naturalmente. Esses sentimentos podem não estar alinhados com suas expectativas conscientes, mas são inestimáveis para oferecer percepções intuitivas. Eles servem como um canal para o seu Eu Inferior, aquela sua parte instintiva que opera em um nível profundo e intuitivo de compreensão.

Apesar de não se encaixarem em uma narrativa lógica naquele momento, respeitar esses sentimentos e sensações é fundamental. Essa prática não apenas fortalece sua conexão com a intuição, mas também estabelece uma base sólida para outras buscas intuitivas, como leituras de Tarô, por exemplo. Ela permite que você veja além da superfície visível e se sintonize com as realidades energéticas e emocionais que, de outra forma, poderiam permanecer ocultas. Essa prática se mostra particularmente valiosa quando se trabalha com sentidos psíquicos, permitindo maior clareza e precisão na interpretação de informações psíquicas. Quando se trata de mediunidade, esse método se torna absolutamente essencial. Como a mediunidade exige um nível profundo de conexão intuitiva e abertura, criar esse estado mental de receptividade é fundamental para receber e interpretar com precisão as mensagens do reino espiritual. O guia passo a passo a seguir se concentra na ideia de esvaziar sua mente, permitindo que você estabeleça uma conexão com seu Eu Inferior e aprimore suas habilidades intuitivas. Esse processo enfatiza o conceito de se tornar vazio ou oco, proporcionando um canal para que as mensagens intuitivas fluam sem obstrução. Ele incentiva um senso de abertura e receptividade em que a intuição pode se comunicar livremente. A prática consistente tornará esse processo mais fácil e promoverá um vínculo mais forte com a intuição de seu Eu Inferior.

1. Feche os olhos e observe sua respiração.
2. Inspire profundamente pelo nariz e expire lentamente pela boca. Essa respiração profunda e consciente acalma a mente e muda o foco para o interior.
3. Ao expirar, visualize todas as noções preconcebidas, julgamentos ou suposições sendo expelidos de seu corpo a cada respiração. Imagine esses pensamentos sendo liberados no ar.
4. À medida que sua mente se aquieta, visualize-a como um espaço aberto e em expansão. A cada respiração, esse espaço se torna maior e mais receptivo.

5. Nesse estado de abertura, concentre-se em todas as emoções ou sensações físicas que surgirem naturalmente. Não julgue nem analise esses sentimentos; apenas observe-os à medida que surgirem.
6. Reconheça essas sensações e emoções como mensagens intuitivas de seu eu inferior. O que elas transmitem a você?
7. Se quiser ampliar essa prática, tire uma carta de Tarô e observe as emoções ou sensações físicas que surgirem. Que percepções seu eu inferior oferece sobre a carta?
8. Quando estiver pronto, estabilize-se novamente e, com cuidado, volte a se concentrar no ambiente ao seu redor e abra os olhos.

## EXERCÍCIO 29

### *CONSTRUINDO SEU BANCO DE DADOS EMOCIONAL*

O objetivo deste exercício é explorar a energia emocional de uma carta de Tarô sorteada aleatoriamente e conjurar essa emoção dentro de você, criando um banco de dados emocional que associa cada carta a estados emocionais específicos. Isso aprofundará sua conexão com as cartas de Tarô e aumentará sua consciência emocional. As emoções são complexas e podem ser influenciadas por experiências pessoais, portanto, não há resposta certa ou errada – apenas sua percepção emocional exclusiva.

1. Embaralhe o baralho de Tarô com a intenção de entender a energia emocional da carta sorteada. Tire uma carta.
2. Observe as imagens da carta, o simbolismo, as cores e todas as impressões que ela lhe causar.
3. Reflita sobre as emoções que a carta evoca em você e os sentimentos ou estados de espírito que você associa a ela.
4. Use sua intuição e seu conhecimento dos significados tradicionais da carta para aprofundar sua compreensão da energia emocional dela.
5. Voltando sua atenção para o interior, feche os olhos.

6. Imagine a energia emocional da carta de Tarô fluindo em seu ser, envolvendo-o como uma aura quente e reconfortante.
7. Experimente e incorpore as emoções associadas à carta sem julgamentos, permitindo-se senti-las intensamente.
8. Abra seus olhos. Reflita sobre as impressões emocionais que você acabou de ter.
9. Anote suas observações, sentimentos, percepções, conexões pessoais e quaisquer lembranças desencadeadas pelo exercício.
10. Repita esse exercício regularmente com uma nova carta de Tarô a cada vez.
11. Registre as emoções que você evocou e experimentou com cada carta para construir seu banco de dados emocional. Observe os padrões e associações entre determinadas cartas de Tarô e estados emocionais específicos. Use essa prática como uma ferramenta para aprimorar sua consciência emocional.

## Intuindo informações sobre a pessoa para quem você está lendo

Ouvir suas intuições pode oferecer uma sensação imediata e direta do que está acontecendo com a pessoa para quem você está lendo. Essa reação intuitiva geralmente surge como uma primeira impressão ou um entendimento imediato que transcende a lógica ou a razão. Ela pode destacar aspectos importantes que precisam de atenção, como conflitos em potencial, desejos ocultos ou padrões emergentes. Essas sensações podem atuar como indicadores da atmosfera emocional e psicológica na vida de uma pessoa. As emoções também são essenciais na utilização da intuição durante uma leitura de Tarô. A empatia nos ajuda a nos sintonizar com o estado emocional da pessoa, permitindo uma compreensão mais profunda de suas experiências através da prática direta. Quaisquer sentimentos de alegria, tristeza, medo ou excitação que surjam durante uma leitura podem refletir o cenário emocional da pessoa para quem você está lendo. Essas emoções podem fornecer pistas sobre o bem-estar emocional do consulente e orientar a interpretação da tiragem do Tarô. Ao sintonizar-se com suas intuições, sensações físicas e emoções, você pode se conectar mais profundamente com a pessoa para quem está lendo, o que permite que as informações psíquicas fluam potencialmente com mais facilidade.

## Intuindo informações sobre uma pessoa

### *COMO ISSO PODE SE MANIFESTAR*

Há alguns anos, eu estava me preparando para uma leitura de Tarô com uma mulher que, à primeira vista, parecia irradiar felicidade e estabilidade. Sua risada contagiante enchia a sala e seu comportamento vibrante dava a impressão de que ela tinha a vida bem planejada. Suas histórias aparentemente intermináveis de sucesso e resiliência poderiam inspirar qualquer pessoa que as ouvisse. Quando começamos a sessão, fui subitamente atingido por uma onda de exaustão. Deixei isso de lado e continuei a leitura, mas não conseguia ignorar o sentimento crescente de tristeza que me envolvia na presença dela. Essa sensação intuitiva estava em desacordo com a aparência alegre que ela apresentava. Senti uma clara discordância entre o que estava sendo projetado e o que estava ressoando em um nível emocional. Ao embaralhar as cartas de Tarô, confiei em meus instintos e comuniquei o que estava percebendo intuitivamente. Com um cuidado delicado, transmiti minha percepção de sua fadiga profunda e tristeza oculta que contradiziam seu exterior vivaz. Sua reação foi imediata. Seu sorriso desapareceu de repente. Com lágrimas nos olhos, ela confessou que estava escondendo habilmente seus sentimentos avassaladores de tristeza e cansaço por trás de uma fachada de alegria e força.

A leitura de Tarô que se seguiu ecoou de forma surpreendente minhas percepções intuitivas. Cartas como o Dez de Paus e o Quatro de Copas indicavam sobrecarga, descontentamento e cansaço emocional, refletindo suas lutas internas. Com seus sentimentos refletidos com tanta precisão nas cartas, ela se sentiu genuinamente vista e reconhecida além da máscara que usava. As cartas ofereceram orientação para o autocuidado, a busca de apoio e a importância de reconhecer seus verdadeiros sentimentos. Ela saiu da sessão com uma sensação de validação e um roteiro para lidar com seu bem-estar emocional. A leitura, complementada pelo reconhecimento de seu estado emocional real, tornou-se o catalisador para que ela buscasse ajuda profissional e priorizasse o autocuidado. Essa experiência mostra como a confiança nessas percepções intuitivas pode descascar as camadas para revelar uma compreensão mais profunda além das aparências superficiais.

## Intuindo o significado de uma carta entre incontáveis potenciais

A intuição atua como uma luz orientadora dentro do amplo espectro de significados que as cartas de Tarô abrangem. Considerando que cada carta contém inúmeras interpretações, entender suas mensagens pode parecer semelhante a atravessar um labirinto complexo, mas é nesses caminhos de interpretação que nossa intuição pode iluminar a rota mais adequada. Nossa intuição é semelhante a uma bússola interna, que nos orienta para a interpretação mais compatível com a situação. Ao prestar atenção à intuição de nossas emoções e sensações físicas, podemos filtrar inúmeros significados potenciais e identificar a mensagem que realmente se alinha com a energia da leitura. Esse processo se baseia em nossa capacidade natural de perceber além das aparências do mundo físico, sentindo as camadas energéticas e emocionais entrelaçadas de nossa realidade. À medida que cultivamos nosso relacionamento com nossa intuição, desenvolvemos uma linguagem intuitiva exclusiva. É por meio dessa linguagem pessoal que o Tarô transmite sua sabedoria de maneira profundamente pessoal e significativa. Em outras palavras, você começará a associar certos sentimentos e sensações a diferentes conceitos que oferecem uma visão da leitura. Esse processo pode esclarecer o significado de uma carta tirada em comparação com seus outros significados potenciais. Vamos considerar uma leitura anterior minha para ilustrar como isso pode ocorrer.

## Intuindo o significado de uma carta

### *COMO ISSO PODE SE MANIFESTAR*

Uma leitura de Tarô que realizei para um consulente em Los Angeles é um ótimo exemplo do papel fundamental da intuição na interpretação do Tarô. Essa leitura demonstrou como a intuição pode não apenas enriquecer o processo de leitura do Tarô, mas também revelar percepções incrivelmente precisas e pessoalmente relevantes. Ao iniciarmos a leitura, eu me alinhei intencionalmente com a frequência de minha casa. Respirações profundas e conscientes ajudaram a estabilizar minha energia e estabeleci a intenção de ser um canal claro para a leitura que estava prestes a se desenvolver. Ao embaralhar as cartas de Tarô, surgiu uma sensação distinta – um formigamento quase efervescente que irradiava do centro do meu coração – um sinal inegável de que minha intuição estava preparada e pronta para me guiar. Ao colocar as cartas, uma enxurrada de emoções passou por mim. O Dois de Espadas marcou sua presença. Normalmente sinalizando um momento de decisão ou uma encruzilhada, essa carta, nesse contexto, trouxe uma sensação inesperada de tranquilidade. Isso me sugeriu que, embora estivesse em uma encruzilhada, meu consulente possuía uma profunda paz interior em relação ao seu caminho. Apareceu o Sete de Copas, que normalmente indica ilusão e escolhas, porém, quando toquei essa carta, uma sensação clara e aguda percorreu minhas entranhas. Em vez da interpretação típica da carta, de confusão ou ilusão, minha intuição me guiou para um entendimento diferente. Essa sensação de clareza sugeriu que meu consulente, em vez de estar perdido em uma ilusão de indecisão, estava percebendo a importância de não limitar suas ambições ou sonhos.

O Rei de Pentáculos surgiu como a próxima carta que tirei. Quando me concentrei nessa carta, tive uma sensação de aterramento – uma sensação de estar profundamente enraizado. Isso me sugeriu uma base sólida na vida do meu consulente e uma disposição para expandi-la. Usando esses sinais emocionais e corporais como orientação, permiti que minha intuição e imaginação pintassem um quadro vívido, fornecendo um contexto para a situação do meu consulente, o que sugeria um momento decisivo em que ele tinha a opção de deixar para trás um passado insatisfatório e se aventurar em direção à sua verdadeira paixão. O Dois de Espadas, juntamente à tranquilidade que senti, indicava a paz do meu consulente com relação a uma decisão iminente. O Sete de Copas, junto à sensação de clareza, indicava sua capacidade de ver além das ilusões e reconhecer a importância de não limitar seus sonhos. O Rei de Pentáculos, junto à sensação de aterramento, simbolizava sua disposição de crescer sobre uma base já sólida.

## Conectando as peças do quebra-cabeça da intuição com as cartas

A interseção entre a intuição e o simbolismo das cartas de Tarô é nada menos que notável; é onde ela realmente se torna poderosa. Aqui, sua intuição desempenha um papel duplo: ela ajuda a entender as circunstâncias do consulente e o orienta sobre os possíveis significados das cartas. Essa é uma conversa que envolve sua intuição, a energia do consulente e a linguagem simbólica do Tarô. Quando criança, minhas primeiras tentativas de leitura foram um tanto desajeitadas. Eu me esforçava para entender a mecânica do Tarô e lutava para criar leituras coerentes. No entanto, o processo foi essencial, pois trabalhar com cartas de Tarô pode despertar e aprimorar a intuição de uma pessoa. Há um elemento transformador no envolvimento com o Tarô – um efeito que talvez esteja ligado à energia coletiva, ou egrégora, associada ao Tarô, que é um tipo de forma-pensamento que explorarei com mais profundidade posteriormente. Apesar das dificuldades iniciais, a jornada de trabalho com o Tarô acabou sendo um catalisador para o despertar intuitivo e a compreensão. Esta é a história de minha primeira leitura precisa, que se deveu ao fato de eu ter entrado em contato com minha intuição sem nem mesmo perceber.

### Conectando as peças do quebra-cabeça da intuição com as cartas

***COMO ISSO PODE SE MANIFESTAR***

No meu primeiro ano do ensino médio, uma amiga me procurou e pediu uma leitura de Tarô. Ansioso para praticar minhas habilidades em desenvolvimento, concordei prontamente. Nós nos acomodamos em um local tranquilo ao ar livre durante nosso horário de almoço e comecei a sessão embaralhando as cartas. Quando comecei a colocar as cartas, algo em sua energia pareceu diferente para mim. Sem uma razão clara para isso, perguntei, de brincadeira, se ela havia cortado o cabelo ou mudado alguma coisa fisicamente. Sua resposta foi um simples não, o que me deixou intrigado, pois a mudança sutil em sua energia era palpável. Confiando em minha intuição, continuei. À medida que as cartas se desenrolavam, entrei em minha rotina habitual, mergulhado no guia e repetindo os significados de cada carta de forma quase mecânica. Então, algo extraordinário aconteceu. A carta da Imperatriz, grávida em seu trono; a carta do Sol, representando uma criança alegre em um pônei branco; e o Seis de Copas, com sua inocência nostálgica e lembranças de tempos mais simples entre duas crianças, aparentemente sussurravam uma narrativa entrelaçada. A princípio, parecia ridículo, mas confiando na súbita centelha intuitiva, hesitei em expressar minha interpretação. "Não sei se entendi direito, mas essas cartas parecem estar sugerindo uma gravidez. Talvez eu tenha cometido um erro em algum lugar."

Eu meio que esperava que ela risse de minha audaciosa previsão, mas sua expressão séria contava uma história diferente. Minha amiga confessou que estava de fato grávida, mas que, por motivos óbvios, estava mantendo segredo. A revelação me deixou sem palavras, pois isso era algo totalmente novo e delicado para mim. Mas ela me confiou seu segredo, confidenciando que estava saindo com alguém em particular no último ano, e uma menstruação atrasada seguida de um teste de gravidez confirmou seus temores. Foi um momento incrivelmente avassalador e humilde tanto para ela quanto para mim. Percebi então que algo mágico havia acontecido durante aquela leitura. As cartas literalmente falaram comigo. Pude discernir padrões, relacionamentos e mensagens nelas. Era como se um véu tivesse sido retirado de minha mente. Finalmente pude me envolver com o Tarô em um nível mais profundo. Esse momento solidificou meu vínculo com o baralho de Tarô que eu havia usado para a leitura. As emoções e situações humanas descritas naquele baralho ressoaram em mim e, pela primeira vez, senti que podia compreender a profundidade da linguagem do Tarô.

Mas as revelações do dia ainda não haviam terminado. Impulsionada pela sabedoria das cartas e por uma onda de orientação intuitiva, eu me vi aconselhando minha amiga sobre como abordar sua situação, especialmente ao dar a notícia a seus pais conservadores – e, para nossa surpresa, o conselho funcionou! Tudo acabou se encaixando para ela, para nosso alívio. Essa experiência marcou um ponto de virada significativo em minha jornada com o Tarô. Eu havia começado o dia como um novato lendo em um guia, mas terminei com uma compreensão das profundezas intuitivas que o Tarô pode alcançar. Senti que havia me transformado de uma mera leitora de cartas novata, que repetia significados, em uma condutora de conselhos intuitivos e significativos. Essa foi minha primeira experiência em aproveitar o poder do Tarô e usá-lo para fornecer orientações relevantes e impactantes, e certamente não foi a última.

### EXERCÍCIO 30

### *DESENVOLVIMENTO DE EMPATIA COM O TARÔ*

Este exercício é uma abordagem que você pode usar para avaliar e aprimorar suas habilidades intuitivas, que envolvem sentir e compreender as emoções de outras pessoas, trabalhando com o baralho de Tarô. Isso permite que você fortaleça suas habilidades empáticas e também como um teste para ver como seu desenvolvimento está progredindo. Esse estilo cooperativo de prática não apenas aumenta o fator diversão, mas também permite que você aprimore suas habilidades intuitivas e empáticas.

1. Comece embaralhando bem o baralho de Tarô. Retire uma carta do baralho, mas não olhe para ela ainda.
2. Tente captar intuitivamente as emoções e as vibrações que a carta carrega.
3. Comece a se fazer perguntas como "quais sentimentos estou sentindo com esta carta?" e "que tipo de energia a carta está irradiando?"

4. Depois de refletir sobre essas perguntas, vire a carta para ver se suas suposições intuitivas se alinham com as imagens contidas na carta.
5. Para testar ainda mais sua precisão empática, repita o processo com várias cartas.
6. Para tornar o teste de empatia mais emocionante, junte-se a um parceiro. Nessa versão, seu parceiro deve olhar para uma determinada carta e canalizar mentalmente as emoções e a energia que ela transmite. Como participante, seu objetivo é explorar a energia emocional que seu parceiro está sentindo e adivinhar a carta com base nessas sensações.

## O efeito ideomotor e os pêndulos

Um pêndulo, especialmente em adivinhação ou radiestesia, é um pequeno objeto pesado, suspenso por uma corda ou corrente, capaz de balançar livremente em todas as direções. O objeto de peso pode ser fabricado com vários materiais, como cristais, metais ou madeira. O comprimento da corda ou corrente varia, mas muitos usuários preferem um comprimento que permita que o pêndulo balance sem esforço logo acima de uma superfície quando segurado por um braço relaxado. Geralmente empregado para orientação espiritual, tomada de decisões ou detecção de campos energéticos, acredita-se que os movimentos do pêndulo sejam influenciados por energias sutis, movimentos físicos inconscientes ou seres espirituais. Esses movimentos fornecem respostas a perguntas feitas ou tarefas propostas. Normalmente, essas respostas são interpretadas de acordo com as direções de oscilação previamente estabelecidas, como movimentos para frente e para trás, de um lado para o outro ou circulares.

Os pêndulos proporcionam uma maneira tangível de se conectar com a intuição. Essa conexão se deve em grande parte a um fenômeno fascinante conhecido como "efeito ou resposta ideomotora". O efeito ideomotor refere-se ao comportamento motor involuntário e inconsciente – em outras palavras, nosso corpo faz movimentos sutis sem nosso controle consciente ou até mesmo sem nossa percepção. No contexto do uso de um pêndulo, o efeito ideomotor está em ação quando o artefato se move ou balança aparentemente por conta própria, embora, na verdade, esteja sendo influenciado por pequenos movimentos musculares subconscientes na mão da pessoa que o segura.

Essa interação entre o subconsciente e o corpo físico sugere que o pêndulo não está operando de forma independente, mas, em vez disso, está refletindo um conhecimento intuitivo mais profundo da sabedoria do nosso corpo que pode não estar imediatamente acessível à nossa mente consciente. Ao explorar essa sabedoria interna, o pêndulo se torna um canal para que o Eu Inferior do usuário se comunique e responda a perguntas que a mente consciente pode ter dificuldade de articular. Usar um pêndulo é uma maneira de ouvir sua própria intuição por meio da mente subconsciente. Ele permite que o seu Eu Inferior fale através do fenômeno ideomotor, ignorando a tagarelice da mente consciente para acessar verdades mais profundas.

## A aplicação dos pêndulos no Tarô

Os pêndulos podem ser uma ferramenta benéfica durante uma leitura de Tarô, oferecendo profundidade adicional e aprimorando as percepções obtidas. Uma das principais maneiras pelas quais os pêndulos podem ajudar é auxiliando no esclarecimento. Pode haver momentos em que a mensagem de uma carta de Tarô pareça ambígua e não seja direta. Nesse caso, um pêndulo pode intervir. Você pode obter uma compreensão mais clara do significado específico da carta dentro do contexto da leitura usando-o para fazer perguntas de SIM ou NÃO sobre as possíveis interpretações da carta. Os pêndulos também podem ser usados para selecionar as cartas para a leitura. Alguns leitores de Tarô passam o pêndulo sobre um baralho disposto, observando um movimento específico que eles designam como um sinal para escolher uma carta. Essa abordagem permite que a mente subconsciente desempenhe um papel no processo de seleção, possivelmente infundindo mais intuição na leitura. Os pêndulos podem servir como ferramentas para confirmar as leituras. Pense neles como se estivessem oferecendo uma segunda opinião. Se você interpretou uma leitura de Tarô de uma maneira específica, pode usar um pêndulo para verificar se essa interpretação está de acordo com a sua intuição. Os pêndulos também são considerados sensíveis à energia, embora, na verdade, sejam apenas uma forma de acessar o conhecimento do seu corpo por meio da intuição do seu Eu Inferior. Alguns leitores de Tarô usam pêndulos para medir a energia que envolve uma carta específica. Isso ajuda a discernir se a influência da carta na leitura é forte ou fraca.

## EXERCÍCIO 31

### *COMO SE CONECTAR E USAR UM PÊNDULO COM O TARÔ*

Aqui, estabeleceremos seu estilo único de comunicação com um pêndulo, um primeiro passo essencial para aproveitar essa ferramenta intuitiva.

1. Comece o exercício decidindo os movimentos específicos do pêndulo que significarão SIM ou NÃO. Você poderia interpretar isso como um giro no sentido horário para SIM e um giro no sentido anti-horário para NÃO, ou talvez um balanço de um lado para o outro indique SIM e um movimento para frente e para trás seja NÃO.
2. Depois de definir esses movimentos, verifique seu estilo de comunicação com o pêndulo. Para pegar o jeito, você pode começar fazendo ao pêndulo algumas perguntas fáceis de SIM ou NÃO para as quais você já sabe as respostas. Por exemplo, você pode perguntar algo como "o céu está azul?" ou "hoje é quarta-feira?"
3. Observe as respostas do pêndulo a essas perguntas. Se os movimentos do pêndulo corresponderem aos movimentos de SIM ou NÃO que você definiu anteriormente, então seu estilo de comunicação foi determinado com sucesso. Caso contrário, repita as etapas 1 e 2 até que as respostas sejam consistentes com suas definições.
4. Embaralhe as cartas como faria normalmente. Durante o embaralhamento, concentre sua energia e suas intenções no baralho, pedindo que ele trabalhe em sincronia com o pêndulo.

5. Abra sua tiragem de Tarô como de costume. Cada carta serve como um ponto de foco para suas energias intuitivas. Não interprete as cartas ainda.
6. Segure o pêndulo sobre o baralho. Peça a ele para alinhar suas energias com as cartas dizendo algo simples como "pêndulo, por favor, alinhe sua energia com este baralho de Tarô para revelar percepções mais profundas". Observe se o pêndulo exibe seu movimento de SIM predefinido, sinalizando um alinhamento de energia bem-sucedido.
7. Mova o pêndulo sobre cada carta da tiragem, uma de cada vez. Para cada carta, você pode fazer perguntas de SIM ou NÃO para se aprofundar. Por exemplo, para a carta dos Enamorados, você pode perguntar: "essa carta indica uma decisão que preciso tomar em breve?"
8. Às vezes, a resposta do pêndulo pode indicar que é necessário uma camada adicional de compreensão para uma carta específica. Nesse caso, retire uma carta de esclarecimento e mantenha o pêndulo sobre ela, repetindo o processo de investigação. Por exemplo, se o pêndulo sinalizar que SIM quando perguntar se a carta da Morte significa um fim literal, poderá perguntar: "esse fim está relacionado a um emprego?" quando segurar o pêndulo sobre a carta de esclarecimento.
9. Depois de passar por cada carta e se sentir satisfeito com a profundidade da percepção obtida, agradeça ao baralho de Tarô e ao pêndulo pela orientação.

## EXERCÍCIO 32

### *SENTINDO A LINHA DO TEMPO DURANTE UMA LEITURA DE TARÔ*

Uma das minhas técnicas favoritas durante uma leitura de Tarô usa uma mistura de habilidades intuitivas e psíquicas por meio da claritangência. Este é o exemplo perfeito de como a intuição e o psiquismo trabalham em conjunto. Vejo a claritangência como o sentido que faz a ponte entre o véu psíquico e a intuição. Durante essa técnica, você usará suas faculdades intuitivas para obter informações psíquicas. Em outras palavras, você explorará o seu Eu

Inferior para perceber informações psíquicas. Por psíquicas, novamente, quero dizer informações que não estão presentes no ambiente, mas que pertencem a instâncias em que não há absolutamente nenhuma maneira de obter essas informações específicas por qualquer meio externo. Essa técnica requer muita prática, mas quando você pega o jeito, ela muda tudo. Com ela, você poderá se concentrar em detalhes específicos para fazer previsões precisas.

Anteriormente - no exercício 16, Estabelecendo seu Espaço Energético - projetamos energia como luz brilhante para desenhar nossos sinais de neon e reivindicar nosso espaço energético. Vamos projetar essa mesma energia para "desenhar" o espaço diante de nós e realmente ampliar as informações detalhadas. Conforme mencionado, isso é particularmente útil quando o consulente deseja um período de tempo específico. Nunca usei isso no início de uma leitura ou logo no começo. Normalmente, emprego essa técnica depois que a leitura já está sendo feita há algum tempo, se não no final. Um dos motivos é que esses tipos de detalhes não aparecerão sem antes obter as informações mais amplas. Assim como na pintura ou no desenho, devemos nos concentrar nos contornos principais antes de começarmos a trabalhar nos detalhes. O outro motivo é que, na metade da leitura, você deve estar em um fluxo psíquico muito bom. Para este exercício, usarei o tempo como exemplo, mas há muitas outras maneiras criativas de aplicar essa técnica durante uma leitura.

1. Estenda o dedo de sua mão dominante e visualize o desenho de uma linha horizontal brilhante no ar diante de você. Essa linha representa a duração de sua vida.
2. Nas duas extremidades dessa linha horizontal, desenhe linhas verticais. Essas linhas funcionaram como marcadores para os pontos de início e fim dos eventos de sua vida.
3. Ao contemplar a leitura do Tarô e o evento específico em que está interessado, como o início de um novo relacionamento amoroso, por exemplo, faça um pedido ao seu Eu Superior. Peça uma visão sobre o momento desse evento.

4. Ao longo de sua linha horizontal brilhante, desenhe linhas verticais adicionais menores em intervalos de cinco anos. Esses marcadores agora subdividem sua linha do tempo em segmentos.

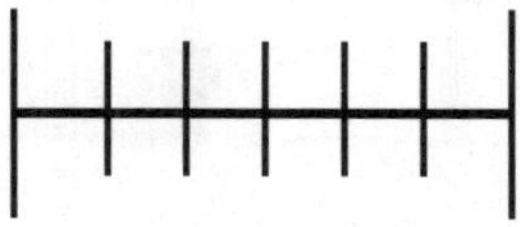

5. Use sua mão não dominante para tocar suavemente a linha do tempo que você criou, sentindo-a com a palma e os dedos.
6. Preste muita atenção às sensações táteis à medida que sua mão desliza sobre os vários pontos. Procure áreas que pareçam diferentes, como calor, formigamento ou pulsação de energia.
7. Quando localizar uma área que pareça diferente, use o polegar e o indicador como se estivesse beliscando esse segmento da linha do tempo e, em seguida, solte os dedos para aplicar o zoom, da mesma forma que faria em uma tela sensível ao toque.
8. Ao aumentar o zoom, o segmento entre dois marcadores de cinco anos agora se expande para mostrar divisões mais finas de tempo.
9. Nesse segmento ampliado, desenhe mais cinco linhas verticais para dividir essa seção em anos individuais.
10. Mais uma vez, passe sua mão não dominante ao longo desses novos marcadores. Observe quaisquer mudanças nas sensações táteis e concentre-se na linha que parece distinta.
11. Aproxime o zoom uma última vez. Dentro desse ano, crie quatro marcadores verticais para representar as quatro estações – primavera, verão, outono e inverno.
12. Passe sua mão mais uma vez sobre esses marcadores sazonais. Detecte qual estação provoca uma sensação distinta.
13. Transmita a sua previsão, deixando claro que é o que você está captando e não uma profecia fixa.
14. Reserve um momento para agradecer ao seu Eu Superior pela orientação. Dissipe suavemente a linha do tempo brilhante com um aceno de mão.

VII
O CARRO

# 5

# Saindo do seu Próprio Caminho

O maior obstáculo que temos na leitura de Tarô somos nós mesmos. Questionar a nós mesmos e nossa própria capacidade é saudável até certo ponto. Isso mantém nossos egos sob controle. Há um ponto em que todo leitor de Tarô sentirá a "síndrome do impostor", a sensação de ser uma fraude ou de não ser um verdadeiro leitor de Tarô; não conheço ninguém que possa dizer honestamente que nunca sentiu isso em um momento ou outro. Meu marido se refere a isso como o "comitê de merda" que gosta de ocupar espaço em nossa cabeça e nos encher de dúvidas sobre nós mesmos e nossas habilidades. Na maioria das vezes, essas vozes são mentirosas. Elas são uma forma de autossabotagem que vem de sentimentos de inadequação. Portanto, deixe-me ser bem claro: não há um caminho definitivo para se tornar um verdadeiro leitor de Tarô. É um equívoco acreditar que obter uma certificação, assistir a aulas de Tarô, obter reconhecimento ou mergulhar em comunidades de Tarô por si só o legitimará como leitor de Tarô. Melhorar suas habilidades de leitura de Tarô pode envolver várias técnicas, mas, em última análise, é você quem determina sua própria legitimidade como leitor de Tarô. Sua proficiência como leitor é medida por sua capacidade de se conectar e ler as cartas e oferecer orientações úteis que mudam a vida das pessoas para melhor, e não por qualquer outro meio.

Algumas pessoas podem se sentir um pouco inseguras por não estarem familiarizadas com os significados tradicionais das cartas e confiarem demais nas interpretações intuitivas do Tarô. Por outro lado, outras podem se sentir inseguras por só conhecerem os significados tradicionais das cartas e se sentirem desconectadas das percepções e interpretações intuitivas ou psíquicas durante uma leitura. Se esse for o seu caso, eu o encorajo a dedicar tempo para trabalhar na área em que se sente inseguro. O Tarô é um estudo e uma exploração para toda a vida, e sempre haverá lacunas em nosso conhecimento. Se houver um tópico no qual eu não esteja bem versado, em vez de me sentir inadequado como leitor de Tarô por não conhecer essas associações, dedicarei tempo para ler, refletir e estudar o assunto mais profundamente até me sentir familiarizado e confortável com ele. Quando me sinto à vontade com um conceito que estou explorando, cabe a mim decidir se quero incorporar esse novo entendimento às minhas leituras de Tarô.

A síndrome do impostor também pode aparecer quando estamos muito familiarizados com um baralho específico, mas não com outros. Algumas pessoas podem conhecer o baralho de Thoth como a palma da mão, mas acham que não conseguem ler com um baralho baseado em Rider-Waite-Smith, pois as associações e os títulos das cartas geralmente são diferentes. De maneira semelhante, muitos leitores do Rider-Waite-Smith conseguem interpretar uma carta desse baralho com precisão, mas se você mostrar a mesma carta de um baralho de Marselha (especialmente uma carta numérica), muitos se sentirão perdidos em relação ao seu significado. Já houve momentos em que estava conversando com outro leitor de Tarô, que citou uma carta pelo nome, como a Sete de Copas, por exemplo. Naquele instante, eu não sabia a qual carta ele se referia, mas, ao vê-la, saberia exatamente o que ela significa à primeira vista. Se alguma dessas situações ressoar em você, há algumas opções. Você pode aceitar e aprender a se sentir à vontade com o fato de que tem sua zona de conforto no Tarô, com os baralhos e nas áreas com as quais se sente perfeitamente bem. Ou, o que eu recomendo é que você comece lentamente a aprender a ler outros baralhos e suas cartas com exercícios diários como os que forneci anteriormente, como a tiragem diária, a exploração comparativa do Tarô e a contemplação do agrupamento de cartas (exercícios 22-24). No final, as limitações de seu conhecimento são apenas aquelas que você impõe a si mesmo.

Quando se trata da síndrome do impostor sobre suas habilidades psíquicas e intuitivas, quero enfatizar novamente que, questionar o que você recebe de vez em quando é saudável e normal. Isso cria uma espécie de controle e equilíbrio, bem como um senso de discernimento. Só é um problema quando essa dúvida interior se torna uma ocorrência constante. O estudo dos significados do Tarô, por si só, não aumentará sua capacidade de psiquismo. Para se tornar habilidoso, você simplesmente terá de se aprofundar e praticar um pouco. Realmente não há outro atalho. A experiência vem com o tempo e a repetição. Para a maioria, é uma jornada lenta em vez de uma transformação instantânea. É por isso que se trata de uma prática, assim como você praticaria qualquer outra forma de arte. É muito raro, ou quase nunca, que uma pessoa pegue um violino e toque com perfeição depois de apenas algumas tentativas. Em vez disso, o violinista continuará tocando, sabendo que os ruídos horríveis que saem do violino acabarão se transformando em uma bela música com o tempo, com a prática.

## Respire fundo

Se você parar para refletir sobre seus sentimentos de inadequação como leitor, perceberá que provavelmente todos eles estão enraizados no medo — geralmente, o medo da opinião alheia. Isso inclui o medo de fazer uma leitura imprecisa e desviar o consulente, ou a insegurança de não ser tão legítimo quanto outros leitores de Tarô ou psíquicos. Esse último, o de se comparar com outros leitores, é uma armadilha na qual muitos acabam caindo. No Tarô, assim como na vida, sua principal competição deve ser seu próprio desempenho passado. Procure ser um leitor melhor hoje do que era ontem. Os leitores de Tarô que você acha que são melhores do que você devem ser vistos como inspiração para o seu próprio progresso. Comparar seu progresso e sua capacidade com os dos outros é uma das maneiras mais rápidas de impedir seu próprio crescimento e avanço. Somos todos diferentes. Todos nós temos origens diferentes, relacionamentos diferentes com nossa própria intuição, habilidade psíquica, espiritualidade e Divindade. Não há um conjunto único de padrões ou metas a serem atingidos por todos. Portanto, comparar-se com os outros só prejudicará seu próprio progresso. Sua própria conexão com as cartas é, na verdade, seu superpoder. É o que fará de você, como leitor de Tarô, um ser único. A singularidade das perspectivas e do relacionamento com o Tarô e o seu próprio psiquismo proporcionarão percepções e orientações que ninguém mais pode oferecer, assim como outro leitor de Tarô poderá oferecer percepções e orientações que você não pode.

A Imersão Psíquica, o segundo exercício do meu livro *Bruxa Psíquica,* é uma adaptação solitária de um exercício que eu realizava em minhas aulas de desenvolvimento psíquico. Essencialmente, eu pedia às pessoas que se associassem a alguém que não conhecessem e lhes dizia para fingirem ser um psíquico onisciente. Eu as incentivava a se divertirem com isso e a serem bobas, sem se concentrarem em ser precisas. Em seguida, eu lhes pedia que fizessem uma leitura psíquica para a outra pessoa enquanto estivessem nesse modo de interpretação de papéis. De forma consistente e esmagadora, a maioria dos *insights psíquicos* que eles davam à outra pessoa era precisa. Há algumas razões para isso. A primeira é que, basicamente, eles receberam uma permissão para estarem errados. Quando o medo da exatidão não está presente, as pessoas se afastam de suas próprias barreiras e permitem-se fluir com seu psiquismo e intuição naturais. Esse é o poder do medo quando se trata de bloquear a nós mesmos.

Abordar o Tarô com medo e dúvida restringe nossa capacidade de receber orientação precisa e perspicaz, seja por medo das próprias cartas ou por medo de estar errado. Para muitas pessoas que vêm de um contexto religioso ou cultural que vê o Tarô ou a habilidade psíquica como algo maligno, esse bloqueio em relação às cartas e ao psiquismo está profundamente enraizado em seu subconsciente e é algo que precisa ser abordado e trabalhado ativamente. Benebell Wen coloca isso perfeitamente quando escreve em seu livro *Holistic Tarot* que:

> [...] o medo é perigoso, não o Tarô. O Tarô representa o espectro da condição humana, o bem, o mal, a luz e a escuridão. Não tenha medo dos aspectos mais sombrios da condição humana. Entenda-os. O Tarô

> é um livro de histórias sobre a vida, sobre a grandeza das realizações humanas e também sobre a feiura de que cada um de nós é capaz.[15]

Essa citação fantástica nos convida a abordar o Tarô com uma mente aberta e uma disposição para explorar todos os aspectos da condição humana. O envolvimento nesse processo lança luz sobre nossas características, habilidades e deficiências exclusivas, proporcionando-nos uma compreensão mais holística de nós mesmos. Ele nos incentiva a não nos esquivarmos dos aspectos mais obscuros ou incertos do Tarô, mas a buscarmos compreensão e crescimento a partir deles.

Com abertura e curiosidade, ampliamos nossa receptividade aos insights do Tarô, bem como aos que estão dentro de nós mesmos. Estudar os significados e o simbolismo das cartas estabelece uma base sólida de conhecimento que, por sua vez, refina suas habilidades interpretativas. Entretanto, além do conhecimento puro e simples, é extremamente útil confiar em suas conexões intuitivas e psíquicas ao trabalhar com o Tarô. Se uma mensagem inicialmente o confundir, reserve um tempo para reflexão e apoie-se em sua intuição para obter orientação. O psiquismo muitas vezes se manifesta na forma de simbolismo; entretanto, o simbolismo é, na verdade, bem simbólico. Podemos receber informações psíquicas precisas, mas, se não soubermos como interpretá-las e não tivermos clareza sobre o simbolismo que estamos recebendo e como o estamos interpretando, corremos o risco de interpretar essas informações incorretamente e oferecer leituras imprecisas.

## Quando o improvável é exatamente o certo

Durante uma leitura de Tarô para uma mulher, a conversa mudou quando ela perguntou se eu poderia tentar a mediunidade para falar com sua falecida tia. Eu lhe disse que não havia captado nenhum espírito específico em torno dela, mas que estava disposto a tentar, enfatizando que não havia garantias. Fechei os olhos, tentando me sintonizar, mas

---

15. Wen, *Holistic Tarot*, 12.

tudo o que consegui foi o vazio; nenhum espírito humano apareceu. Ela então ofereceu o nome de sua tia como um ponto focal. Concentrei-me novamente, mas a única coisa que continuei vendo foi a imagem de um gato. "Sinto muito, mas não consigo me conectar com sua tia", disse a ela. "Tudo o que continuo tendo é a visão de um gato." Seus olhos se arregalaram muito. Depois de arfar, ela disse: "*É ela*! *É a minha tia*!"

Tenho certeza de que eu a olhava como se ela fosse uma alienígena. A mulher começou a rir e explicou que sua tia, uma entusiasta obstinada de gatos, havia dito que voltaria como um gato para ficar de olho nela. Sua tia até lhe disse para ficar atenta a uma presença felina como um sinal. Essa foi uma grande lição para mim quando se tratou de não me conter e compartilhar até mesmo o que parece ser uma informação psíquica fora do alvo durante as leituras de Tarô. O que você pode considerar aleatório ou sobre o qual não tem certeza pode ser a chave para abrir uma orientação ou confirmação para outra pessoa. Pode ser a informação mais importante de toda a leitura para essa pessoa. Se hesitarmos em compartilhar, nunca saberemos de sua importância. Na pior das hipóteses, o cliente não entenderá a mensagem. Na melhor das hipóteses, você poderá conectar alguém com sua tia que é um gato.

## Discernindo claramente o simbolismo da interpretação

Quando fazemos leituras psíquicas, às vezes pode parecer que estamos jogando uma mistura de charadas e Imagem & Ação ao mesmo tempo. Nas charadas, você representa uma palavra ou frase usando apenas movimentos corporais e ruídos – não é permitido falar. No Imagem & Ação, você desenha a palavra ou frase escolhida até que alguém adivinhe o que está desenhando. Da mesma forma, ao receber informações psíquicas, as mensagens e percepções podem ser transmitidas de muitas maneiras diferentes e, muitas vezes, exigem alguma interpretação e tradução. Confie em si mesmo e em sua conexão psíquica ao interpretar as mensagens e percepções que surgem durante uma leitura. Permita-se estar aberto às diferentes maneiras pelas quais as informações podem ser transmitidas, seja por meio de símbolos, sentimentos ou até mesmo de um insight repentino. Confiar em seu instinto pode ajudá-lo a obter uma compreensão mais precisa dos significados e das percepções que estão surgindo.

Para desenvolver seus músculos para entender e transmitir informações psíquicas ou intuitivas com precisão, primeiro você precisa entender a si mesmo e como sua mente funciona. Isso significa entrar em contato com a sua própria intuição, com o banco de dados interno de imagens psíquicas, com o eu-sombra e entender quando a sua mente está divagando ou pensando em coisas aleatórias. Fique atento aos insights que surgem durante suas meditações e experiências cotidianas e concentre-se em fortalecer seu relacionamento com sua sabedoria interior. Quando estiver mais à vontade com suas habilidades intuitivas, você poderá começar a compartilhar informações psíquicas com outras pessoas. Comece com amigos e familiares que estejam dispostos a receber uma leitura e pratique a transmissão das mensagens e percepções que surgirem de forma clara e compreensível. Tente se lembrar de separar o que você está recebendo de como você o interpreta e de comunicar essa distinção claramente às pessoas que estão recebendo a leitura. Com o passar do tempo, você terá uma noção melhor de como recebe pessoalmente as informações psíquicas. Isso facilitará o caminho para que você decodifique e comunique essas percepções a outras pessoas.

Quando se trata de fazer leituras psíquicas ou intuitivas, entenda o papel do ego na transmissão precisa de informações. Embora sintonizar-se com uma fonte superior muitas vezes signifique deixar seu ego de lado, esse ego é crucial quando se trata de transformar essas mensagens divinas em algo concreto e compreensível. O ego faz parte do Eu Intermediário, que é a ponte entre nosso Eu Superior e Inferior e a maneira como interagimos com os outros. Seu ego ajuda a traduzir as percepções espirituais que você recebe em termos claros e compreensíveis para a pessoa que está recebendo a leitura. É por isso que devemos nos esforçar para trabalhar no equilíbrio de nossos eus superior e inferior para que possamos receber claramente as informações e, em seguida, usar nosso ego como uma ferramenta para transmiti-las com precisão. Só não deixe que seu ego fique desequilibrado; é aí que está a armadilha.

Como uma aranha, o Eu Intermediário entrelaça os fios do Eu Superior e do Eu Inferior em algo que pode ser compreendido por sua mente consciente e pelos outros. Sem o ego, você não teria como decifrar as mensagens espirituais que recebe, muito menos explicá-las de uma forma que a pessoa que faz as perguntas possa entender. Para ser um leitor habilidoso, acredito que seja importante ter um relacionamento saudável com todos os três aspectos de sua alma – Superior, Inferior e Intermediário. Quando fazemos isso, trazemos todas as partes de nós mesmos para a leitura do Tarô.

## Discernindo claramente o simbolismo da interpretação

### *COMO ISSO PODE SE MANIFESTAR*

Certa vez, fiz uma leitura mediúnica para um ente querido de alguém que havia falecido e vi diamantes enterrados no subsolo. Embora fosse fácil tirar conclusões precipitadas, eu sabia que era importante reservar um momento para realmente me sintonizar com a mensagem e transmiti-la de forma clara e útil, dissecando as imagens. Transmiti o que vi dizendo:

> Estou vendo diamantes, e eles parecem estar no subsolo. Emocionalmente, sinto que isso é muito importante para seu falecido. No entanto, quando olho para essa imagem mais de perto, parece que eles estão plantados sob o solo, quase como sementes. Anteriormente, eu havia sentido que ele vinha de uma fazenda ou de um rancho, portanto, a maneira como interpreto isso é como um trocadilho de "solo rico" e uma forte ênfase na qualidade da terra como uma grande prioridade em sua vida, ou ele pode ter preocupações com um terreno específico, talvez em relação à sua fazenda.

Essa interpretação acabou sendo correta e forneceu informações e orientações valiosas para a pessoa para quem eu estava lendo. Lembre-se de que a precisão de uma leitura depende muito de quão bem entendemos e articulamos as mensagens que recebemos. Ao nos sintonizarmos cuidadosamente com a mensagem e sermos explícitos sobre os símbolos e nossas interpretações, podemos fazer leituras precisas e impactantes.

Quando recebemos imagens complexas e confusas durante uma leitura psíquica, confiamos nas informações que estamos recebendo e as interpretamos com cautela e clareza. Lembro-me de uma ocasião em que um consulente me procurou buscando orientação sobre sua carreira. Eu me sintonizei para ver que informações poderia receber sobre seu trabalho e o que vi foram imagens difíceis de interpretar e que me deixaram confuso. Vi uma grande bobina de Tesla com energia correndo ao seu redor, seguida de um microchip, o que me deixou ainda mais incerto sobre o significado das imagens. Percebi que precisava de mais detalhes, então voltei para dentro de mim mesmo para me aprofundar. Quando me sintonizei, vi a imagem de uma orquestra em uma ópera, todos imóveis, exceto o maestro. Percebi que o maestro era a chave para interpretar as imagens que eu havia visto.

Transmiti essa mensagem ao consulente com cautela e clareza, dizendo:

> Estou vendo uma grande bobina de Tesla com energia correndo ao redor dela, mas também estou vendo um microchip. Deixe-me tentar obter mais esclarecimentos... Ok, isso é ainda mais estranho. Estou vendo uma orquestra em uma ópera ou algo assim, mas todos estão imóveis, exceto o maestro, e sinto que há uma ênfase nisso.

Após a sessão, o consulente confirmou que trabalhava em microchips semicondutores com lasers, o que validou a precisão das imagens que eu havia visto durante a leitura. Aprendi com essa experiência como é fundamental ser cuidadoso e explícito ao compartilhar as percepções que obtenho e buscar mais detalhes quando necessário. Isso também destaca a citação anterior de Dion Fortune que compartilhei sobre como, se não tivermos um quadro de referência para as informações psíquicas que estamos recebendo, a psique fará o possível para aproximá-las de maneiras que façam sentido para nós – ou, nesse caso, para a pessoa para quem eu estava lendo.

A carta da Morte é um exemplo perfeito da importância de interpretar as cartas com cuidado e compaixão. Embora algumas pessoas possam temer a carta da Morte e presumir que ela signifique morte física, isso geralmente não é o caso. A carta da Morte simboliza transformação e mudança, sinalizando o fim de um capítulo da vida e o início de um novo.

Ao interpretar a carta da Morte, é essencial transmitir seu significado de forma clara e compassiva, levando em conta as circunstâncias e a perspectiva exclusivas da pessoa que está recebendo a leitura. Por exemplo, um leitor pode dizer algo como: "A carta da Morte, embora possa parecer assustadora à primeira vista, representa uma mudança ou transformação inevitável em sua vida. Ela indica que você está em uma fase de transição, desfazendo-se de algo que não é mais benéfico para você. Isso pode ser difícil ou desafiador, mas confie que essa mudança é, em última análise, para o seu bem maior." Ao separar o significado tradicional da carta da resposta de medo potencial da pessoa ao vê-la aparecer em sua leitura, o leitor pode fornecer orientação que pode ajudar a pessoa a navegar neste período de mudança com coragem e sabedoria.

## Amnésia psíquica

Como leitor de Tarô, já me deparei com o que chamo de "amnésia psíquica" durante leituras para outras pessoas. Isso ocorre quando a pessoa para quem você está lendo pode não se conectar totalmente com as informações apresentadas durante a leitura, mas elas geralmente ficam claras para ela mais tarde. É semelhante àqueles momentos em que você está tomando banho e, do nada, a solução para um problema incômodo aparece. A mesma coisa pode acontecer com as leituras de Tarô! Agora, não se preocupe – só porque o que você está dizendo não se encaixa imediatamente com a situação, não significa que você, como leitor de Tarô, esteja fazendo algo errado. Vários fatores podem desencadear esse fenômeno. Às vezes, os consulentes se fixam em um ponto específico da leitura e perdem o restante da mensagem. Pode acontecer também de o impacto emocional de uma leitura ser tão intenso, que fica difícil se concentrar nos detalhes que estão sendo compartilhados.

Há maneiras de combater a amnésia psíquica e ajudar seus consulentes a se conectarem totalmente com as informações que estão sendo apresentadas. Em primeiro lugar, certifique-se de que a pessoa para quem você está lendo esteja em um estado confortável e relaxado antes do início da leitura. Respirem fundo juntos, talvez acendam algumas velas e estabeleçam a intenção de fazer uma leitura clara e perspicaz. Também peço aos consulentes que não cruzem os braços ou as pernas, pois isso é um indicativo energético e psicológico de proteção da própria energia. Durante a leitura, fale de forma clara e concisa e evite usar linguagem ou conceitos muito complicados. Certifique-se de conversar com o consulente durante a leitura para garantir que ele esteja acompanhando e compreendendo as informações apresentadas. Após a leitura, reserve um momento para recapitular os pontos principais e responder a quaisquer perguntas que o consulente possa ter. Dar a ele uma recapitulação por escrito ou uma gravação de áudio da sessão pode ser útil para referência posterior. É aconselhável entrar em contato com a pessoa alguns dias após a leitura para saber se ela teve mais alguma percepção ou se ainda tem dúvidas sobre a sessão. Uma leitura de Tarô bem-sucedida tem tudo a ver com comunicação e conexão claras.

Às vezes, ser psíquico pode ser frustrante, principalmente quando você fornece informações precisas durante uma leitura que o destinatário não consegue entender imediatamente ou com as quais não consegue se conectar. No entanto, mesmo que o consulente não compreenda ou não se identifique imediatamente com as informações fornecidas durante a consulta, isso não significa que a leitura tenha sido equivocada. Confie nas mensagens que você recebe e apresente-as ao consulente da forma mais clara possível. Incentive-o a registrar mentalmente as informações e a refletir sobre elas. Como uma mosca irritante zumbindo ao redor, a dúvida pode ser uma distração, desviando seu foco da leitura em questão. Deixe-a de lado e tenha fé em suas habilidades psíquicas e que o consulente entenderá as mensagens em seu próprio tempo, mesmo que não consiga compreendê-las totalmente no momento. Por experiência própria, posso dizer que até mesmo os consulentes mais céticos retornaram, reconhecendo a exatidão das previsões passadas, depois de algum tempo. E, quem sabe, eles podem voltar para outra leitura, com um novo respeito por sua precisão psíquica.

Quando a pessoa para quem você está lendo não se identifica com suas percepções, é normal duvidar de suas habilidades. Até mesmo os melhores médiuns passam por isso. Mantenha a vibração viva e compartilhe o que está captando, mesmo que esteja um pouco inseguro. Aquele detalhe sobre o qual você não tem certeza pode ser a chave para uma grande realização para o consulente. É claro que, às vezes, você pode errar o alvo. Somos todos humanos e ninguém é perfeito. Tenha calma com você mesmo. Tenha fé em suas habilidades e confie que seu psiquismo o guiará pelo caminho certo. Mesmo que os insights que você fornecer não tenham repercussão imediata, eles poderão ser benéficos para a pessoa para quem você está lendo em um momento posterior. Confie na potência da sua conexão e na energia que está canalizando. Certifique-se de compartilhar essas informações, mesmo em caso de dúvida. Os detalhes que você não tem certeza de compartilhar podem acabar sendo os mais impactantes para a pessoa. Normalmente, aviso que posso estar enganado ou que talvez não interprete a mensagem perfeitamente, mas enfatizo que é o que estou captando no momento.

Certa vez, acompanhei uma de minhas mentoras psíquicas enquanto ela fazia uma leitura. A pessoa disse: "Não consigo ver como isso pode ser" em resposta às informações psíquicas que minha mentora estava transmitindo a ela. SEM perder o ritmo, minha mentora respondeu: "É claro que você não consegue ver; é por isso que você está tendo uma sessão comigo. Meu trabalho é dizer a você o que você não consegue ver". Embora eu não consiga me imaginar conversando com alguém para quem estou lendo dessa maneira, ela definitivamente tinha razão com essa afirmação e vale a pena considerá-la.

## Quando um consulente se fecha durante uma leitura

Pode ser desanimador quando a pessoa que está sendo lida rejeita ou nega algumas das informações apresentadas durante a sessão e se fecha completamente para a leitura. Como um leitor empático, você investe sua energia e intuição para fornecer a melhor orientação possível. Você quer genuinamente ajudar e oferecer percepções significativas sobre a vida ou a situação da pessoa. Portanto, quando o consulente se fecha ou resiste a uma mensagem específica, pode parecer que seus esforços estão sendo desprezados ou não apreciados. Lembre-se de que cada pessoa tem seus motivos para reagir dessa forma. Ela pode não estar pronta para confrontar certas verdades ou pode se sentir desconfortável ao enfrentar certos aspectos de sua vida. Isso não é necessariamente um reflexo de suas habilidades como leitor naquele momento, mas mais sobre o estado emocional individual e a prontidão para processar as informações.

Quando isso acontecer, mantenha-se firme e confiante na energia e nas impressões que você recebe. As informações que você capta durante uma leitura vêm de um lugar de intuição, empatia e conexão com uma consciência superior. Novamente, confie no processo e na orientação que está recebendo. Mesmo que a pessoa não reconheça a precisão da leitura imediatamente, isso não diminui a autenticidade das mensagens que você transmitiu. Em alguns casos, a pessoa pode refletir sobre a leitura mais tarde e perceber a validade das percepções que você compartilhou. Ela pode entender que sua resistência inicial foi devido ao medo, à negação ou à incerteza. Algumas pessoas que vêm para leituras precisam de um pouco de tempo para absorver as informações e decidir como elas se alinham com a situação de suas vidas. Sua função como leitor é oferecer orientação e apoio e transmitir o que está recebendo, mas, em última análise, cabe ao indivíduo decidir o que fazer com as informações fornecidas. Você não pode forçar alguém a aceitar as mensagens ou a agir de acordo com elas. O melhor que pode fazer é ser gentil e ter a mente aberta, tornando-a uma zona confortável para que ela analise suas emoções e pensamentos.

## Quando um consulente se fecha durante uma leitura

### COMO ISSO PODE SE MANIFESTAR

Permita-me compartilhar uma experiência sobre uma leitura feita há muitos anos em que a pessoa para quem eu estava lendo se recusava a acreditar que o filho dela estava usando heroína. Normalmente, não leio para pessoas que não estão na sala e não deram seu consentimento, mas tudo em mim me dizia para fazer isso quando essa consulente perguntou se eu poderia fazer uma leitura sobre seu filho, então confiei em minha intuição e prossegui. Durante toda a leitura, agulhas apareciam constantemente em minha mente e dores estranhas incomodavam meu braço. A tiragem era dominada por cartas de espadas, como o Três de Espadas, o Oito de Espadas e o Quatro de Espadas, que mostra uma figura deitada com os olhos fechados sob as espadas. Quando fiz a vidência nas cartas, todas as espadas se transformaram em seringas. Apesar de nunca ter conhecido o filho dela, meu instinto insistia que ele estava usando heroína. No entanto, a mulher acreditava firmemente que o filho estava usando apenas outras substâncias que não a heroína, afirmando que ele tinha uma forte aversão a agulhas. Essa discordância levou a um tumulto e ela exigiu um reembolso da loja onde eu estava fazendo as leituras.[16] No entanto, um ano depois, ela retornou, revelando que havia descoberto que seu filho estava de fato usando heroína depois de descobrir várias agulhas usadas em sua casa. Como ela manteve essa possibilidade em mente após a leitura, foi capaz de intervir e conseguir ajuda para ele. Essa experiência ressalta a importância de confiar em nossa recepção intuitiva, independentemente da descrença imediata ou da negação inflexível daqueles para quem estamos lendo. Às vezes, as informações fornecidas requerem tempo para serem totalmente assimiladas.

16. De vez em quando, alguém exigirá um reembolso; não se deixe abater – cada situação será diferente e você terá de confiar em sua própria percepção da pessoa e da situação para conceder ou não o reembolso. No caso dessa leitura, decidi ir em frente e permitir que ela recebesse o reembolso.

Ser o portador de notícias incômodas, principalmente quando envolvem algo tão difícil como a dependência de drogas, é uma tarefa assustadora que ninguém espera. Haverá casos em que as mensagens que recebemos durante uma leitura são extremamente claras, obrigando-nos a transmiti-las, por mais desconfortável que seja essa tarefa. Fornecer informações desafiadoras com tato e sensibilidade pode não ser o aspecto mais atraente de nossa função, mas é inegavelmente parte de ser um leitor responsável e ético. É fundamental gerenciar informações delicadas com cuidado para evitar alarmar desnecessariamente as pessoas para quem lemos, especialmente na hipótese de estarmos enganados.

Como leitores, é nossa responsabilidade transmitir informações de forma útil e fortalecedora. Embora o impulso possa ser o de compartilhar todos os detalhes obtidos durante uma leitura, aborde as informações com sensibilidade e discernimento. Afinal, nosso objetivo é ajudar e orientar as pessoas para quem lemos, não instilar medo ou deixá-las desamparadas porque nosso ego quer que nos orgulhemos de "dizer exatamente como é". As verdades duras raramente beneficiam alguém, porque, na melhor das hipóteses, elas os fecham para o que você está dizendo e, na pior, causam danos a eles. A verdade pode ser a verdade sem ser dura. Isso não significa que você precise adoçar tudo o que diz, mas o tato e a compaixão são muito úteis. Nossa meta deve ser sempre ajudar as pessoas, e não as prejudicar, com o que recebemos. Também descobri que, quando as pessoas dizem para você ser direto e não se conter ou adoçar nada, porque elas podem lidar com isso, raramente entendem tudo o que isso implica.

## Quando sua leitura está errada

Reconhecer um passo em falso ou uma imprecisão ocasional pode ser um desafio. Como leitor psíquico, é natural desejar uma precisão consistente; quem não gostaria de prever o futuro sem falhas? No entanto, é aí que o ego começa a se intrometer em nosso próprio caminho, e uma mistura equilibrada de humildade e confiança é fundamental na leitura de Tarô. Durante uma leitura, faça uma distinção entre os significados inerentes às cartas e sua interpretação pessoal delas. Essa abordagem pode ajudar a contornar mal-entendidos e imprecisões. Não se esqueça de ressaltar que sua interpretação não é definitiva. Você pode receber um insight simbólico e interpretá-lo de uma forma, mas isso pode significar outra coisa para o consulente e como isso se encaixa na vida dele. Ao estabelecer essa expectativa, é mais provável que a pessoa esteja aberta aos insights fornecidos, mesmo que não compreenda imediatamente seu significado. Ninguém tem todas as respostas. Às vezes, erramos o alvo, e isso não tem problema algum.

Entenda que nem todos os insights ficarão imediatamente claros para eles. Portanto, aconselhe-os a "guardar no bolso" e dar-lhes tempo suficiente para refletir sobre a leitura, assegurando-lhes que podem voltar para fazer perguntas ou obter mais esclarecimentos. Para se tornar um leitor de Tarô psíquico proficiente, é preciso mais do que simplesmente embaralhar um baralho e contar com a sorte. Isso envolve aprimorar suas habilidades psíquicas, familiarizar-se profundamente com suas cartas e comunicar-se de forma eficaz e honesta. Até mesmo os melhores leitores às vezes cometem erros. Não deixe que a preocupação de errar o impeça de prosseguir.

## EXERCÍCIO 33

### *ESCRITA AUTOMÁTICA COM TARÔ*

A escrita automática é uma prática poderosa para os leitores de Tarô, principalmente quando estão lendo para si mesmos. O desafio da autoleitura de Tarô geralmente está em separar nossos preconceitos, esperanças e medos conscientes de uma interpretação objetiva das cartas. Nesse caso, a escrita automática nos ajuda, pois nos permite ignorar nossa camada consciente de pensamento, entrando efetivamente em contato com nosso subconsciente para receber orientação imparcial. Quando confrontados com uma carta difícil de interpretar no contexto de uma leitura, a escrita automática pode atuar como um portal para percepções mais profundas. Ao se concentrar apenas nas imagens e símbolos da carta, no que você sente, e permitir que a intuição flua livremente no processo de escrita, é possível articular pensamentos e perspectivas que o raciocínio interpretativo convencional pode não captar. Isso serve como um exercício para aprimorar as habilidades psíquicas e intuitivas e sair do seu próprio caminho. Ao abrir mão do controle consciente e permitir que a intuição guie sua mão pela página, sua conexão com a mente subconsciente e com o seu Eu Superior se torna mais forte. Recomendo começar com caneta ou lápis e papel primeiro com a escrita automática, mas talvez você também queira tentar digitar em algum momento do processo e ver se um método funciona melhor para você.

1. Escolha um baralho de Tarô com o qual você tenha uma forte conexão. Esse baralho será o meio pelo qual seus pensamentos e sentimentos subconscientes serão expressos.
2. Defina uma intenção clara para sua sessão de escrita automática. Pode ser a busca de orientação, clareza ou mensagens do Universo ou de sua mente subconsciente.
3. Embaralhe as cartas de Tarô. Ao embaralhar, mantenha sua intenção em mente. Isso alinhará energeticamente as cartas com seu objetivo.
4. Tire uma ou mais cartas.
5. Reserve alguns momentos para observar as cartas. Permita que seus olhos percorram as imagens e o simbolismo. Em vez de se basear apenas nos significados tradicionais do Tarô, permita que quaisquer pensamentos, sentimentos ou impressões surjam naturalmente.
6. Com suas cartas como inspiração, comece a escrever. Esse deve ser um processo de fluxo livre, sem direção consciente. Permita que o simbolismo das cartas guie sua caneta. Não se preocupe com gramática, estrutura de frases ou coerência neste estágio.
7. Ao continuar escrevendo, você poderá perceber que suas palavras começam a desenvolver um ritmo natural ou um estilo único. Elas podem ser poéticas, enigmáticas ou profundamente pessoais. Essa é a expressão de sua mente subconsciente.
8. Quando achar que já escreveu o suficiente, pare e revise sua escrita automática. As percepções que ela oferece podem estar relacionadas à sua situação atual, revelar desejos subconscientes ou destacar aspectos ocultos de sua personalidade.

## Escrita automática com Tarô

### *COMO ISSO PODE SE MANIFESTAR*

Lembro-me de um momento específico em que a escrita automática me ajudou significativamente durante uma sessão de autoleitura. Eu estava lutando com uma decisão pessoal importante e me vi dividido entre dois sentimentos conflitantes. Buscando orientação, recorri ao meu baralho de Tarô. Quando embaralhei o baralho e tirei duas cartas para pedir conselhos, fui confrontado com o Nove de Espadas e o Nove de Copas. A justaposição foi chocante. O Nove de Espadas, que simboliza a ansiedade, o medo e as noites sem dormir, indicava a presença de preocupações profundas e turbulência mental. Por outro lado, o Nove de Copas, conhecido como a carta dos desejos, personifica o contentamento, a satisfação e a realização emocional. Esse forte contraste me fez pensar: devo sucumbir às minhas ansiedades ou buscar contentamento e confiança no processo? Sem saber como interpretar essa combinação díspar, decidi me aprofundar por meio da escrita automática. Pegando meu diário, estabilizei-me e entrei em um estado meditativo.

Com as imagens de ambas as cartas bem vivas em minha mente, comecei a escrever, deixando que os símbolos e as energias das cartas guiassem minha mão. As palavras que fluíram começaram a criar uma narrativa que destacava o equilíbrio entre nossos medos e aspirações e o desafio do equilíbrio emocional. Minha escrita sugeriu que a energia do Nove de Espadas, embora assustadora, poderia ser canalizada como um motivador para lutar pelo contentamento representado pelo Nove de Copas. Em vez de ser consumido pelo medo, eu poderia usá-lo como um catalisador para buscar a satisfação emocional. Quanto mais eu escrevia, mais claro ficava o fato de que as cartas não eram forças opostas, mas, sim placas de sinalização em uma jornada rumo ao equilíbrio emocional. Elas ofereciam um roteiro para navegar entre a ansiedade e a satisfação.

## EXERCÍCIO 34

### *REFLETINDO COM A SUA VOZ NO TARÔ*

Este exercício é uma ótima maneira de aumentar a confiança em suas habilidades de leitura de Tarô, promover conexões intuitivas e superar quaisquer bloqueios mentais que possa ter ao interpretar uma carta para sua situação. Ao fingir que está lendo para outra pessoa e registrar suas interpretações, você pode se desvencilhar de quaisquer preconceitos ou noções preconcebidas. Essa abordagem franca e de fluxo livre geralmente leva a percepções surpreendentemente precisas. Esse exercício permite que você saia do seu próprio caminho e deixe sua intuição falar. Ele pode derrubar barreiras de dúvida ou incerteza e ajudá-lo a desenvolver confiança em sua capacidade de ler e interpretar o Tarô. O exercício oferece benefícios adicionais quando revisitado depois de algum tempo. Ouvir a gravação mais tarde pode revelar outras mensagens que talvez você não tenha percebido inicialmente. Além disso, à medida que a memória das palavras exatas que foram ditas se desvanece, começa a parecer que você está recebendo uma leitura em vez de dar uma. Esse aspecto aumenta sua capacidade de obter novas percepções a partir da gravação.

1. Comece se estabilizando e se sintonizando com a sua intuição. Pegue seu baralho de Tarô e embaralhe-o com a intenção de buscar orientação.

2. Tire uma carta. Nesse exercício, imagine que a carta é para outra pessoa, embora a leitura seja para você.
3. Configure um gravador de voz ou simplesmente use qualquer aplicativo de gravação em seu telefone.
4. Inicie a gravação e comece a falar sobre a carta. Não pense demais; apenas deixe suas palavras fluírem. Se você estiver travado, comece descrevendo as imagens da carta e o que elas podem representar.
5. Continue falando por um minuto inteiro. Diga o que vier à mente, permitindo que sua intuição guie sua interpretação. A ideia não é se preocupar em acertar ou errar, mas realmente se conectar com sua intuição através da carta.
6. Depois de terminar, ouça a gravação. Encare-a como se outra pessoa estivesse lhe dando conselhos em uma leitura. Você pode ficar agradavelmente surpreso com a precisão e a profundidade das percepções que surgirem.
7. Pratique esse exercício regularmente. À medida que ganhar confiança, aumente lentamente a duração de suas sessões de fala, progredindo de um minuto para cinco e, eventualmente, dez minutos.
8. Quando estiver confiante com a extração de uma única carta, comece a praticar com várias cartas e, por fim, com tiragens completas.

## Reflexão com voz no Tarô

### COMO ISSO PODE SE MANIFESTAR

Para dar um exemplo real do exercício anterior, uma amiga minha concordou gentilmente em me deixar fazer uma leitura de Tarô para ela e compartilhá-la. Essa leitura mostra como pode ser uma interpretação de cinco minutos de uma carta utilizando um gravador de voz. Transcrevi minha análise literalmente para mostrar como o exercício flui quando colocado em prática. A carta que surgiu para ela foi a Força. Aqui está minha discussão de cinco minutos sobre essa carta, capturada exatamente como eu a falei:

Hum, ok, eu tirei a carta da Força para você. Esta carta é uma potente representação de coragem, paciência, controle e compaixão, é a oitava carta dos Arcanos Maiores. Na numerologia do Tarô, o número 8 é frequentemente associado à força, ao poder e ao equilíbrio. É um número que significa impulso, ambição e a capacidade de realizar grandes coisas, o que parece adequado para esta leitura. Imediatamente, o leão chama minha atenção. Tradicionalmente associado a emoções cruas, paixões e instintos básicos, o leão está sendo gentilmente domado por uma mulher serena. Essa imagem poderosa fala do delicado equilíbrio entre poder e gentileza, força e bondade. Ela não sugere a supressão dessas emoções potentes, mas, sim, seu gerenciamento hábil.

Ao me concentrar nessa representação, estou sentindo um senso de respeito pela coragem necessária para enfrentar nossas feras interiores. Essa carta pode estar sugerindo um momento de sua vida em que você está lidando com emoções intensas ou enfrentando um desafio que incita respostas poderosas. A carta da Força apresenta uma lição: coragem e compreensão, em vez de força bruta, são necessárias para lidar com essas situações. Observe atentamente a expressão da mulher: é calma, serena, refletindo a tranquilidade interior em meio a um possível tumulto. Ela ressoa com uma força silenciosa, lembrando-nos de que nossa capacidade de manter a paz interior, apesar das circunstâncias externas, é a verdadeira marca da força. Quando me conecto com essa imagem, sinto uma sensação de segurança, sugerindo que você também pode encontrar essa serenidade dentro de si, independentemente do desafio.

No alto, a *lemniscata*, ou símbolo do infinito, representa o potencial ilimitado de crescimento espiritual que advém do domínio de nossos instintos e emoções. Quero acrescentar também que é um oito de lado, que é o número desta carta. O símbolo do infinito parece me sugerir, neste momento, a ideia de movimento e progresso contínuos.

Agora, vamos nos aprofundar nas cores. Amarelos e dourados quentes dominam a carta, cores de vitalidade, otimismo e clareza. Quando me envolvo com essas cores, sinto uma onda de energia e positividade – uma sugestão emocional que sugere que uma perspectiva otimista é necessária em sua situação. A paleta de cores da carta promete que a clareza virá e que a situação pode promover o crescimento espiritual e a vitalidade renovada.

A mensagem da carta da Força se aprofunda à medida que entendemos suas imagens. Sua jornada pode envolver o desenvolvimento de paciência e compreensão – não apenas em relação aos outros, mas também em relação a si mesmo. Trata-se de reconhecer que a verdadeira força vem de dentro, da superação de provações pessoais. Em termos práticos, essa carta incentiva a permanecer paciente e tranquila diante da adversidade e a demonstrar compaixão quando for desafiada. A verdadeira força não está na força bruta, mas na resiliência e no caráter da vontade. Sua força interior pode vencer qualquer obstáculo. Esse insight mais profundo da carta da Força apresenta um chamado para reconhecer sua força interior e abordar os desafios com paciência e compaixão. Ao meditar sobre essa carta, a sensação predominante é de fortalecimento. Espero que essas percepções ressoem em você e lhe proporcionem clareza e força para os desafios que está enfrentando.

## Neuroplasticidade e afirmações

A neuroplasticidade se refere à capacidade inata do cérebro de se adaptar e evoluir com base nos pensamentos que ele constantemente alimenta. Esse conceito tem um significado imenso quando se considera o impacto das afirmações. As afirmações são declarações concisas e positivas que as pessoas repetem para si mesmas com o objetivo de promover o crescimento pessoal, aliviar o estresse e aumentar a autoconfiança. Em geral, essas afirmações são voltadas para combater pensamentos negativos e nutrir uma mentalidade positiva. O aspecto notável da neuroplasticidade é seu papel fundamental na formação de hábitos, que é essencialmente o objetivo central das afirmações: moldar hábitos mentais positivos. O princípio subjacente aqui é que, a cada uso, a plasticidade do cérebro permite o fortalecimento das vias neurais. Consequentemente, cada repetição de uma afirmação reforça as conexões neurais associadas à crença positiva que está sendo afirmada. Essa aplicação prática está alinhada com a máxima neurocientífica amplamente reconhecida: "Neurônios que disparam juntos, conectam-se juntos".[17]

A notável capacidade da neuroplasticidade se estende ao fortalecimento da reavaliação cognitiva, uma estratégia mental consciente em que mudamos intencionalmente nossa perspectiva sobre uma situação para gerenciar nossas emoções. Esse conceito torna-se particularmente relevante quando nos aprofundamos na prática das afirmações. Por meio da prática regular de afirmações, reconfiguramos ativamente nossas vias neurais, esforçando-nos para converter nossos pensamentos e convicções pessimistas em otimistas. À medida que nosso cérebro se adapta e evolui em resposta a essa prática, torna-se cada vez mais fácil alinhar-se com as afirmações que estamos repetindo diligentemente. Por outro lado, os pensamentos negativos consistentes também podem unir as crenças no cérebro. No entanto, as afirmações funcionam como uma força contrária. A potência das palavras faladas supera a influência de meros pensamentos. Isso se deve ao fato de que o poder do pensamento também é exteriorizado. Estabelecer e cultivar crenças e atitudes positivas por meio de afirmações pode atenuar os impactos negativos do estresse. As afirmações oferecem mais do que apenas uma sensação passageira de bem-estar. Elas contribuem ativamente para a redução do estresse e o cultivo da autoconfiança, melhorando significativamente nossa saúde mental. O que é particularmente intrigante, é sua capacidade de produzir benefícios de longo prazo para o bem-estar de nosso cérebro.

Um aspecto benéfico das afirmações está em sua capacidade de ajudar a moldar nosso autoconceito e identidade, ambos aspectos vitais do bem-estar mental. Nosso cérebro não é estático. Ele está em um estado perpétuo de ajuste, modificando constantemente sua estrutura e função para se alinhar com nossas autoconfianças. Portanto, a prática consistente de afirmações positivas pode estimular mudanças adaptativas no cérebro que ecoam e fortalecem uma autoimagem e uma identidade

17. Hanson, *Hardwiring Happiness*, 10.

positivas. Devido à neuroplasticidade, nosso cérebro é projetado para melhorar as tarefas que executa repetidamente. Esse princípio também se aplica à regulação emocional. Se praticarmos afirmações voltadas para o gerenciamento de nossas emoções, nosso cérebro, com o tempo, aumentará sua capacidade de regular as emoções de forma eficaz.

Como leitores de Tarô, o uso de afirmações pode ser fundamental para fortalecer suas habilidades psíquicas. A prática consistente de afirmar suas proezas intuitivas e habilidades psíquicas pode estimular e reforçar as vias neurais associadas, tornando-as mais potentes e prontamente acessíveis. Esse processo, associado ao controle do estresse e à autopercepção positiva promovida por meio de afirmações, pode ampliar seu potencial psíquico. A regulação emocional proporcionada pela neuroplasticidade pode permitir que os leitores de Tarô acalmem a dúvida sobre suas habilidades psíquicas.

## EXERCÍCIO 35

### *LEITURA DE CARTAS DE AFIRMAÇÃO PSÍQUICA*

O exercício a seguir oferece uma estratégia eficaz para inserir as afirmações do Tarô e as afirmações psíquicas em sua rotina diária, aproveitando a força coletiva delas para aprimorar suas habilidades psíquicas. O processo envolve tirar uma carta de Tarô diária para orientação e outra carta para uma afirmação correspondente do Apêndice A deste livro. Isso cria uma sinergia de percepção intuitiva e reforço positivo. Repetir essas afirmações, especialmente na frente de um espelho, ajuda a fortalecer as vias neurais associadas às habilidades psíquicas que você pretende aprimorar, cortesia da neuroplasticidade. Essa técnica não é um exercício isolado. É algo que você deve praticar de forma consistente.

O envolvimento regular com esse exercício resultará em mudanças que, inicialmente, são sutis, mas que com o tempo, tornam-se mais pronunciadas e transformadoras. O objetivo vai além do aprimoramento das habilidades psíquicas; trata-se de cultivar a autoconfiança, descobrir sua sabedoria interior e desenvolver uma mentalidade resiliente e positiva. Esse exercício também ajuda a superar qualquer problema de confiança que você possa ter em relação às suas habilidades psíquicas. A prática consistente da leitura de Tarô e das afirmações serve como um leve estímulo à sua capacidade inerente de acessar a sabedoria universal. A fortificação dessas vias neurais pode aumentar notavelmente sua confiança, permitindo que você confie em sua intuição e em suas percepções psíquicas. Com o tempo, você não apenas aprimorará suas habilidades psíquicas, mas também promoverá uma crença inabalável em sua capacidade de acessar e aproveitar essas habilidades intuitivas.

1. Após a contemplação da carta diária, embaralhe novamente o baralho com a intenção específica de identificar uma afirmação que potencialize e se harmonize com a energia da sua carta diária. Em seguida, retire uma segunda carta.
2. Consulte o apêndice para encontrar a afirmação que corresponde à segunda carta que você tirou. Essa afirmação foi criada para trabalhar com a mensagem da sua carta de Tarô diária, fortalecendo suas habilidades psíquicas.
3. Feche os olhos e repita a afirmação para si mesmo várias vezes, permitindo que a mensagem penetre em sua consciência. Tente visualizar a energia da afirmação fundindo-se com a energia de sua carta diária.
4. Depois disso, fique em frente a um espelho, olhe em seus próprios olhos e articule a afirmação de forma audível.
5. Em seguida, registre a carta diária e a carta de afirmação que você tirou em seu diário, juntamente à afirmação correspondente. Reserve um momento para anotar quaisquer impressões, sentimentos ou percepções que surjam enquanto você se envolve com as cartas e a afirmação.
6. Por fim, crie o hábito de repetir consistentemente sua afirmação ao longo do dia, principalmente em momentos de solidão ou meditação. Se possível, tente repeti-la em voz alta. Essa vocalização, aliada à prática do espelho, ajudará a reforçar os caminhos neurais associados à afirmação, aprimorando suas habilidades psíquicas por meio do poder da neuroplasticidade.

## EXERCÍCIO 36

### *CLARIFICADORES ORACULARES*

Em vez de tirar cartas adicionais de esclarecimento se uma carta não fizer sentido em uma leitura, uma técnica que gosto de usar é ter um segundo baralho que não seja de Tarô, mas, sim, um baralho oracular de símbolos únicos. Ao fundir a linguagem dos símbolos de ambos os baralhos, você desbloqueará uma precisão que traz profundidade e foco à sua prática divinatória.

1. Escolha um baralho oracular de símbolo único ou de poucas palavras que complemente o Tarô. Procure um simbolismo claro e evite imagens desordenadas ou ambíguas para uma integração perfeita de percepções em suas leituras.
2. Familiarize-se com o baralho oracular escolhido. Leia as interpretações fornecidas ou estabeleça suas associações com os símbolos para se conectar profundamente com as cartas do oráculo e sua linguagem de símbolos.
3. Comece sua leitura de Tarô como de costume, embaralhando e tirando as cartas para sua tiragem. Essas cartas fornecerão percepções iniciais sobre a situação do consulente ou sobre a orientação que você está buscando.
4. Após concluir a tiragem do Tarô, embaralhe as cartas do oráculo de símbolo único com uma intenção clara. Use essas cartas para trazer mais clareza e foco às mensagens do Tarô, aumentando a profundidade de suas leituras.
5. Retire as cartas de oráculo do baralho escolhido, uma para cada carta de Tarô em sua tiragem. Coloque as cartas do oráculo em cima ou ao lado das cartas de Tarô correspondentes, na mesma ordem, para estabelecer uma conexão poderosa entre os dois sistemas de adivinhação.
6. Interprete cada carta de Tarô paralelo à carta de oráculo correspondente. O símbolo ou as palavras na carta do oráculo oferecerá percepções específicas e concentrará sua interpretação na área correspondente da vida ou na situação representada pela carta de Tarô.

# 6

# Os Planos Internos e o Templo Interior do Tarô

No ocultismo, existe um conceito conhecido como "Planos Internos", reinos de realidade sutil que se entrelaçam e ultrapassam nosso mundo tangível e desperto. Frequentemente, acessamos nossos próprios espaços individuais dos planos internos sem perceber, geralmente durante os sonhos, mas eles também podem ser alcançados através de meditação, transe e práticas extáticas. Os planos internos servem como fonte de informação, sabedoria e orientação. Eles também fornecem uma plataforma para interações diretas com nossos aliados espirituais, incluindo guias espirituais, Divindades e uma infinidade de outras entidades. O termo "plano" pode ser um tanto enganoso. Embora seja mais fácil entendermos esses planos como se estivessem empilhados como livros ou como são ilustrados em modelos, essas são apenas representações simplificadas para nossa conveniência. Na realidade, todos esses planos coexistem simultaneamente no mesmo espaço.

Pense em um objeto realmente sólido, como um cristal. Dentro dele, os átomos e as moléculas que o compõem têm espaço entre si, mas não se tocam. Eles estão sempre se movendo e vibrando em suas próprias pequenas áreas. Agora considere esse espaço preenchido com algo que chamaremos de matéria astral. É como um mar invisível que penetra e preenche todas as lacunas dentro de coisas sólidas. Portanto, embora você possa ver um cristal como apenas um cristal, em outra forma de pensar, ele também é um cristal flutuando nesse mar invisível dos Planos Internos que se entrelaça com ele no mesmo espaço. A ocultista Dion Fortune fornece outra visão, observando que esses planos representam diferentes estados ou condições de existência. Esse conceito fica mais claro quando se considera a natureza multidimensional dos seres humanos. Nossa existência compreende um corpo físico, emoções, mente e espírito, todos os quais habitam o mesmo espaço simultaneamente. Isso sugere que vários estados de ser estão presentes em uma única entidade a qualquer momento. Significando também, que temos o potencial de acessar diretamente esses planos internos dentro de nós mesmos. Esse conceito é paralelo ao conceito de Carl Jung sobre o inconsciente pessoal, que ele considerava nossa esfera individual dentro do inconsciente coletivo. Da mesma forma, ele via o inconsciente coletivo como uma força que se mistura com a natureza e a ultrapassa, à qual temos acesso direto por meio de nossa própria psique.

Um dos melhores métodos para se envolver com os Planos Internos é estabelecer seu próprio Templo Interior. Especificamente, estabeleceremos um Templo Interior de Tarô, que servirá como seu espaço espiritual pessoal dentro dos planos internos, projetado para o trabalho psíquico com cartas de Tarô. Seu Templo Interior de Tarô terá uma estrutura padrão, incluindo várias salas dedicadas a diferentes tópicos relacionados ao Tarô, mas também será personalizado para refletir seus gostos, sua jornada espiritual e sua individualidade. Essencialmente, é uma colaboração entre sua imaginação consciente e sua psique inconsciente, o que o torna um santuário único e particular.

Tenha a certeza de que nada pode entrar em seu Templo Interior de Tarô sem o seu convite explícito, tornando-o um espaço totalmente privado e seguro para o seu trabalho espiritual. Mesmo que você não visualize inicialmente o Templo Interior do Tarô com total clareza, não se preocupe. Basta definir suas intenções com foco e continuar a trabalhar com ele. Com o tempo, à medida que você interagir e fortalecer seu relacionamento com seu Templo Interior, ele se tornará mais concreto e vívido. Se você já trabalha com um Templo Interior, como o que eu ensino no capítulo 6 do meu livro *Dominando a Magia*, basta adicionar isso a ele como uma área totalmente diferente do Templo Interior que você pode acessar.

## A História Sem Fim e os Planos Internos

O clássico de fantasia de Michael Ende, *A História Sem Fim*, traça paralelos poderosos com a ideia ocultista dos planos internos, o que não é de se surpreender, pois o autor tinha grande interesse em ocultismo e antroposofia. Tanto o ocultismo quanto *A História Sem Fim* exploram o poder da consciência, da imaginação e da existência humanas. Na história, Fantástica (ou Reino da Fantasia no filme de 1984) é um reino sem limites, moldado por sonhos e esperanças humanas. Uma parte notável do livro, não abordada no filme, mostra o protagonista principal, Atreyu, descobrindo um segredo de Uyulala, uma voz sem forma. Uyulala revela a existência de um "mundo exterior", em referência ao nosso mundo físico, o que insinua que Fantástica é o mundo interior.

A saúde de Fantástica está profundamente ligada às emoções e aos sonhos humanos. À medida que os humanos negligenciam seus sonhos, "o Nada" – que simboliza a desesperança e uma imaginação árida – começa a consumir Fantástica. Isso reflete os Planos Internos, que refletem o estado mental coletivo da humanidade. Os pensamentos negativos podem causar tumulto, enquanto a energia positiva traz paz. Aventurar-se nesses reinos também é uma jornada introspectiva. As viagens de Bastian em Fantástica representam a exploração de sua psique, levando ao crescimento pessoal. Da mesma forma, a jornada pelos Planos Internos nas tradições esotéricas é um caminho de autodescoberta e reflexão. Os viajantes buscam entender a si mesmos e o Universo. Tanto o Reino Fantástica quanto os Planos Internos enfatizam a criação. Em Fantástica, Bastian aprende que pode remodelar o mundo com sua imaginação. Da mesma forma, as crenças ocultistas afirmam que podemos influenciar e criar nos Planos Internos para impactar nossa realidade física.

## Benefícios de seu Templo Interior do Tarô

Seu Templo Interior do Tarô também oferece um santuário interno designado para onde se refugiar após leituras intensas ou durante períodos de turbulência espiritual. Esse retiro pode ajudar a gerenciar sua energia, recarregar e manter seu bem-estar emocional e psíquico. Os limites seguros de seu Templo Interior podem proporcionar um espaço ideal para o trabalho com sombras usando o Tarô. Envolver-se com cartas ou leituras desafiadoras pode revelar aspectos inexplorados, promovendo o crescimento pessoal e uma compreensão mais diferenciada de si mesmo e dos outros. O envolvimento frequente com seu Templo Interior do Tarô aumentará sua intuição e aprimorará suas habilidades psíquicas ao longo do tempo. Isso resultará em leituras mais perspicazes e precisas à medida que você se sintoniza mais com as energias e os símbolos do Tarô. Quanto mais trabalhar com essas energias, mais tangíveis e vívidas se tornarão essas paisagens internas, especialmente durante as leituras. A riqueza visual e sensorial de seu Templo Interior do Tarô pode ajudar a refinar suas habilidades de visualização.

Seu Templo Interior do Tarô foi propositalmente projetado para incorporar símbolos, imagens e elementos associados ao Tarô. Como esse Templo Interior se alinha com sua energia e psique, ele permite uma conexão mais profunda com as cartas, possibilitando uma interpretação mais pessoal do seu simbolismo. Carl Jung acreditava em símbolos universais e arquetípicos compartilhados por todos por meio do inconsciente coletivo. O baralho de Tarô é repleto dessas figuras arquetípicas, cada uma com seu significado simbólico. Em seu Templo Interior do Tarô, você pode se envolver ativamente com essas figuras por meio de um processo semelhante ao que Jung chamou de "imaginação ativa". Esses diálogos oferecem uma oportunidade de entender as energias e as lições que essas figuras representam, adicionando profundidade às suas interpretações e expandindo sua compreensão das cartas. Além dos arquétipos e símbolos, os Planos Internos são um reino onde você pode interagir diretamente com guias espirituais, seu Eu Superior ou outras entidades benevolentes. Essas conexões proporcionam percepção adicional, clareza e suporte para suas leituras. Visitas regulares ao Templo e interações conscientes com seus guias espirituais podem aprimorar essa conexão espiritual, resultando em uma orientação muito mais clara e uma compreensão intuitiva das mensagens do Tarô durante as leituras. Se uma leitura de Tarô parecer particularmente difícil de interpretar, retirar-se para o seu Templo Interior do Tarô pode proporcionar novas perspectivas e percepções para ajudar a decifrar os significados. O ambiente sereno e concentrado do Templo pode ajudar a desvendar arranjos de cartas complexos ou intrigantes, possivelmente por meio de discussões com seu Guia Espiritual do Tarô, que abordaremos mais adiante neste livro.

Pense nos Templos Interiores nos Planos Internos, como o Templo Interior do Tarô, como algo que lembra o retrato encantador de um castelo do romance de Diana Wynne Jones, *O Castelo Animado*, que você talvez reconheça da adaptação cinematográfica de Hayao Miyazaki e do Studio Ghibli. Tanto o Templo Interior quanto o castelo são estruturas complexas, quase vivas, que ultrapassam as restrições físicas, refletindo a vastidão da mente e do espírito humanos. O icônico castelo do romance de Jones e do filme de Miyazaki é uma obra-prima abstrata de salas e espaços que se distorcem em tamanho e configuração. Assim como os Templos Interiores, o interior do castelo é maior do que seu exterior, simbolizando os infinitos potenciais, emoções e pensamentos em nossa psique. Isso se assemelha à forma como os místicos e ocultistas veem e trabalham com os Templos Interiores: como um santuário expansivo acessado dentro da mente que se estende além de seus limites físicos.

Tanto o castelo quanto o Templo Interior de uma pessoa são influenciados pelos estados de seus ocupantes. À medida que o humor de Howl muda, o layout do castelo se reorganiza, refletindo os estados emocionais do mago. Da mesma forma, a configuração e o ambiente de um Templo Interior podem mudar de acordo com o bem-estar emocional e psíquico de seu criador. Se o praticante estiver calmo, o Templo Interior pode parecer tranquilo; se ele estiver angustiado, pode refletir a agitação. Em ambos os casos, o ambiente interno serve como um espelho que reflete as paisagens mentais e emocionais do indivíduo. Seus gostos, estilos e psiques influenciam significativamente esses espaços. O castelo de Howl carrega suas excentricidades, assim como o Templo Interior de um praticante manifesta suas preferências exclusivas, seu estilo artístico e suas afinidades mágicas. Tanto o castelo móvel quanto os Templos Interiores são espaços profundamente pessoais que exigem consentimento para entrar. Na narrativa de Jones, somente as pessoas autorizadas por Howl podem entrar em seu castelo. Esse limite mágico protege o espaço contra intrusões indesejadas, um conceito onipresente no ocultismo, em que os Templos Interiores são santuários acessíveis somente por meio de convite. Esse recurso enfatiza a natureza sagrada e pessoal desses espaços. Tanto o castelo móvel quanto os Templos Interiores funcionam como centros de conexão com várias outras dimensões ou planos. O castelo de Howl tem portas que se abrem para diversos locais. Da mesma forma, os Templos Interiores geralmente têm portais que levam a diferentes áreas dos Planos Internos, simbolizando o acesso a vários aspectos do Eu, aliados espirituais, arquétipos universais ou reinos espirituais.

## Algumas considerações antes de começarmos

Como dito anteriormente, seu Templo Interior do Tarô é um espaço personalizado projetado para facilitar a compreensão mais profunda e a conexão com as energias místicas do Tarô. É uma extensão de sua mente e espírito. Como tal, é totalmente adaptado às suas necessidades e habilidades. Para muitos, esse espaço pode ser um santuário vividamente complexo, explorado por meio de imagens visuais detalhadas. Para alguns, o templo pode ser mais bem vivenciado por meio de sons, sensações, interpretação de papéis, emoções, narrativas, movimentos físicos, escrita ou esboços.

Se você é alguém que enfrenta TDAH, afantasia ou dificuldades de concentração e visualização, quero que saiba que não me esqueci de você. Não se trata apenas de ver o Templo com os olhos da mente; trata-se mais de sentir e se conectar com ele de uma maneira que funcione melhor para você à medida que o acompanha e, por fim, explora e trabalha com seu Templo Interior do Tarô. Por exemplo, se você acha mais fácil se conectar com estímulos auditivos, considere o uso de sons para construir seu Templo Interior do Tarô, embora uma combinação seja provavelmente a melhor opção. Você pode criar ou escolher sons específicos que encapsulem a energia de cada parte do templo, como as diferentes câmaras. Visualize chamas crepitantes para os Bastões ou o sopro suave do vento para as Espadas.

Alternativamente, você poderia se concentrar nas sensações físicas. Imagine o calor que pode sentir na sala dos Bastões ou a sensação de frescor ao entrar na câmara das Espadas. Sinta a solidez terrosa da sala dos Pentáculos ou a suavidade envolvente na câmara das Copas. Se você for mais inclinado ao movimento físico ou à interpretação de papéis, incorpore a energia de cada naipe. Crie áreas diferentes em um cômodo para representar cada câmara e movimente-se por elas de forma que corresponda à energia do naipe. O aspecto fundamental aqui é envolver-se completamente na experiência, de forma semelhante à participação em um teatro físico ou em uma encenação de ação ao vivo.

Uma abordagem narrativa pode ser particularmente útil se a visualização for um desafio. Descreva o Templo Interior do Tarô para si mesmo, pintando um quadro com suas palavras, como se estivesse contando uma história, e descreva o que está fazendo dentro dele. A abordagem cinestésica permite que você incorpore fisicamente a energia de cada naipe. Isso pode ser tão simples quanto mudar sua postura para combinar com a energia da sala – uma postura forte e assertiva para a sala dos Bastões ou uma postura relaxada e fluida para a câmara das Copas. Se você se inclina para o lado visual, considere a possibilidade de criar ou encomendar obras de arte que representem as salas do seu Templo. Ter uma referência visual pode ajudar a tornar o espaço mais tangível e proporcionar um ponto focal para sua exploração. Por meio do registro em um diário, você pode se envolver com as energias, os símbolos e os conceitos associados a cada naipe. Mesmo que não seja um artista, fazer um esboço permite que você desenhe fisicamente seu Templo Interior do Tarô, criando uma representação tátil e visual à qual poderá recorrer; além disso, isso retém a energia que você colocou em sua criação.

Começar sua jornada com o Templo Interior do Tarô pode parecer assustador no início, mas, novamente, dominar isso não é uma corrida. Não se sinta intimidado. Embora exploremos brevemente todo o Templo em uma única sessão, você não precisa agir assim. Em vez disso, divida-o em partes. Concentre-se em um cômodo ou aspecto de cada vez. Isso permite que você explore em segmentos gerenciáveis, reduzindo a sensação de sobrecarga e ajudando a manter o foco. O envolvimento ativo pode melhorar ainda mais sua experiência. Se ficar sentado em silêncio não for o seu forte, incorpore movimentos à sua prática. Caminhe enquanto contempla um determinado cômodo ou traje, ou use objetos físicos como representações simbólicas de diferentes elementos do Templo. Esse envolvimento do seu corpo pode ajudar a conectar totalmente sua mente à experiência. Complementar sua exploração com ferramentas como um *fidget spinner*[18] ou uma bola antiestresse pode ser uma vantagem, especialmente para pessoas com TDAH. Ao oferecer um foco secundário, essas ferramentas podem apoiar sua concentração e envolvimento, tornando a viagem mais imersiva.

As meditações guiadas podem servir como um recurso poderoso para ajudá-lo a manter o foco e a estrutura em sua exploração. Seja uma meditação guiada projetada especificamente para o Templo Interior do Tarô, uma gravação própria detalhando cada sala ou ouvindo-a em forma de audiolivro, a orientação funcionará como um guia turístico pessoal para sua jornada, fornecendo estrutura e foco. Expressar seus pensamentos por meio de um diário é outra maneira eficaz de se aprofundar em sua exploração. Escrever sobre cada cômodo e as energias, sentimentos ou ideias que ele evoca pode lhe proporcionar uma experiência mais fundamentada. Essa interação tangível permite uma conexão com o Templo e oferece um registro de sua jornada mística. Os cronômetros podem ser uma parte fundamental de sua prática. Ao definir um cronômetro, você terá um período de tempo gerenciável para explorar seu Templo Interior do Tarô. Começar com intervalos curtos, como cinco ou dez minutos, e aumentar gradualmente o tempo à medida que se sentir mais confortável com a prática, estabelece um ritmo suave para sua exploração. Seu Templo Interior do Tarô se tornará mais familiar a cada visita.

Mesmo que sejam curtas, as visitas regulares podem simplificar o processo com o tempo. É como aprender um instrumento ou um novo idioma: a prática frequente aumenta sua habilidade e seu conforto. Ao

18. Os *Fidget spinners*, conhecidos no Brasil como "piões antiestresse" ou *spinners*, são utilizados para ajudar na concentração e aliviar a ansiedade, assim como outros objetos como cubos de *fidget* e bolinhas antiestresse. (N. T.)

incorporar esses métodos, sua exploração do Templo Interior do Tarô se tornará uma experiência dinâmica e envolvente, feita sob medida para atender às suas necessidades. Tudo se resume a encontrar o que funciona melhor para você. Não existe uma maneira "errada" de construir ou navegar no seu Templo Interior do Tarô; ela só precisa funcionar para você. A chave é envolver seus sentidos para acessar poços profundos de poder e percepção dentro e fora de você e aprofundar sua conexão com o Tarô. Não se trata de acessar e explorar o Tarô exatamente como eu o compartilho. Desde que esteja acessando os Planos Internos por meio do seu Templo Interior do Tarô da maneira que melhor lhe convier, estará no caminho certo.

No próximo exercício, apresentarei um exemplo de como seu Templo Interior do Tarô pode ser estruturado e visualizado. O objetivo é dar a você um conceito claro de sua configuração potencial. A característica principal de seu Templo deve ser uma sala central destinada à leitura de Tarô e ao crescimento psíquico. Cinco salas adicionais devem ser conectadas a esse núcleo central. Essas salas representam os quatro naipes dos Arcanos Menores, cada um com sua câmara exclusiva, e uma quinta sala associada aos Arcanos Maiores. Todas essas salas precisam incorporar as características distintas de seus respectivos naipes e devem abrigar representações em tamanho real de cada carta. Depois de concluir este exercício, você pode mantê-lo como está ou modificar seu Templo de Tarô para que se alinhe melhor com seus gostos pessoais e associações simbólicas. Esse espaço deve parecer intimamente personalizado para você. Com o tempo, ele deve evoluir organicamente à medida que você trabalha com ele mais e mais.

Sugiro que, antes de iniciar a próxima meditação, você reserve um momento para se familiarizar com as etapas envolvidas, lendo-a primeiro. Isso facilitará um fluxo contínuo e ininterrupto durante todo o processo. A meditação que estou prestes a apresentar é dividida em seis exercícios distintos, cada um projetado para guiá-lo na exploração do seu Templo Interior do Tarô. Você tem a flexibilidade de usar esses exercícios de forma independente sempre que revisitar aspectos específicos do Templo.

## EXERCÍCIO 37

### *VIAJANDO PARA DENTRO DO SEU TEMPLO INTERIOR DE TARÔ*

Feche os olhos e respire profunda e suavemente. Ao inspirar, abrace a tranquilidade deste momento. Expire e libere qualquer estresse ou tensão que possa estar preso ao seu corpo. Imagine um caminho brilhante de luz dourada se desenrolando diante de você, convidando-o a seguir em frente. Esse caminho vai guiá-lo até o limiar do seu santuário exclusivo nos planos internos: o Templo Interior do Tarô. Imagine-se diante de uma porta imponente, ladeada por dois pilares, um de obsidiana à esquerda e outro de pedra da lua à direita. Movendo-se com intenção, você abre a porta e entra na câmara central do Templo do Tarô, um refúgio de sabedoria e percepção. O silêncio sereno do espaço o envolve. O ar traz consigo aromas calmantes e perfumados que você considera agradáveis. Ao respirar o aroma calmante, deixe que ele embale seu espírito mais profundamente no coração desse santuário sagrado.

Os tetos, arqueados bem acima de você, são adornados com mosaicos cintilantes. Sob seus pés, há um piso de mármore liso com padrão de tabuleiro de xadrez, que cobre o chão. Nas robustas mesas de nogueira espalhadas pela sala, há baralhos de Tarô ornamentados ao lado de uma variedade de ferramentas de adivinhação. Talvez você veja cristais em uma infinidade de tons, pêndulos que balançam suavemente ou taças de vidência cheias de água parada. A câmara é enfeitada com tapeçarias exuberantes e terrários verdejantes, adicionando camadas de terra a esse ambiente místico. Permita que seus olhos percorram as cenas vibrantes retratadas nas tapeçarias e os paraísos em miniatura de vegetação exuberante dentro dos terrários. Absorva a visão das samambaias, da hera e do musgo, com sua energia vibrante rejuvenescendo seu espírito. Estátuas, cada uma simbolizando uma faceta da sabedoria do Tarô, enfeitam a sala.

No meio da sala, há um círculo de almofadas de veludo macio que circundam uma bola de cristal colocada em um pedestal de jacarandá. Aqui, no seu Templo do Tarô, você está em sintonia com o pulso da energia espiritual que percorre a sala. Sinta essa energia tranquila ressoar em seu interior. Ao olhar ao redor, você percebe cinco portas majestosas que circundam a sala. Cada porta é esculpida em um tipo diferente de madeira e incorpora a essência de um naipe de Tarô. A primeira, feita de carvalho robusto, representa o naipe de Pentáculos. Sua maçaneta, com o formato de um Pentáculo, ressoa a energia da Terra, da estabilidade e da prosperidade. Em seguida, uma porta de bétula prateada etérea simboliza o naipe de Espadas. Sua maçaneta, com o formato de uma Espada, vibra com a energia do intelecto, da comunicação e do conflito. Uma porta de cedro vermelho ardente pulsa com a energia ambiciosa dos Bastões. Sua maçaneta, com o formato de um Bastão frondoso, brilha calorosamente. Outra porta de madeira flutuante laqueada, com o emblema das Copas, exala ressonância emocional, compaixão e intuição. A última porta, mais grandiosa e maior, é feita de ébano estrelado e é dedicada aos Arcanos Maiores, as chaves para os mistérios da vida. Sua maçaneta tem o formato de um símbolo do infinito. Cada porta o convida para um reino único de exploração, carregando uma frequência vibracional distinta que ecoa a energia dos respectivos naipes. Por enquanto, permaneça na sala central, onde você será mantido cativado por sua beleza hipnotizante. O Templo Interior do Tarô é seu espaço de contemplação, educação e ressonância mística. Reserve algum tempo para explorar e sentir a tranquilidade dessa sala central.

## EXERCÍCIO 38

### *A CÂMARA DOS PENTÁCULOS*

Quando estiver pronto, inspire profundamente e deixe seu olhar cair sobre uma porta feita de carvalho robusto, com sua superfície incrustada de pedras preciosas verde-esmeralda. A maçaneta, com a forma de um Pentáculo, convida a explorar o reino desse naipe. Quando você abre a porta, o aroma de terra fértil e flores desabrochando lhe dá as boas-vindas – uma representação sensorial da associação dos Pentáculos com a terra, a abundância e o bem-estar físico. As paredes da câmara dos Pentáculos ostentam murais majestosos de todas as cartas do naipe. Desde a figura diligente do Oito de Pentáculos aperfeiçoando sua arte até a figura generosa do Seis de Pentáculos compartilhando sua riqueza, cada mural é uma lição em tamanho real sobre prosperidade, segurança e abundância física. Os murais parecem quase ganhar vida à medida que você se aprofunda na câmara, os movimentos das figuras são lentos e graciosos, suas expressões são de determinação e contentamento.

Suas histórias de trabalho árduo, diligência e a alegria do sucesso tangível ressoam no próprio ar da câmara.

No centro da câmara, uma grande mesa de banquete, ricamente carregada, cobre toda a largura da sala. A mesa é resplandecente com uma abundância de comida e bebida, uma homenagem à abundância da terra e à associação dos Pentáculos com a riqueza material. Ao redor da mesa, há vasos de plantas exuberantes e árvores frutíferas carregadas de frutas maduras e perfumadas - evidência tangível da generosidade da terra. A luz do sol entra pelas janelas de vidro transparente, destacando uma abundância de plantas de jade e árvores de dinheiro. Suas folhas verdes vibrantes parecem brilhar de prosperidade, refletindo as riquezas terrenas associadas aos Pentáculos. Em um canto da sala, você verá uma série de ferramentas lindamente feitas à mão. Entre elas, um cinzel de construtor, uma espátula de jardineiro e um fuso de tecelão. Cada ferramenta simboliza o respeito pelo trabalho árduo e pela habilidade artesanal que é tão importante para o naipe de Pentáculos.

A câmara de Pentáculos é uma celebração calorosa da abundância da terra, um testemunho da diligência e um santuário de bem-estar físico. Aqui, o valor do trabalho árduo e a alegria do sucesso tangível são abraçados e reverenciados. À medida que absorve as histórias poderosas dos grandes murais e a abundância tangível dentro da sala, você sente uma sensação de segurança, de aterramento, pronto para canalizar a sabedoria terrena dos Pentáculos em sua jornada. Quando se sentir preparado, simplesmente vire-se para a porta pela qual entrou e volte para a câmara central do Templo do Tarô.

## EXERCÍCIO 39

### *A CÂMARA DE ESPADAS*

Da câmara central, aproxime-se da majestosa porta feita de bétula prateada, emblemática do naipe de Espadas. Sinta o toque frio da maçaneta em forma de espada. Ao abri-la, uma corrente de ar fresco e nítido o saúda, com o leve aroma de pergaminho e tinta permanecendo sutilmente dentro dela, sussurrando histórias de intelecto e comunicação. Entre na câmara, um espaço grandioso que dá a sensação de estar entrando em uma biblioteca antiga de todo o conhecimento do mundo, com as paredes e o teto alto e arqueado decorados com murais amplos de cada carta do naipe de Espadas. Desde o Dois de Espadas, que representa uma figura vendada em uma encruzilhada, até a figura triunfante do Seis de Espadas, que viaja em direção a águas mais calmas, cada mural é uma obra-prima, um quadro em tamanho real que dá a sensação de que você poderia entrar na cena. À medida que seu olhar percorre a sala, os murais parecem brilhar, uma ilusão de ótica que cria uma sensação de que as imagens estão sussurrando, suas figuras se movendo e suas histórias se desenrolando em tempo real. Cada carta é um testemunho vivo dos triunfos e provações do intelecto, da tomada de decisões e da comunicação assertiva.

No centro desta câmara, um grande obelisco de cristal se estende até o teto. Sua clareza gelada representa a qualidade afiada e perspicaz da mente associada ao naipe de Espadas. A ponta pontiaguda do obelisco parece perfurar o ar acima, cortando o éter, incorporando a precisão e a clareza de pensamento que esse traje simboliza. Espalhadas pela câmara, você vê prateleiras altas com inúmeros pergaminhos e tomos. Suas páginas de pergaminho farfalham como os sussurros suaves do elemento Ar, representando o traje que você usa. Uma grande escrivaninha repousa no centro da sala, com penas e potes de tinta dispostos ordenadamente sobre sua superfície polida, convidando-o a participar da arte da comunicação e a colocar o pensamento em forma tangível. Cortinas de *gossamer*[19] transparentes estão penduradas nas altas janelas da câmara, esvoaçando suavemente na brisa que parece estar sempre presente neste ambiente. Este vento efêmero traz consigo suaves sussurros, um eco de cada pensamento, cada ideia que ganhou vida dentro desta câmara sagrada.

Uma claraboia revela uma tela de nuvens em constante mudança nas alturas, a personificação do elemento Ar associado às Espadas. Em alguns momentos, as nuvens são esparsas e serenas; em outros, elas se reúnem em nuvens escuras, imponentes e ameaçadoras, personificando as inúmeras expressões do pensamento, da tranquilidade à tempestade. Por toda a sala, suportes de milefólio e manjerona balançam suavemente, com suas fragrâncias se misturando ao aroma do pergaminho. Conhecidas por sua associação

19. *Gossamer* refere-se a um tecido leve e quase transparente, semelhante a uma teia de aranha fina e delicada, frequentemente associado à fragilidade e beleza etérea. (N. T.)

com a clareza mental e a coragem, essas plantas são os símbolos tangíveis da essência das Espadas. Esta câmara, dedicada ao naipe de Espadas, é um lugar onde o pensamento voa, onde a lâmina afiada do intelecto corta a confusão, onde palavras, pensamentos e decisões exercem o poder da criação e da transformação. Ao dar uma última olhada nos grandes murais, reflita sobre as lições de cada carta e sua impressão em seu coração e mente, enriquecendo sua jornada com a sabedoria das Espadas. Quando estiver pronto, deixe a câmara de Espadas, fechando suavemente a porta de bétula prateada atrás de você, e retorne ao Templo central do Tarô.

## EXERCÍCIO 40

### *A CÂMARA DE BASTÃO*

Fixe sua visão na porta de cedro vermelho ardente que incorpora o naipe de Bastão. Quando você estende a mão para a maçaneta da porta, que tem o formato de um bastão com folhas, percebe que ela está quente ao toque. Quando a porta se abre, uma onda de energia quase palpável vem ao seu encontro, uma onda invisível de calor e entusiasmo. O aroma de cedro ardente e cítricos brilhantes preenche o ar, incorporando a paixão e o zelo do naipe de Bastão. A câmara dos Bastões é um testemunho do impulso e da determinação inabaláveis do espírito. As paredes exibem murais vibrantes das cartas desse naipe, cada uma delas uma manifestação em tamanho natural da energia da carta. Desde a figura concentrada do Dois de Bastão olhando para o horizonte com o mundo em suas mãos até o líder carismático do Rei de Bastão, cada mural emana um brilho radiante, refletindo o espírito vivaz do naipe. À medida que você entra na sala, os murais parecem piscar e dançar, como se cada figura fosse iluminada por uma chama de força de vontade. O movimento das imagens incorpora a energia dinâmica do naipe de Bastão, com suas cores vibrantes, ecoando a associação do naipe com ambição e criatividade latentes. No centro da câmara, uma grande tocha, com seu fogo ardente e constante, permanece resoluta e imorredoura. Esse vibrante farol de chama inabalável é um símbolo da força de vontade indomável que define o naipe de Bastão.

As grandes janelas, emolduradas por cortinas de um laranja ardente e um amarelo girassol, permitem a entrada da luz do sol, enchendo a sala com um brilho revigorante, uma referência à associação ardente do naipe. A colocação da tocha no cômodo significa o farol de determinação que alguém deve manter alto para navegar pelo caminho em direção aos seus objetivos. Ao redor da câmara, vasos de girassóis vibrantes e hibiscos vermelhos florescem fervorosamente. Suas tonalidades ricas refletem a essência ardente dos Bastões e as plantas são um testemunho vivo da energia potente e da força vital vibrante do naipe. A câmara dos Bastões é uma celebração radiante da paixão, da determinação e da ação. É um lugar onde a força de vontade se inflama, as ambições alçam voo e a criatividade floresce como as flores radiantes ao seu redor. Ao apreciar a visão dos grandes murais dos Bastões e sentir a energia pulsante da sala, seu espírito se sente revigorado, pronto para canalizar a sabedoria ardente dos Bastões em sua jornada.

## EXERCÍCIO 41

### *A CÂMARA DE COPAS*

Quando estiver pronto, volte para o abraço do Templo Central do Tarô, deixando para trás a paixão ardente da câmara dos Bastões. Agora sua atenção está voltada para uma porta feita de madeira flutuante, com a superfície lisa e desgastada pela carícia do oceano: uma perfeita personificação do naipe de Copas. A maçaneta, lindamente esculpida no formato de um Cálice, parece brilhar com os tons de um mar calmo quando você a abre. Entrar na câmara das Copas é como ser envolvido em um abraço reconfortante. O ar parece mais suave aqui, impregnado com o aroma da névoa do mar e do jasmim em flor, um sussurro sensorial da associação do traje com as emoções, a intuição e o amor. As paredes da câmara exibem murais de tirar o fôlego das cartas do naipe de Copas. Desde a figura tranquila do Quatro de Copas contemplando suas escolhas até a alegre celebração do Três de Copas, cada mural é uma homenagem em tamanho real à riqueza emocional. As figuras nos murais parecem tão reais, suas expressões tão vívidas, que quase se pode ouvir suas risadas, seus suspiros, seus silêncios pensativos. Os murais parecem mudar sutilmente à medida que você se aprofunda na sala, suas cores se aprofundam e se intensificam, e brilham em uma dança harmoniosa, refletindo a natureza dinâmica das emoções, o fluxo e o refluxo dos sentimentos. Bem no centro desta câmara há uma fonte impressionante. As águas da fonte estão caindo graciosamente em cascata em uma bacia espaçosa projetada na forma de um Cálice. O murmúrio melodioso da água enche a sala, uma sinfonia serena que reflete as propriedades calmantes e curativas do naipe de Copas.

Essa câmara é salpicada de luz suave, filtrada por vitrais que retratam cenas das cartas de Copas. Os tons de azuis tranquilos, verdes serenos e tons quentes de rosa impregnam a sala com uma luminescência reconfortante, uma dança de cores em constante mudança que reflete o espectro das emoções humanas. Em um canto tranquilo, uma convidativa espreguiçadeira está aninhada ao lado de uma janela, envolta em tecidos macios de verde-mar e lavanda. Esse canto convida à contemplação e à exploração de seus sentimentos e intuição. A sala é enfeitada com vasos floridos de lótus e flores da Lua. Suas fragrâncias inebriantes se espalham por toda a sala, alimentando ainda mais a sensação de serenidade. Cada flor, à sua maneira, reflete o despertar espiritual, a compreensão intuitiva e a profundidade emocional simbolizados pelas Taças. A câmara de Copas é um santuário calmante de emoções, um lugar que sussurra amor, incentiva a exploração intuitiva e nutre o crescimento interior. À medida que você absorve as narrativas emocionais dos grandes murais e a aura calmante da sala, seu coração se sente em paz, sua intuição desperta, pronta para levar a sabedoria de Copas para a sua jornada. Quando estiver pronto, volte para a câmara central do Templo do Tarô.

## EXERCÍCIO 42

### *A CÂMARA DOS ARCANOS MAIORES*

Agora, sua atenção está voltada para a porta mais grandiosa de todas: uma porta feita de ébano. A maçaneta, esculpida com o símbolo de uma *lemniscata*, o símbolo do infinito, acena para o reino dos Arcanos Maiores. A própria porta é adornada com uma representação iluminada do símbolo da Roda da Fortuna do baralho Rider-Waite-Smith.

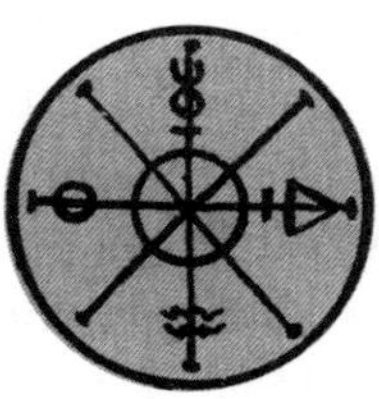

Quando a porta se abre, você é recebido com uma aura de conhecimento antigo. O ar rico está repleto de incenso e mirra. Ele evoca uma sensação de ambiente atemporal que sugere a presença de verdades universais esperando para serem descobertas. A câmara dedicada aos Arcanos Maiores é um cosmo inspirador por si só. As paredes da câmara são adornadas com murais majestosos que retratam as cartas dos Arcanos Maiores em detalhes gigantescos. Desde o inocente Louco embarcando em sua jornada até a figura ascensionada do Mundo, cada mural é uma narrativa visual dos grandes estágios da vida e da jornada espiritual da alma. Os murais vibram com uma vitalidade hipnotizante, as figuras se movem em uma lenta e intencional cadência, revelando suas histórias de uma forma que toca profundamente seu ser. As cores mudam e fluem, refletindo a jornada transformadora da evolução espiritual simbolizada pelos Arcanos Maiores.

No centro desta grande câmara, um hipnotizante planetário holográfico gira lentamente, representando os planetas e suas órbitas celestiais. O modelo celestial serve como um lembrete das verdades e mistérios universais que os Arcanos Maiores abrangem, nossa conexão com o cosmos e o grande projeto da existência. Altos vitrais se estendem até o teto, onde uma cúpula transparente revela uma visão em constante mudança dos céus. Constelações e corpos celestes se movem através dessa janela para o cosmos, sua dança é um testemunho do equilíbrio e dos mistérios reveladores do Universo. Por toda a câmara, grupos de cristais cintilam com luz luminosa, suas facetas refletem e refratam a luminescência da sala, compondo um balé de luz e sombra. Cada cristal amplifica a energia da câmara, reforçando a conexão entre os reinos material e espiritual, um aspecto fundamental dos Arcanos Maiores.

A câmara dos Arcanos Maiores é uma viagem cativante aos profundos enigmas da vida, um tributo à odisseia da alma e um reconhecimento alegre da ligação entre o minúsculo e o vasto. Mergulhe no esplendor dos murais. Absorva a sabedoria da sala. Reserve um momento para experimentar a unidade interconectada com o cosmos. Você está pronto para embarcar em sua jornada espiritual pelos Arcanos Maiores, alinhado com o curso de sua própria vida. Quando estiver pronto, volte para o Templo Central do Tarô, respire fundo e abra os olhos lentamente. Leve essa tranquilidade com você – a sabedoria do Tarô e a conexão com os reinos divino e material. O caminho para o Templo do Tarô está sempre aberto, esperando para receber você de volta em seu abraço sagrado.

## Tarô e imaginação ativa

A Imaginação Ativa é uma técnica desenvolvida por Carl Jung para explorar conscientemente e interagir com a mente inconsciente. Jung enfatizou que é algo que fazemos por nós mesmos, sem orientação ou influência externa. Ela envolve a concentração em imagens internas, como símbolos ou arquétipos, e o envolvimento ativo com elas. Por meio desse processo, é estabelecido um diálogo entre as mentes consciente e inconsciente, revelando significados e mensagens ocultas. Jung também utilizou a imaginação ativa para se aprofundar nos símbolos dos sonhos, incentivando as pessoas a se envolverem ativamente com as imagens dos sonhos para uma melhor compreensão, interpretação e entendimento pessoal.

Mary K. Greer ressalta que, enquanto a abordagem de Jung era mais passiva, concentrada na exploração da psique e dos complexos de cada um, nossa prática atual de imersão nos planos internos é mais ativa.[20] Quando entramos em nosso Templo Interior do Tarô, convocamos conscientemente energias, símbolos e arquétipos específicos nos quais o Tarô se baseia para nos envolvermos diretamente. Mantemos o foco e permitimos que a estrutura e as cenas permaneçam estáveis em nossa mente, como em um sonho lúcido. Já na técnica de Jung, você deixa tudo seguir o fluxo do inconsciente, observando ativamente, mas sem interferir, sem qualquer objetivo além da introspecção. Nesse aspecto, o que estamos fazendo é muito mais parecido com o sonho lúcido do que sonhar como observadores passivos. No próximo exercício, utilizaremos nosso Templo Interior do Tarô para obter insights diretamente do próprio Tarô.

---

20. "Active Imagination vs. Guided Imagery," Mark K. Greer's Tarot Blog, https://marykgreer.com/2019/02/10/active-imagination-vs-guided-imagery.

## EXERCÍCIO 43

### *EXPLORAÇÃO DIRETA DE UMA CARTA*

Feche os olhos e respire fundo e tranquilamente. Sinta a paz do momento ao inspirar. Ao expirar, deixe de lado todo o estresse e a tensão. Imagine um caminho iluminado por uma luz dourada se abrindo à sua frente, conduzindo-o até as portas do seu Templo Interior de Tarô, ladeadas por pilares de pedra da lua e obsidiana. Abra a porta e entre no Templo. Identifique o naipe da carta sobre a qual você busca clareza. Olhe ao redor da sala e encontre a porta da câmara correspondente. Se for uma carta dos Arcanos Maiores, procure a porta com o glifo da Roda da Fortuna inscrito nela e a maçaneta com o formato do símbolo do infinito. Aproxime-se dessa porta e sinta sua textura sob a ponta dos dedos ao empurrá-la para abrir. Entre na câmara. A grande sala é adornada com murais em tamanho real de todas as cartas do naipe. Procure nos murais a carta que você deseja entender. Se estiver usando um baralho específico sobre o qual deseja obter clareza, permita que o mural reflita a arte dessa carta. Quando encontrá-la, fique diante dela. Estenda a mão e coloque-a sobre o mural. Subitamente, ele se torna um portal vibrante. Entre nele. Agora você faz parte da cena da carta.

Observe o ambiente ao seu redor. Observe a paisagem, as cores, os animais ou as figuras, se houver. Preste atenção aos sons, aromas e sensações. Se houver figuras, aproxime-se delas. As imagens irradiam sabedoria e compreensão. Faça sua pergunta claramente em sua mente direcionada a elas. "O que a sua carta significa em relação às minhas circunstâncias atuais?" ou "que insight você tem para mim?" Permita que a resposta dela se forme, seja por palavras, sentimentos, imagens ou até mesmo por mudanças na própria cena. Dedique algum tempo para entender a mensagem. Você pode perguntar às figuras o que significam determinados símbolos em suas cartas. Quando sentir que obteve a percepção que buscava, agradeça às figuras. Volte para o portal. Ao passar por ele, você se encontra novamente na câmara do naipe. Faça uma pausa para contemplar seu encontro antes de sair da câmara, fechando gentilmente a porta ao sair. Retorne ao salão principal do Templo, levando com você a sabedoria de sua jornada. Dirija-se à majestosa entrada do Templo. Ao cruzar a soleira, sinta que está retornando gradualmente ao mundo físico e abra os olhos quando estiver pronto.

## Explorando uma carta diretamente

### COMO ISSO PODE SE MANIFESTAR

Para exemplificar essa experiência, vou compartilhar o que vivenciei.

Em uma ocasião, tirei uma carta de Tarô aleatoriamente para obter alguns conselhos sobre uma ideia de livro que estava pensando escrever. A carta que tirei foi o Três de Pentáculos. Então eu entrei em meu Templo Interior de Tarô normalmente, e foi isso que vivenciei:

> Com a carta em mente, fui em direção à porta que tinha o emblema dos Pentáculos e toquei seu símbolo, sentindo o relevo frio e robusto sob a ponta dos meus dedos, irradiando a energia da firmeza e da realização material. Ao abrir a porta, eu entrei no reino dedicado aos Pentáculos. Entre os murais cativantes, minha atenção foi presa pelo Três de Pentáculos do baralho Rider-Waite-Smith, a carta que tirei anteriormente. A imagem era a de um artesão trabalhando cuidadosamente em uma catedral sob o olhar atento de dois observadores, um dos quais segurava as plantas da catedral. Eu estendi a mão e toquei o mural. Uma energia pulsou sob meu corpo e o mural se tornou um portal. Quando passei por ele, o cenário ao meu redor se transformou. De repente, estava eu de pé nos corredores ecoantes da catedral, a mesma cena da carta. O artesão da carta estava diante de mim, com sua atenção concentrada na pedra que estava cinzelando. Os observadores estavam por perto, contemplando cuidadosamente seu trabalho.
>
> Minha pergunta estava clara em minha mente quando me aproximei: "Que sabedoria você tem para mim sobre como escrever meu livro?" Dirigindo-se primeiro ao artesão, ele se afastou um pouco de seu trabalho, enxugando o suor da testa, antes de falar sobre a necessidade de prática, habilidade e dedicação inabalável. Suas palavras soaram verdadeiras, lembrando-me de que minha escrita floresceria com diligência e comprometimento constantes. Voltando-se para a figura que segurava as plantas da catedral, ele enfatizou a importância de um plano detalhado, uma visão clara do trabalho e o benefício de buscar feedback construtivo. Suas palavras ressoaram profundamente em mim, pois todos esses eram desafios que eu enfrentava

com frequência ao trabalhar em meus livros. Seus insights enfatizaram a importância do planejamento meticuloso, do estabelecimento de uma estrutura sólida e da manutenção da organização, ao mesmo tempo em que promoveram a disposição de aceitar o feedback construtivo ao longo de minha jornada de escrita. A última figura, o terceiro homem da carta, falou sobre o valor da colaboração, do respeito mútuo e da compreensão. Sua percepção destacou a importância de trabalhar em harmonia com outras pessoas e considerar diversas perspectivas no meu processo de redação. A sabedoria coletiva deles proporcionou uma perspectiva abrangente que iluminou minha situação. Agradecido por seus insights, voltei para o portal luminescente que agora me era familiar. Atravessando-o, encontrei-me novamente no reino dos Pentáculos.

## EXERCÍCIO 44

### *TIRAGEM DO TEMPLO INTERIOR*

Nesta tiragem de Tarô, exploraremos cinco câmaras em seu Templo Interior de Tarô, cada uma representando um reino diferente de experiência: Pentáculos, Espadas, Bastões, Copas e Arcanos Maiores. Ao tirar cinco cartas, você obterá insights sobre as lições atuais e as oportunidades de crescimento em cada câmara do seu mundo interior.

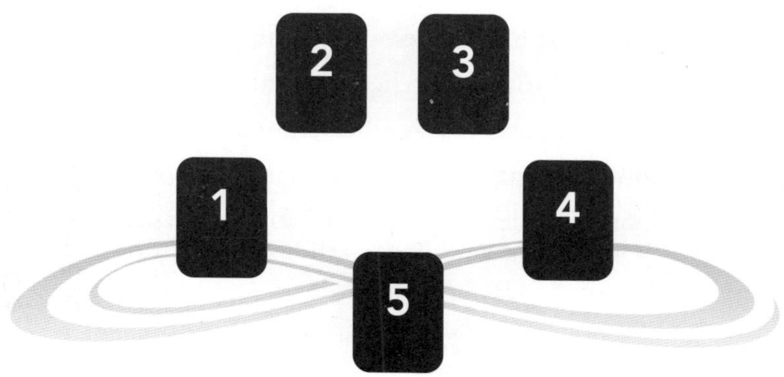


1. **Câmara dos Pentáculos** – Retire uma carta para explorar o reino das questões materiais e terrenas. Essa câmara representa seu relacionamento com as finanças, a carreira, a saúde física e a estabilidade

material em geral. A carta revelará as lições que você pode aprender atualmente e as medidas práticas para melhorar sua conexão com o reino dos Pentáculos.

2. **Câmara de Espadas** – Retire uma carta para mergulhar no reino dos pensamentos, do intelecto e da comunicação. Essa câmara representa seu estado mental, crenças e padrões de comunicação. A carta oferecerá insights valiosos sobre as lições que você pode obter em relação à clareza mental, à tomada de decisões e à arte da comunicação eficaz.
3. **Câmara dos Bastões** – Retire uma carta para descobrir o reino da inspiração, da criatividade e da paixão. Essa câmara representa sua motivação, seu entusiasmo e suas buscas criativas. A carta oferecerá orientação sobre as lições que você pode aprender atualmente para acender seu Fogo Interior, perseguir seus sonhos e canalizar sua paixão.
4. **Câmara de Copas** – Retire uma carta para explorar o reino das emoções, da intuição e dos relacionamentos. Essa câmara representa seu bem-estar emocional, intuição e conexões com os outros. A carta revelará as lições que você pode aprender para aprofundar a compreensão emocional, nutrir sua intuição e cultivar relacionamentos significativos.
5. **Câmara dos Arcanos Maiores** – Retire uma carta para se conectar com o reino do destino e com lições espirituais mais elevadas. Essa câmara representa eventos significativos da vida, lições da alma e crescimento espiritual. A carta oferecerá insights sobre os principais temas e oportunidades de transformação presentes atualmente em sua jornada de vida.

## EXERCÍCIO 45

### *EXPLORANDO A SABEDORIA DAS CÂMARAS*

Agora que você obteve insights da tiragem interna do Templo, é hora de embarcar em uma jornada de meditação transformadora. Este exercício o orientará a visitar cada câmara individualmente durante a meditação, independentemente de a carta de Tarô corresponder ou não ao naipe da câmara. Por exemplo, se você tirou o Dois de Espadas para a câmara dos Bastões, peça a visão desta câmara sobre essa carta. Por meio dessa jornada, você se abrirá para a perspectiva e a sabedoria exclusivas que cada câmara contém.

1. Entre em seu Templo Interior do Tarô.
2. Comece pela câmara dos Pentáculos. Visualize-se entrando nesse reino de estabilidade e abundância material. Peça à sala que lhe mostre percepções da perspectiva dela com base na carta de Tarô que você tirou. Aceite todas as visões, sentimentos ou sensações que surgirem, permitindo-se aprender as lições de aterramento, prosperidade e praticidade desta câmara.
3. Passe para a câmara de Espadas. Entre no reino dos pensamentos e do intelecto, convidando a sala a compartilhar sua sabedoria com você, independentemente do naipe da carta de Tarô. Aceite qualquer clareza mental, ideias ou revelações que surjam em seu caminho. Absorva a sabedoria da flexibilidade mental, da comunicação eficaz e da solução hábil de problemas.
4. Viaje para a câmara dos Bastões, o reino da inspiração e da paixão. Permita que a sala apresente suas percepções a você, mesmo que a carta de Tarô não corresponda ao naipe. Experimente a energia criativa, a motivação e o entusiasmo que emanam dessa câmara. Abrace as lições de expressão criativa, ambição e poder pessoal.

5. Faça a transição para a câmara das Copas, onde residem as emoções e os relacionamentos. Deixe que a sala revele a perspectiva dela para você, com base na carta de Tarô que você tirou. Experimente o reino do amor, da intuição e das conexões profundas. Absorva as lições de cura emocional, empatia e carinho.
6. Por fim, aproxime-se da câmara dos Arcanos Maiores, que representa o destino e o crescimento espiritual. Independentemente do naipe da carta de Tarô, busque sabedoria nessa câmara sobre eventos significativos da vida e lições da alma. Aceite todos os insights e revelações sobre sua jornada espiritual.
7. Depois de visitar todas as cinco câmaras, reserve um momento para integrar as experiências e lições de cada reino. Reflita sobre a sabedoria que reuniu e como ela pode impactar positivamente sua vida, bem como suas interpretações do Tarô.

# 7

# Seu Guia Espiritual do Tarô

Ao longo da história, temos visto constantemente a ideia de entidades não físicas multidimensionais e benevolentes auxiliando os seres humanos. Esse conceito e a prática de trabalhar com guias espirituais tiveram uma onda de popularidade e renascimento durante os séculos 19 e 20 com o surgimento do Espiritualismo, quando médiuns e psíquicos frequentemente falavam sobre seus guias espirituais que os ajudavam não apenas em suas próprias jornadas espirituais, mas também na condução de suas leituras psíquicas e mediúnicas. Os guias espirituais não pertencem a uma categoria distinta de espíritos; em vez disso, eles representam um papel que vários tipos de espíritos podem assumir em sua conexão com você.

Os guias espirituais são imensamente úteis para aprimorar as habilidades psíquicas. Eles existem nos Planos Internos, o que significa que já estão presentes e podem ajudá-lo a compreender as informações que você recebe com mais clareza. Eles podem ajudar a fortalecer sua conexão com os Planos Internos, de onde essas informações se originam. Independentemente de seu caminho espiritual, qualquer pessoa pode trabalhar com guias espirituais. Não posso enfatizar o suficiente a melhora significativa que experimentei em minhas leituras de Tarô quando comecei a incorporar e trabalhar com meu Guia Espiritual do Tarô. Durante as leituras, meu guia espiritual me ajudou a acessar informações que poderiam ter sido difíceis de receber somente por meio de minhas próprias habilidades psíquicas. Além disso, eles ajudaram a direcionar minha atenção para aspectos específicos e se comunicaram comigo diretamente por meio dos meus sentidos clarividentes.

## Como discernir os Guias Espirituais

Cada espírito que você encontra tem sua própria agenda, e é fundamental garantir que os motivos deles estejam alinhados com o seu bem maior ao trabalhar com eles. Alguns guias espirituais são designados a nós desde o nascimento, enquanto outros cruzam nossos caminhos durante a jornada. Um guia espiritual genuíno serve como um companheiro em sua evolução espiritual, oferecendo assistência e orientação para seu crescimento pessoal. A distinção entre um guia espiritual e outros espíritos ou aliados está em sua natureza altruísta. Ao contrário de outros espíritos com os quais você pode colaborar para vários fins, os guias espirituais não buscam nada em troca, porque a função principal deles é ajudar e orientar você. Isso não significa que os outros espíritos sejam inerentemente negativos ou que você deva se abster de interagir com eles. Simplesmente destaca a qualidade única dos guias espirituais e sua intenção específica de apoiá-lo como parte de sua própria missão de evolução espiritual.

Ao trabalhar com espíritos, preste atenção à precisão das informações deles. Um guia espiritual nunca o enganará ou fornecerá informações erradas. Entretanto, é possível interpretar mal a orientação deles no início, e é por isso que desenvolver um relacionamento forte com eles por meio de interação contínua é extremamente benéfico. Como o termo implica, a função principal de um guia espiritual é fornecer orientação, não promover um relacionamento codependente ou parasitário em que você se torne dependente dele. Em vez disso, um guia espiritual sempre incentivará seu crescimento e desenvolvimento pessoal, inclusive sua jornada espiritual. Isso significa que, com frequência, ele o orientará a se conectar com seu próprio Eu Superior e a descobrir suas próprias verdades. Um guia espiritual nunca pedirá que você prejudique a si mesmo ou aos outros, nem fornecerá informações, percepções ou feedbacks que menosprezem a si mesmo ou aos outros. Ele sempre respeitará seus limites e nunca pedirá que você viole ou anule seu livre-arbítrio ou o de outra pessoa. Eles nunca buscarão adoração, culto ou ofertas por sua assistência. Dito isso, é uma prática comum demonstrar respeito e gratidão pelo seu guia espiritual. Isso pode ser tão simples quanto expressar agradecimento ou tão simbólico quanto oferecer presentes, como acender uma vela, dar flores ou oferecer um copo de água. A principal diferença aqui é que esses gestos não são vistos como pagamentos ou obrigações. Em vez disso, considere seu relacionamento com seu guia espiritual como se fosse um amigo querido que você valoriza e aprecia.

## EXERCÍCIO 46

### *ENCONTRANDO SEU GUIA ESPIRITUAL DO TARÔ*

Comece encontrando um lugar confortável e tranquilo para se sentar ou deitar. Feche os olhos e faça várias respirações profundas e tranquilas. Inspire pelo nariz, enchendo os pulmões de ar, e expire pela boca, liberando qualquer tensão ou estresse. Enquanto relaxa, imagine-se novamente diante da grande porta do seu Templo Interior do Tarô. Os pilares de obsidiana e de pedra da lua que ladeiam a porta parecem ainda mais majestosos. Você abre a porta com cuidado e entra na câmara central. A fragrância familiar de sândalo e lavanda lhe dá as boas-vindas, acalmando seus sentidos. Sinta a energia tranquila do templo ressoar dentro de você. Visualize-se no centro da sala, sob os mosaicos altos e cintilantes. Reserve um momento para sentir a energia calmante do Templo, a aura mística do local envolvendo-o em um abraço caloroso. Respire fundo mais algumas vezes, permitindo que essa energia pacífica flua através de você.

No centro do Templo, imagine um Círculo de Luz aparecendo diante de você, cada vez maior e mais brilhante. Essa luz é um portal ou porta de entrada para o seu guia espiritual, que o ajudará a compreender a sabedoria do Tarô. Entre nesse Círculo de Luz. Ao fazer isso, sinta que está sendo suavemente elevado, como se estivesse flutuando em uma corrente de energia quente e de apoio. Você está sendo transportado pelo reino do espírito, indo em direção ao seu guia. Depois de um momento, sinta-se aterrissando suavemente. À medida que a luz ao seu redor diminui, perceba-se em um bosque sereno cercado por árvores majestosas. O ar aqui é puro e refrescante; o som de um riacho balbuciante nas proximidades é uma melodia suave. Este é um espaço sagrado, um ponto de encontro para você e seu guia. Enquanto estiver nesse bosque sagrado, invoque seu guia espiritual. Diga em silêncio: "Eu invoco meu Guia Espiritual do Tarô. Por favor, venha até aqui e se conecte comigo". Preste atenção ao espaço ao seu redor. Observe qualquer mudança, qualquer movimento.

Seu guia pode aparecer na forma de um ser humano, um animal ou até mesmo um ser mítico. Pode ser um guia espiritual com o qual você já trabalha ou um que está encontrando pela primeira vez. Também pode ser um sentimento ou uma sensação de presença. Não se assuste se não puder vê-los claramente. Os guias espirituais geralmente se comunicam por meio de sentimentos, intuição e imagens simbólicas. Pergunte ao seu guia espiritual o nome dele. Ouça um nome ou uma palavra. Pode ser que ele não venha imediatamente, e não há problema nisso. Confie no processo. Se um nome não aparecer agora, ele poderá se revelar mais tarde, quando você estiver pronto para recebê-lo. Peça ao seu guia um símbolo que represente a sua essência e que o ajudará a se conectar com ele no futuro. Preste atenção a todas as imagens ou símbolos que vierem à sua mente. Confie no que vier. Não há problema se não estiver claro de imediato. Reserve um momento para agradecer ao seu guia pela presença e ajuda. Expresse sua gratidão pela disposição dele em ajudá-lo a compreender a sabedoria do Tarô. Saiba que seu guia espiritual está sempre presente, pronto para ajudá-lo sempre que precisar.

Quando estiver pronto, volte para o Círculo de Luz. Sinta-se sendo elevado mais uma vez pela corrente de energia que leva você de volta ao Templo do Tarô. Sinta-se aterrissando suavemente na câmara central. Reserve um momento para sentar-se e refletir sobre sua experiência, o encontro com o guia, o nome e o símbolo que foram revelados. Por fim, respire fundo e abra os olhos lentamente. Você está de volta ao mundo físico, levando consigo a energia tranquila do Templo do Tarô e a conexão com o seu guia espiritual. Visite seu Templo de Tarô regularmente; a cada visita, a presença e a orientação do seu guia espiritual se tornarão mais claras e tangíveis. Reserve um tempo para escrever sua experiência, anotando todos os detalhes sobre a aparência do seu guia, bem como o nome e o símbolo que ele compartilhou. Esses detalhes servirão como ferramentas valiosas em sua jornada contínua com o Tarô. Não há problema se o espírito não estiver completamente claro durante a meditação. Se você não o viu, apenas tenha a sensação de que ele está lá. Revisite seu Templo do Tarô regularmente e você começará a ver, sentir e entender melhor seu Guia Espiritual do Tarô a cada vez. Seja paciente com o processo e confie em sua jornada.

## Como chamar seu Guia Espiritual do Tarô

No livro *Spirits Unveiled*, de Michelle Welch, ela dá conselhos claros sobre como se conectar com seu guia espiritual. Ela está absolutamente correta quando escreve que:

> Se você identificou um guia espiritual que deseja conhecer melhor, a melhor maneira de começar a se conectar com ele é simplesmente pensar nele. Parece simples, porque é. Lembre-se de que seu guia está sempre acessível a você, mas muitas vezes você não se dá conta da presença dele. Entretanto, quando você pensa conscientemente em seu guia, isso é um convite para uma comunicação mais direta. Eles estão sempre prontos e dispostos a ajudá-lo; você só precisa pedir.[21]

A conexão com um Guia Espiritual do Tarô – como o meu, que aparece como uma coruja de celeiro (também conhecida como coruja--das-torres) – começa de forma sutil. No início, a orientação deles pode parecer tão fraca que você se pergunta se é apenas sua imaginação ou coincidência. Mas à medida que você investe tempo no relacionamento, as mensagens ficam mais claras e diretas. Você se torna mais sintonizado com a presença deles, percebendo suas dicas com mais facilidade. Uma grande parte do estabelecimento dessa conexão mais profunda envolve o uso do nome da pessoa e o foco em sua aparência ou em qualquer símbolo exclusivo que ela tenha fornecido a você. É como uma senha que garante que você está realmente se comunicando com seu guia e não com algum outro espírito tentando interferir.

21. Welch, *Spirits Unveiled*, 20.

## EXERCÍCIO 47

### *TRABALHANDO COM SEU GUIA ESPIRITUAL DO TARÔ*

Como em qualquer outro momento antes de fazer uma leitura de Tarô, você deve concluir os exercícios preliminares antes de prosseguir com este exercício (veja a lista na página 64). Para começar, recomendo realizar esse exercício em leituras solitárias para você mesmo. À medida que se sentir mais confortável, comece a incorporá-lo em leituras para outras pessoas.

1. Lembre-se do nome, da aparência e do símbolo do seu Guia Espiritual do Tarô. Se tiver dificuldade para vê-lo ou senti-lo, use sua imaginação para projetar a imagem dele na sala. Visualize-o sentado à sua frente, com sua presença tranquilizadora e reconfortante. Esse ato de imaginação ajuda a criar uma forma-pensamento, uma construção psíquica que ajuda a ancorar a energia dele em seu espaço.
2. Quando sentir a presença do seu guia, articule sua intenção para a leitura. Por exemplo, você poderia dizer: "Eu invoco (nome do guia) para me guiar nesta leitura de Tarô. Por favor, ilumine as cartas com sua sabedoria e forneça mensagens claras e perspicazes".
3. Ao embaralhar as cartas de Tarô e fazer a distribuição, mantenha um estado de abertura e receptividade. A orientação do seu Guia Espiritual do Tarô virá por meio de seus sentidos psíquicos de suas habilidades psíquicas:

   **CLARIVIDÊNCIA:** você pode ver imagens, símbolos ou cores relacionados às cartas que tirou. Procure por sinais visuais que se destaquem.

   **CLARIAUDIÊNCIA:** você pode ouvir palavras, frases ou sons em sua mente. Podem ser mensagens diretas de seu guia ou sons que tenham significado simbólico.

   **CLARITANGÊNCIA (PSICOMETRIA):** você pode obter percepções ou impressões ao tocar as cartas do Tarô, sentindo a energia que cada uma delas contém.

**CLAIRSALIÊNCIA (CLAIRSALIENCE):** preste atenção a todos os aromas e cheiros que vierem a você durante a leitura. Esses aromas podem estar associados a cartas específicas ou fornecer informações adicionais sobre a leitura.

**CLAIRGUSTÂNCIA (CLAIRGUSTANCE):** você pode sentir o gosto de algo em sua boca que não está fisicamente presente. Esses sabores podem conter significados simbólicos que podem ajudá-lo a interpretar as cartas.

4. Nesse momento, você pode fazer ao seu guia qualquer pergunta sobre as cartas. Pode pedir que ele esclareça certos significados das cartas ou que busque informações específicas.
5. Reflita sobre as mensagens recebidas. Como essas percepções interagem com as cartas que você tirou? Reserve um tempo para entender e integrar essas mensagens.
6. Quando a leitura terminar, expresse sua gratidão ao seu Guia Espiritual do Tarô pela orientação. Visualize a imagem do seu guia desaparecendo suavemente à medida que ele retorna ao seu reino, deixando para trás sua sabedoria e energia.

## Trabalhando com seu Guia Espiritual do Tarô

*COMO ISSO PODE SE MANIFESTAR*

Há alguns anos, eu estava fazendo uma leitura de Tarô para uma nova amiga que estava começando a conhecer. Ela estava enfrentando uma decisão importante na carreira, mas preferiu não revelar os detalhes, deixando que as cartas e minha intuição revelassem sua situação. Ela só queria ver o que as cartas tinham a dizer. Enquanto nos colocávamos à vontade para a leitura, preparei-me para invocar meu Guia Espiritual do Tarô. Visualizei a imagem de uma coruja de celeiro, com seu rosto amigável em forma de maçã e olhos sábios que espelhavam o conhecimento antigo. Em pouco tempo, pude sentir o calor energético familiar da presença da coruja de celeiro enchendo a sala. Coloquei algumas cartas: surgiram o Oito de Copas, o Ás de Espadas e a Roda da Fortuna. O Oito de Copas, que simbolizava sua situação atual, sugeria um profundo desejo por algo mais, apesar de seu apego ao emprego atual. O Ás de Espadas, indicativo de seu futuro potencial, apontava para um novo começo ou uma mudança de perspectiva. A Roda da Fortuna, refletindo suas esperanças e medos, significava mudanças inevitáveis e sua apreensão em relação ao desconhecido.

Quando comecei a interpretar os significados tradicionais das cartas, percebi em minha mente a coruja de celeiro voando em direção a um pequeno vaso de planta em meu quarto – uma espécie resistente que prospera em ambientes urbanos, simbolizando sustentabilidade e adaptabilidade. Isso me levou a intuir que sua decisão de carreira poderia estar ligada ao ar livre ou à natureza de alguma forma. A carta Oito de Copas parecia mais quente sob a ponta dos meus dedos (claritangência), sugerindo uma mensagem. Segui a sensação e comecei a sentir um senso de realização como uma emoção em meu corpo. A coruja de celeiro parecia enfatizar o crescimento emocional ligado à aceitação de mudanças. Enquanto refletia sobre o Ás de Espadas, notei um aroma refrescante de ar limpo e fresco enchendo a sala (clariaudiência), reforçando a promessa de um novo começo que o Ás de Espadas tradicionalmente simboliza. A carta da Roda da Fortuna inicialmente me confundiu. Então, inesperadamente, senti um sabor único de frutas cítricas em minha boca (Clairgustância). A coruja de celeiro parecia sugerir que sua vida seria uma mistura de desafios e recompensas com a mudança que estava por vir. De repente, a coruja voou em direção a um pôster na minha parede de uma bela e próspera floresta, o que parecia confirmar minha intuição de que a escolha de carreira que ela estava contemplando era de fato algo relacionado à natureza. Então, eu disse a ela que estava tendo a sensação de que a natureza ou estar ao ar livre era de alguma forma central para essa leitura e perguntei se isso tinha algo a ver com as decisões que ela estava enfrentando. Ela confirmou isso e me disse que se tratava de um emprego na área de ciências ambientais. Como você pode ver, a orientação da coruja de celeiro enriqueceu minha leitura. A mensagem de cada carta ficou mais personalizada, carregando sabedoria. Para sua surpresa e conforto, ela descobriu que a leitura refletia com precisão sua situação e lhe deu coragem para aceitar o novo emprego.

Minha experiência de trabalhar com meu guia espiritual coruja de celeiro durante as leituras de Tarô realmente mostrou como as percepções de um guia espiritual podem ser valiosas. Minha compreensão das cartas parecia ficar mais profunda e com mais nuances quando a coruja entrava em cena. Descobri que a orientação da coruja não apenas tornou a leitura mais precisa, mas também me levou a descobrir coisas que eu talvez não tivesse percebido sozinho. Quando faço uma leitura com a coruja, parece que nossa consciência se sincroniza. Às vezes é difícil dizer onde termina a minha intuição e começa a orientação da coruja. Nós nos unimos de uma forma que combina sua sabedoria e minhas habilidades psíquicas, fazendo com que toda a leitura se encaixe. Prestar muita atenção aos meus sentidos psíquicos é fundamental. Ter um guia espiritual como a coruja de celeiro me ajuda a afinar minhas habilidades de clarividência, clariaudiência e outras habilidades psíquicas. É uma ótima parceria que leva minhas leituras a um nível totalmente novo e as torna incrivelmente pessoais.

## EXERCÍCIO 48

### *TIRAGEM DE TARÔ DO GUIA ESPIRITUAL O VOO DA PENA*

Neste exercício, buscaremos fortalecer a comunicação com nossos Guias Espirituais do Tarô por meio do simbolismo universal de uma única pena. As penas são vistas constantemente como mensagens dos reinos superiores, criando uma ponte entre o mundo terreno e o espiritual. Com a Tiragem do Tarô do Guia Espiritual e o Voo da Pena, adotamos essa poderosa imagem para aprofundar nossa conexão com nosso Guia Espiritual do Tarô, criar uma experiência tangível e espiritual com ele e observar como ele se comunica conosco.

1. **Invocando seu Guia Espiritual do Tarô.** Encontre um espaço tranquilo ao ar livre onde você possa sentir a presença da natureza. Feche os olhos, respire fundo e visualize uma pena magnífica flutuando suavemente no céu, simbolizando sua conexão com o Guia Espiritual do Tarô. Observe como a pena paira sobre cada ponto da tiragem, igual a pena do filme *Forrest Gump*. Segure o baralho em suas mãos e estabeleça a intenção de fortalecer sua conexão com seu Guia Espiritual do Tarô. Convide sua presença para orientá-lo durante a leitura.

2. **Carta Um: Desdobramento da Pena** *(Conexão com o Guia Espiritual do Tarô).* Embaralhe as cartas de Tarô enquanto se concentra na beleza e na maravilha da pena que se desdobra, representando o vínculo com o seu Guia Espiritual do Tarô. Quando se sentir pronto, tire a primeira carta, visualizando a pena sussurrando suavemente a mensagem do seu guia. Essa carta revelará a orientação e o conselho que seu guia deseja transmitir para aprofundar sua conexão.
3. **Carta 2: Ventos do Desafio** *(Obstáculos a Superar).* Tire a segunda carta, imaginando a pena encontrando rajadas de vento e turbulência. Essa carta representa os obstáculos e desafios que podem estar impedindo uma conexão clara com o seu Guia Espiritual do Tarô. Aceite esses desafios como oportunidades de crescimento e fortalecimento de seu vínculo.
4. **Carta Três: Plano de Voo da Pena** *(Orientação).* Tire a terceira carta, imaginando a pena navegando graciosamente pelos ventos e encontrando seu caminho. Essa carta oferece orientação de seu Guia Espiritual do Tarô para superar os desafios e construir uma conexão mais forte. Confie na sabedoria e no apoio que seu guia oferece.
5. **Carta Quatro: Pouso da Pena** *(Áreas de Foco).* Tire a quarta carta, visualizando a pena pousando suavemente em um local específico. Essa carta indicará as áreas de sua vida ou os aspectos de sua prática de Tarô aos quais seu guia espiritual deseja que você preste atenção. Aceite essas áreas como pontos focais para aprimorar sua conexão e compreensão do Tarô.
6. **Carta Cinco: Corrente de Orientação** *(Suporte Adicional).* Tire a quinta carta, imaginando uma corrente de ar de apoio elevando a pena para o alto. Essa carta revela o apoio externo ou os recursos disponíveis para você em sua jornada de conexão com o seu Guia Espiritual do Tarô.
7. **Carta Seis: Voo da Pena** *(Conexão Elevada).* Tire a carta final, imaginando a pena voando alto no céu, levada pelos ventos da orientação do seu Guia Espiritual do Tarô. Essa carta representa

o potencial de uma conexão elevada com seu guia e o resultado positivo de seus esforços para construir um vínculo mais forte. Abrace o potencial de insights e de uma compreensão mais profunda da sabedoria do Tarô.

8. Reserve algum tempo para refletir sobre as mensagens recebidas de cada carta e sua conexão com as imagens criativas do voo das penas. Confie na sua intuição e permita que o seu Guia Espiritual do Tarô fale com você por meio das cartas de Tarô e do simbolismo da pena. Expresse gratidão ao seu espírito-guia do Tarô pela presença amorosa e pelo apoio enquanto você embarca nessa jornada de construção de uma conexão mais forte.

## Tarô do Guia Espiritual Voo da Pena

### *COMO ISSO PODE SE MANIFESTAR*

Aqui está um exemplo de como eu fiz essa tiragem e uma explicação do que vi na tela do olho da minha mente quando me sintonizei com cada carta. Na posição de desdobramento da pena, que se concentra no relacionamento entre mim e meu guia espiritual coruja de celeiro, apareceu a carta do Mago. Quando olhei para a carta, imaginei uma floresta iluminada com uma luz quase mágica. Minha coruja de celeiro estava lá, movendo-se entre espelhos pendurados nas árvores. Os espelhos pareciam desafiar o que era real e o que não era, fazendo-me pensar mais profundamente sobre tudo. Essa configuração realmente parecia estar em sintonia com os temas de transformação e potencial criativo do Mago. Ver minha coruja de celeiro interagir com os espelhos me fez pensar que talvez esse seja um sinal de que eu deva aprofundar meu vínculo com meu guia espiritual por meio da criatividade e da imaginação. Em vez de me ater a padrões familiares, eu poderia começar a explorar formas novas e imaginativas de conexão espiritual. Seja por meio de rituais criativos, diferentes tipos de meditação ou até mesmo expressão artística, o Mago e minha coruja de celeiro estão me incentivando a expandir meu kit de ferramentas espirituais. Isso parece um convite direto para aprofundar nossa conexão, abraçando o inesperado e a magia em nosso diálogo espiritual contínuo.

Na posição Ventos do Desafio, que trata do que pode estar bloqueando minha conexão com meu guia espiritual coruja de celeiro, tirei a carta Quatro de Copas. Ao olhar para ela, imaginei-me em pé ao lado de um lago calmo e enluarado. Minha coruja de celeiro estava empoleirada em um galho de árvore velho nas proximidades, parecendo estar pensando profundamente. O Quatro de Copas é geralmente uma carta sobre contemplação, mas também sobre estagnação emocional, e isso me fez pensar – talvez o que esteja impedindo a mim e a minha coruja de nos conectarmos mais profundamente seja minha própria tendência de ficar preso em minha cabeça, pensando demais nas coisas ou me tornando muito introspectivo. O lago tranquilo e o humor introspectivo da minha coruja pareciam ser um alerta para que eu parasse de olhar para o meu umbigo e começasse a me envolver mais ativamente com meu guia espiritual. Em vez de apenas contemplar os mistérios, talvez seja hora de mergulhar e explorá-los mais profundamente juntos. Isso pode significar tomar medidas mais diretas para me comunicar com meu guia ou me abrir para mensagens e sinais em minha vida cotidiana.

Na posição Plano de Voo da Pena, que mostra como superar os bloqueios em meu relacionamento com meu guia espiritual coruja de celeiro, tirei a Alta Sacerdotisa. Ao me concentrar na carta, imaginei-me seguindo minha coruja de celeiro em uma caverna cheia de símbolos antigos. Quanto mais nos aprofundávamos, mais parecia que os símbolos estavam falando conosco de alguma forma. Isso se conectava fortemente com as vibrações da Alta Sacerdotisa sobre confiar na intuição e aprofundar o conhecimento. Se o Quatro de Copas se referia ao fato de eu estar muito preso em minha própria cabeça para me conectar bem com a minha coruja de celeiro, a Alta Sacerdotisa parecia dizer que o caminho é começar a confiar mais em meus instintos, e não apenas no sentido de "isso parece certo", mas de uma forma mais profunda, do tipo "isso ressoa com a sabedoria antiga". É quase como se a Alta Sacerdotisa e a minha coruja de celeiro estivessem se unindo para dizer: "Ouça a sua voz interior e preste atenção aos símbolos e sinais. Eles podem guiá-lo através dos bloqueios que você está sentindo". Basicamente, é hora de me apoiar nessas formas de compreensão mais intuitivas e esotéricas para fortalecer ainda mais minha conexão com meu guia espiritual coruja de celeiro.

Na posição Pouso da Pena, tirei o Oito de Pentáculos e me vi em um espaço calmo com a luz suave de velas, com cartas de Tarô bem-dispostas à minha frente. Minha coruja de celeiro estava empoleirada por perto, observando cada movimento com olhos atentos. O Oito de Pentáculos parecia enfatizar a ideia de que cada leitura de Tarô, mesmo as retiradas diárias de uma única carta, deveria ser tratada com o mesmo nível de atenção e cuidado. A presença da minha coruja de celeiro parecia ecoar esse sentimento, pedindo que eu diminuísse o ritmo e me envolvesse totalmente com as imagens, o simbolismo e a mensagem de cada carta. Era como se meu guia espiritual estivesse dizendo: "Esta é uma forma de arte, e a arte não pode ser apressada. Permita-se ter espaço para mergulhar profundamente no momento, entendendo que cada carta tirada é uma oportunidade de crescimento e conexão mais profunda com seu eu espiritual". Está claro que meu guia espiritual coruja de celeiro quer que eu tome meu tempo em cada leitura de Tarô, certificando-me de abordar cada carta, cada tiragem, cada pulso intuitivo com consideração cuidadosa.

Na posição Corrente de Orientação, desenhei a Roda da Fortuna. Minha visão colocou a mim e a minha coruja de celeiro no alto, empoleirados em uma enorme roda giratória. Ao girarmos, percebi que, embora a mudança seja um fator sempre presente, o próprio ciclo também pode ser um guia. A Roda da Fortuna enfatizou que, assim como existem forças externas que influenciam o giro da roda, também existem fontes externas de sabedoria e orientação em minha vida. Parecia um sinal de que eu estava buscando recursos externos, sejam eles mentores, livros ou comunidades de apoio. Era como se a própria roda estivesse me aconselhando a diversificar minhas fontes de sabedoria e a me apoiar no conhecimento coletivo para me ajudar a crescer espiritualmente. Isso me garantiu que, embora o ciclo da vida inclua altos e baixos, é importante ressaltar que há uma abundância de orientações externas disponíveis para me ajudar a navegar por ele.

Na posição o Voo da Pena, puxei o Nove de Espadas. Instantaneamente, eu estava caminhando por um labirinto sob a luz do luar, com a voz suave da minha coruja de celeiro servindo como guia. A carta em si geralmente se refere ao enfrentamento de preocupações ou medos internos e, aqui, ela sinalizava que a recompensa por enfrentar esses medos seria uma conexão mais forte e íntima com meu guia espiritual coruja de celeiro. Cada sussurro da minha coruja de celeiro parecia um empurrão, afastando-me das armadilhas mentais e levando-me a um estado emocional mais claro. É como se minha coruja de celeiro estivesse dizendo: "Superar suas lutas internas não é bom apenas para você, é bom para nós; isso aprofunda nossa conexão". Essa carta não se referia apenas ao crescimento pessoal; era uma luz verde que me dizia que um vínculo mais rico com minha coruja de celeiro não só era possível como também estava diretamente ligado à minha disposição de enfrentar meus desafios internos.

EXERCÍCIO 49

## *ENTENDENDO SUA CARTA DE NASCIMENTO DO TARÔ*

Entender sua carta de nascimento do Tarô pode oferecer uma orientação perspicaz para sua jornada de vida. Esse conceito, introduzido por Angeles Arrien e popularizado por Mary K. Greer, relaciona sua data de nascimento a uma carta dos Arcanos Maiores. Sua carta de nascimento pode simbolizar seus pontos fortes inerentes, desafios potenciais e temas pessoais. Além disso, a integração das percepções de seu Guia Espiritual do Tarô pode aprofundar sua compreensão e interpretação desta carta. Vamos percorrer o processo de determinação de sua carta de nascimento usando o aniversário de Pamela Colman Smith como exemplo. Ela é conhecida como a ilustradora do amplamente reconhecido baralho Rider-Waite-Smith, e não me surpreende nem um pouco o fato de ela ser aquariana.

1. Anote a data de nascimento no formato DD/MM/AAAA. Nesse caso, estamos usando a data de nascimento de Pamela Colman Smith, 16 de fevereiro de 1878, portanto, 16/02/1878.
2. Divida cada elemento da data em dígitos únicos e some-os:

   Dia: 1 + 6 = 7

   Mês: 0 + 2 = 2

   Ano: 1 + 8 + 7 + 8 = 24

   **PRIMEIRO:** combine os resultados da etapa 2:

   7 (dia) + 2 (mês) + 24 (ano) = 33

   **DEPOIS:** reduza a soma da etapa 3 a um único dígito ou a um número que corresponda a uma carta dos Arcanos Maiores:

   3 + 3 = 6
3. Conecte o número de um dígito à sua carta do Arcano Maior correspondente. Nesse caso, o número 6 corresponde aos Enamorados.
4. Peça ao seu Guia Espiritual do Tarô a perspectiva dele sobre o significado da sua carta de nascimento em sua vida. Reflita sobre o simbolismo típico da carta, junto a orientação fornecida por seu guia. Pergunte ao seu guia como essa carta pode simbolizar seus pontos fortes inerentes, desafios potenciais e temas pessoais.

## EXERCÍCIO 50

### *ENTENDENDO SUA CARTA DO ANO*

O processo de identificação da sua carta do ano no Tarô pode fornecer uma grande quantidade de informações sobre os desafios e as bênçãos que você poderá encontrar no futuro. Assim como as cartas individuais do baralho de Tarô contam uma história, o mesmo acontece com a energia do ano que se inicia. Como exemplo, calcularemos a carta para o ano de 1910, que é notável na história e também significativo no mundo do Tarô. Foi durante esse ano que o renomado baralho Rider-Waite-Smith alcançou sucesso e logo tornou-se um clássico.[22]

1. Comece somando os dígitos do ano dado, 1910, da seguinte forma: 1 + 9 + 1 + 0 = 11.
2. Pegue o número da carta de nascimento, os Enamorados (número 6), e adicione-o ao total obtido na primeira etapa: 6 (número da carta de nascimento) + 11 (soma dos dígitos do ano) = 17.
3. Se o total da etapa anterior não for um número de um único dígito ou não corresponder diretamente a uma carta dos Arcanos Maiores (como o número 21), você precisará reduzi-lo ainda mais a um único dígito ou a um número dos Arcanos Maiores.
4. Sua próxima tarefa é fazer a correspondência entre o número resultante da etapa anterior e a carta dos Arcanos Maiores correspondente. Aqui, o número 17 corresponde à Estrela.
5. Agora que você identificou sua carta de Tarô do ano, medite sobre seus significados e mensagens simbólicas. Peça ao seu Guia Espiritual do Tarô que lhe dê mais informações e esclarecimentos sobre o que essa carta pode significar para você no contexto do ano.
6. Pergunte ao seu guia como as energias da carta estão se desenvolvendo em sua vida durante esse período. Registre o que receber em seu diário e volte a ele no dia de Ano Novo para comparar o que recebeu com o desenrolar do ano.

---

22. "Rider 'Roses and Lilies' Deck (1909)", Waite Smith-A Tarot Revolution, https://waitesmith.org/index.php/decks/rider-roses-lilies-deck-1909/.

## Cartas de nascimento e do ano

### COMO ISSO PODE SE MANIFESTAR

A carta de Tarô dos Enamorados simboliza o amor, a harmonia, as decisões e as parcerias. Esses elementos são muito parecidos com a vida de Pamela Colman Smith, ou "Pixie", como era chamada com frequência. Suas colaborações foram fundamentais para sua carreira, especialmente seu trabalho com Arthur Edward Waite no famoso baralho de Tarô Rider-Waite-Smith. Essa cooperação mostra a unidade representada pela carta dos Enamorados. A carta também indica a importância das escolhas. Pixie decidiu perseguir seus sonhos artísticos em uma época em que as normas sociais desencorajavam as mulheres a fazer isso. Esse passo ousado reflete a bravura simbolizada pelos Enamorados. A carta também representa o equilíbrio dos opostos, um tema que ressoa fortemente na vida de Smith. Ela mesclou perfeitamente os aspectos tangíveis e práticos de sua arte como ilustradora e escritora com a natureza metafísica e conceitual de seus interesses espirituais no ocultismo e no misticismo esotérico. Esses domínios costumam ser considerados opostos – um está fundamentado no mundo físico e o outro no mundo espiritual/metafísico. A capacidade de Smith de fundir esses campos contrastantes em seu trabalho mostra sua harmonia com a essência da carta dos Enamorados. Por fim, a carta dos Enamorados destaca uma jornada de autodescoberta e aceitação, refletida no compromisso de Pixie com sua arte, apesar das pressões da sociedade.

Podemos analisar a relação do ano de 1910 na vida de Smith com a carta Estrela de duas maneiras diferentes. Uma abordagem evidente seria examinar o baralho que ela apresentou ao mundo, enquanto outro caminho envolveria mergulhar em sua vida pessoal durante esse período. O baralho Rider-Waite-Smith incorpora lindamente a essência da carta Estrela, oferecendo esperança, percepção, serenidade e orientação espiritual. Smith, com seu conhecimento das tradições místicas (junto às ideias de Waite), infundiu o baralho com um rico simbolismo, tornando a linguagem outrora enigmática do Tarô acessível a todos. É como se a energia curativa e otimista da Estrela tivesse sido espalhada por todo o baralho. Regida pelo inovador Aquário, a carta Estrela reflete a natureza inovadora do baralho, sendo uma das primeiras a ilustrar os Arcanos Menores com cenas detalhadas que contavam suas próprias histórias. Ela também apresentou muitas das associações esotéricas de Éliphas Lévi e da Golden Dawn de uma forma extremamente inovadora e inédita. Essa abordagem revolucionária para a elaboração do Tarô não apenas o popularizou; ela o transformou em uma ferramenta para todos, garantindo que sua sabedoria e orientação estivessem prontamente disponíveis para qualquer pessoa que o buscasse.

No entanto, o ano de 1910 pareceu marcar um ponto de virada na vida de Pamela Colman Smith. Nos estágios iniciais de sua carreira, ela obteve um sucesso notável, em parte devido à sua colaboração com Alfred Stieglitz, uma figura de destaque no mundo da arte. Stieglitz reconheceu as capacidades artísticas de Pamela e a guiou por um caminho que a levou à fama. No entanto, com o desenrolar da década de 1910, as preferências artísticas de Stieglitz mudaram, refletindo a mudança no mundo da arte para o pós-impressionismo. Seu foco gravitava em torno dos modernistas europeus, conhecidos por suas interpretações sensuais da arte, criando um afastamento da abordagem espiritual e simbólica de Pamela.

Essa mudança marcou um momento crítico em sua jornada profissional, alinhando-se com o simbolismo da carta Estrela no Tarô – uma carta que representa esperança, cura e rejuvenescimento espiritual. Apesar do lançamento do baralho Rider-Waite-Smith, que transformou irrevogavelmente a prática da leitura de Tarô, a própria Pamela começou a se retirar da esfera pública. De maneira semelhante à carta Estrela, ela buscou consolo na exploração espiritual, distanciando-se da fama que havia conquistado no passado. Esse período de introspecção e busca espiritual culminou em sua conversão ao catolicismo romano no ano seguinte, um passo transformador em sua jornada pessoal e espiritual. Essa conversão não apenas solidificou seu compromisso com o caminho espiritual recém-descoberto, mas também marcou uma clara separação de suas afiliações artísticas e ocultas anteriores. A vida de Pamela Colman Smith em 1910 incorpora a mensagem da carta Estrela, marcando uma fase de renovação, cura e adoção de uma nova direção espiritual em meio a mudanças e desafios significativos.

## Incubação de sonhos

A incubação de sonhos é uma técnica que visa a receber orientação ou respostas por meio dos sonhos. Esse processo envolve a definição de uma intenção ou pergunta específica antes de dormir. O nome dessa prática vem de costumes antigos em que as pessoas dormiam em espaços sagrados, como Templos, na esperança de ter sonhos divinos que pudessem dar respostas ou trazer cura. Nesse sentido, eles teriam sua pergunta que "incubariam" em seus sonhos. Em essência, a incubação de sonhos é uma maneira intencional de interagir com nossa mente subconsciente, reinos internos e habilidades psíquicas. Ela trata o sonho não apenas como um evento passivo durante o sono, mas como um domínio ativo da consciência onde podemos buscar orientação e percepção. A crença que sustenta essa prática é que os sonhos não são aleatórios nem sem sentido, mas estão intimamente ligados ao nosso Eu Interior e ao Universo maior.

Como mencionado anteriormente, o sonho oferece uma conexão direta com nossos reinos internos e aliados espirituais. No estado de sonho, nossa mente consciente está em repouso enquanto a mente subconsciente está ativa. Esse estado nos torna receptivos a energias sutis e mensagens do mundo espiritual. Essa conexão não se limita à nossa psique pessoal, mas se expande para uma paisagem espiritual mais ampla dentro dos planos internos, lar de nossos aliados espirituais. Esses aliados podem ser vistos como facetas de nossa mente inconsciente ou como entidades espirituais distintas. Para mim, essa diferenciação não é relevante; o que é importa é o resultado da interação. Eles podem oferecer orientação, sabedoria e insights sobre nossas vidas, fornecendo respostas às nossas perguntas, soluções para nossos problemas e apoio em nossa jornada. Também podemos pedir mais informações aos nossos espíritos sobre uma leitura de Tarô que fizemos para nós mesmos ou que recebemos de outra pessoa. Ao definir uma intenção ou fazer uma pergunta ao nosso Guia Espiritual do Tarô antes de dormir, sinalizamos à nossa mente subconsciente, ao inconsciente coletivo, aos Planos Internos e ao nosso Guia Espiritual que estamos prontos para receber a sabedoria deles.

## EXERCÍCIO 51

### *INCUBAÇÃO DE SONHOS COM SEU GUIA ESPIRITUAL DO TARÔ*

Essa jornada de incubação de sonhos envolve a busca de clareza por meio de uma conexão com seu Guia Espiritual do Tarô antes de sonhar. Os guias espirituais do Tarô servem como um elo entre a sabedoria superior e as profundezas da mente subconsciente, aprimorando sua compreensão das leituras de Tarô. O sonho é um cenário natural para esses encontros, pois permite barreiras permeáveis ao pensamento consciente, levando a percepções e respostas. Em vez de chamar o seu guia espiritual para lhe fornecer orientação do Plano Interno para o mundo externo, você vai para os planos internos por meio do sonho. O processo requer confiança, paciência e curiosidade, sendo que as experiências são únicas para cada indivíduo. A interpretação dos sonhos pode exigir prática devido à natureza simbólica ou abstrata dos insights, e é essencial manter a paciência e repetir o processo, se necessário. O Guia Espiritual do Tarô nem sempre aparece diretamente nos sonhos, mas pode influenciar sutilmente o conteúdo do sonho para fornecer orientação e clareza. A comunicação pode não ser explícita, mas a orientação está sempre presente.

1. Reserve um tempo de silêncio antes de ir para a cama, aproveitando essa oportunidade para relaxar e limpar sua mente. Isso pode ser feito por meio de meditação, ioga suave ou simplesmente sentar-se em um local calmo e confortável. O objetivo aqui é desacelerar sua mente em preparação para o processo de incubação do sonho.
2. Lembre-se da leitura de Tarô sobre a qual você deseja obter mais clareza. Examine as cartas, lembrando-se de suas posições na tiragem e de suas interpretações iniciais. Reflita sobre quaisquer dúvidas ou perguntas que você tenha sobre essa leitura.
3. Estabeleça uma pergunta ou intenção clara e concisa relacionada à leitura de Tarô e, em seguida, invoque seu Guia Espiritual do Tarô e faça sua pergunta a ele. Visualize sua aparência, o símbolo que ele lhe deu e seu nome. Sua intenção pode ser algo como: "Querido Guia Espiritual do Tarô, por favor, revele o significado mais profundo da carta da Torre na minha leitura anterior" ou "Querido Guia Espiritual do Tarô, por favor, mostre-me como aplicar os conselhos da minha leitura de Tarô à minha situação atual".
4. Solidifique sua intenção escrevendo-a em um pedaço de papel. Mantenha esse papel debaixo do travesseiro ou perto da cama. Se achar adequado, você também pode colocar o baralho de Tarô que usou para a leitura no mesmo local.
5. Quando estiver pronto para dormir, visualize seu Guia Espiritual do Tarô aparecendo em seu sonho. Imagine-o da forma mais vívida possível, oferecendo orientação, conselhos ou respostas à sua pergunta.
6. Depois de definir sua intenção e visualizar o sonho, permita-se adormecer naturalmente. Confie que sua mente subconsciente continuará a trabalhar em sua pergunta enquanto você dorme.
7. Ao acordar, faça um esforço imediato para se lembrar de seus sonhos. Pode ser útil manter um diário de sonhos por perto para registrar todos os detalhes de que você se lembrar assim que acordar. Reflita sobre esses detalhes, procurando símbolos ou temas que possam oferecer respostas à sua pergunta.

## EXERCÍCIO 52

### *COMO ATRAIR OS CONSULENTES CERTOS*

O Guia Espiritual do Tarô pode atuar como um batedor, aproximando você das pessoas que mais se beneficiarão com as suas leituras. Esse guia espiritual faz a ponte entre os mundos físico e espiritual, ajudando você a se conectar com as pessoas que realmente precisam da sua visão do Tarô. Essa conexão é intencional, impulsionada por uma combinação de energia e necessidade. Aqueles que buscam clareza, orientação ou confirmação no caminho de suas vidas são gentilmente guiados até você. Essa serendipidade é aproveitada por meio da influência do seu Guia Espiritual do Tarô, permitindo que você ofereça leituras significativas e impactantes àqueles que são atraídos para o seu serviço.

1. Feche os olhos e invoque o seu Guia Espiritual do Tarô com intenção genuína. Peça a ele que o ajude a atrair as pessoas que mais se beneficiariam de suas leituras de Tarô.
2. Renuncie a quaisquer desejos ou expectativas pessoais e confie que o seu guia espiritual sabe quais são as pessoas perfeitas para atrair para as suas leituras.
3. Repita uma afirmação poderosa com seu guia espiritual, como, por exemplo: "Para o bem maior de todos, com a orientação do meu guia espiritual, atraio pessoas que buscam sabedoria e cura através do Tarô, dispostas a ouvir e a se beneficiar das leituras.
4. Visualize seu guia espiritual como uma luz radiante e orientadora que estende sua energia para fora. Veja esse farol de luz alcançando as pessoas que se beneficiariam de suas leituras de Tarô.
5. Sinta sua energia alinhada com a do seu guia espiritual, trabalhando juntos como uma equipe para se conectar com as pessoas que precisam dos seus insights de Tarô.
6. Torne-se um canal receptivo para a sabedoria e a orientação de seu guia espiritual. Aceite o fluxo de energia que atrai as pessoas certas para você.

7. Confie que sincronicidades e encontros significativos ocorrerão à medida que seu espírito-guia alinhar seus caminhos com aqueles que buscam leituras de Tarô.
8. Comunique-se regularmente com o seu espírito-guia, expressando gratidão pela ajuda dele em trazer as pessoas certas para as suas sessões de Tarô.

## Um amigo imaginário ou um Guia Espiritual?

Quando você começa sua jornada com um guia espiritual, é normal que a interação se assemelhe à de um amigo imaginário. No entanto, isso não deve ser interpretado como se o espírito fosse irreal ou puramente um produto de sua imaginação. Conforme explicado, a habilidade psíquica e a imaginação geralmente têm semelhanças impressionantes, pois ambas dependem das mesmas faculdades mentais e estados de ondas cerebrais. Dion Fortune acertou em cheio quando escreveu:

> Dizer que algo é imaginário não significa colocá-lo apenas no reino da mente, pois a imaginação, ou a capacidade de criar imagens, é uma parte muito importante de nossa função mental. Uma imagem formada pela imaginação é uma realidade do ponto de vista da psicologia; é bem verdade que ela não tem existência física, mas vamos limitar a realidade apenas ao que é material? Estaríamos longe de nossa compreensão se fizéssemos isso, pois as imagens mentais são coisas poderosas e, embora não existam de fato no plano físico, elas o influenciam muito mais do que a maioria das pessoas suspeita.[23]

Quanto mais você se envolver com seu guia espiritual, melhor será sua capacidade de discernir se está simplesmente criando algo em sua imaginação ou se está utilizando esses mesmos caminhos para receber informações genuínas. É exatamente por isso que práticas como meditação, autorreflexão, registro em diários e aprimoramento da autoconsciência são valiosas para o desenvolvimento de habilidades psíquicas. Essas

23. Fortune, *Spiritualism in the Light of Occult Science*, 91.

práticas ajudam a ter uma visão do funcionamento de sua própria mente, permitindo que você diferencie se as informações que recebe provêm de sua psique interna ou de fontes externas. Ao aprimorar seu discernimento, você pode aprofundar sua conexão com seu guia espiritual e obter maior clareza ao receber percepções significativas.

## EXERCÍCIO 53

### *FORTALECIMENTO DA PRESENÇA DO SEU GUIA ESPIRITUAL DO TARÔ*

A presença de seu Guia Espiritual do Tarô é uma experiência pessoal. Este exercício tem o objetivo de fortalecer sua conexão com ele por meio da imaginação, da visualização e da intenção. Quanto mais você se dedicar a essa prática, mais integrada a forma de pensamento deles poderá se tornar, proporcionando orientação e conforto em sua jornada espiritual.

1. Comece o dia com uma meditação relaxante. Visualize seu Guia Espiritual do Tarô aparecendo ao seu lado, irradiando uma energia reconfortante e de apoio. Defina a intenção de levar a presença dele com você durante todo o dia.
2. Quando for se preparar para o dia, recite afirmações que reforcem sua conexão com o seu Guia Espiritual do Tarô. Fale em voz alta ou silenciosamente para si mesmo, reconhecendo a orientação e a proteção dele enquanto navega pelos eventos do dia.
3. Ao longo do dia, antes de tomar decisões importantes ou enfrentar desafios, faça uma pausa por um momento. Imagine seu Guia Espiritual do Tarô ao seu lado, oferecendo sua sabedoria. Busque sua orientação por meio da visualização, fazendo perguntas e sentindo suas respostas.
4. Quando surgir estresse ou ansiedade, feche os olhos brevemente e imagine seu Guia Espiritual do Tarô envolvendo-o em um abraço reconfortante. Sinta a energia tranquilizadora deles, pois eles o ajudam a se concentrar e a encontrar paz interior em meio ao caos.

5. Na hora do almoço ou nos intervalos, faça uma caminhada na natureza. Imagine o seu Guia Espiritual do Tarô explorando ao seu lado, sussurrando informações sobre o mundo natural e incentivando-o a se conectar com a energia do ambiente.
6. No final do dia, sente-se em silêncio e reflita sobre as experiências que você teve com o seu Guia Espiritual do Tarô. Escreva em um diário sobre os momentos em que você imaginou que ele estava presente, as mensagens que ele transmitiu e as emoções que evocou.
7. Encerre o dia com uma meditação de gratidão ao seu Guia Espiritual do Tarô pelo apoio e presença constantes. Visualize-o abraçando você com amor e gratidão, ancorando a forma-pensamento dele mais profundamente em sua realidade.

## EXERCÍCIO 54

### *ASPECTO DE SEU GUIA ESPIRITUAL DO TARÔ*

Este exercício é mais avançado e deve ser realizado apenas quando você se sentir completamente confortável e confiante em sua conexão com seu Guia Espiritual do Tarô, confiando plenamente nele. Você deve ter uma base sólida para trabalhar com ele e ter certeza da energia que está convidando. Se você se sentir desconfortável ou inseguro durante o exercício, é fundamental parar imediatamente e se reconectar com sua própria energia. Aborde essa prática com respeito e disposição para aprender e crescer em sua jornada espiritual. Ao invocar o seu Guia Espiritual do Tarô e harmonizar as energias, você pode fortalecer o vínculo com o seu aliado espiritual, promovendo uma parceria mais profunda em seu caminho metafísico.

Durante o exercício, você convidará o seu Guia Espiritual do Tarô para iluminá-lo, misturando as suas energias com as dele e imaginando ver através dos olhos e sentir através do corpo do seu guia espiritual, o que pode lhe conceder uma perspectiva diferente e habilidades intuitivas ampliadas. Basicamente, você os está usando como uma máscara ou traje energético. Isso pode ser considerado uma forma de "aspecto", um termo adotado simultaneamente na década de 1980 pela tradição Assembly of the Sacred Wheel, de

Ivo Dominguez Jr., e pela tradição Reclaiming, de Starhawk, inspirada no romance de ficção científica *Lord of Light*, de Roger Zelazny, dos anos de 1960. Aspecto é quando você assume uma parte de um espírito sem passar por uma experiência completa de possessão. Descobri que a prática que estou prestes a compartilhar pode levar a percepções mais exclusivas sobre as cartas de Tarô e as mensagens que elas transmitem. Você interpretará as cartas de Tarô a partir da perspectiva do seu guia espiritual, oferecendo novas percepções, significados simbólicos e interpretações alternativas, o que acaba levando a uma compreensão mais abrangente da sua leitura. Aceite essa experiência fortalecedora como uma oportunidade de crescimento pessoal e espiritual. É essencial confiar em si mesmo e em seu relacionamento com o Guia Espiritual do Tarô antes de tentar essa prática.

1. Mentalmente, invoque seu Guia Espiritual do Tarô pelo nome e visualize seu símbolo ou representação.
2. Imagine uma luz radiante em torno de você, representando a energia do seu Guia Espiritual do Tarô. Visualize essa luz se fundindo com a sua própria, criando uma mistura de energias. Sinta a presença delas envolvendo-o suavemente como um traje protetor e de apoio.
3. Visualize você e o seu Guia Espiritual do Tarô como um ser unificado. Imagine-se olhando através de seus olhos e sentindo através de seu corpo. Sinta a sabedoria, a intuição e as habilidades psíquicas dele se fundindo com as suas, aumentando a sua percepção e compreensão.
4. Com a energia do seu Guia Espiritual do Tarô fluindo através de você, embaralhe as cartas de Tarô enquanto permanece na presença dele. Tire as cartas para a leitura, sentindo a orientação e as percepções dele influenciando suas escolhas.
5. Ao dispor as cartas, interprete-as com a perspectiva do seu Guia Espiritual do Tarô. Confie em sua intuição e em quaisquer pensamentos ou emoções que surjam enquanto se conecta com a energia delas. Sinta a profundidade e a clareza adicionais em suas percepções psíquicas durante a leitura.

6. Após a leitura, reserve um momento para agradecer ao seu Guia Espiritual do Tarô pelo apoio e pelos insights. Reflita sobre a experiência e quaisquer perspectivas ou mensagens exclusivas que você obteve por meio da orientação dele.
7. Quando estiver pronto para concluir o exercício, visualize sua energia se separando da energia do seu Guia Espiritual do Tarô. Permita que a presença dele se retire suavemente do seu traje energético, retornando ao seu eu individual.

# 8

# Tarô Psíquico

Aos meus vinte e poucos anos, eu não levava muito a sério minhas habilidades psíquicas ou meu caminho espiritual. Deixei de lado meu amor inicial por isso em favor de festas e socialização. No entanto, durante uma festa, uma visão psíquica inesperadamente alterou minha percepção sobre meus próprios pontos fortes psíquicos e sua importância. Embora eu já tivesse lidado com fenômenos psíquicos antes, dominá-los ainda era um trabalho em andamento, especialmente em termos de aprimorá-los para uso intencional em vez de deixá-los acontecer ao acaso. Naquela noite, enquanto a música e as conversas informais enchiam o ar e uma bebida descansava em minha mão, uma visão intensa e indesejada sacudiu minha consciência. Vi o beco pelo qual passamos para chegar à festa; ouvi gritos abafados; senti o pânico de uma luta invisível. Quase ao mesmo tempo, uma voz – cristalina e impossível de ignorar – aconselhou: "Saia agora; não vá sozinho. Corra". A experiência foi diferente do ruído psíquico de fundo a que eu estava acostumado em raras ocasiões. Era um aviso urgente e retumbante.

Com o coração disparado, examinei a sala. Amigos e conhecidos estavam em plena conversa, ignorando alegremente minha crise interna. A visão havia apresentado uma mensagem direta, específica em sua intenção e imediata em sua exigência de ação. Rapidamente, aproximei-me da amiga íntima com quem eu havia chegado, que chamarei de Susan para o propósito deste livro, afastando-a da multidão. Sem entrar em detalhes – sabendo que seu ateísmo convicto provavelmente a tornaria cética – insisti que precisávamos sair imediatamente. A urgência em minha voz foi suficiente; embora visivelmente confusa, ela concordou em ir. Outro amigo não foi tão receptivo. Ele ignorou minha advertência e continuou a desfrutar de sua bebida.

Pedi a ele que enviasse uma mensagem de texto mais tarde para confirmar sua chegada segura em casa. Trocamos despedidas apressadas e Susan e eu fomos embora. Ignorando nossa preferência habitual por caminhar, chamamos um táxi para nos levar de volta ao nosso apartamento. A mensagem era clara em sua diretriz, e eu não estava disposto a testar sua precisão descartando-a.

Quando a luz da manhã invadiu meu quarto, meu telefone vibrou com mensagens recebidas que rapidamente dissiparam qualquer resquício de sono. Com fome e ressaca, peguei meu telefone. Um sentimento de aflição tomou conta de mim enquanto eu percorria as mensagens. Meu amigo que optara por ficar na festa havia sido agredido em um beco pouco iluminado ao lado da casa, exatamente o tipo de espaço que eu havia visualizado na noite anterior. Ele e amigos passaram por uma luta assustadora, alinhando-se ainda mais com a visão e as sensações que me dominaram. Foi inquietante confrontar a exatidão do meu aviso psíquico, principalmente pela estreita correlação com a provação de pesadelo do meu amigo. Essa experiência foi mais do que suficiente para me livrar de qualquer atitude casual em relação ao meu psiquismo. Isso era uma ferramenta – que precisava ser cuidadosamente aperfeiçoada, considerada com respeito e, acima de tudo, recebida com atenção e seriedade quando soava um alarme.

O evento inquietante foi um momento crucial que me impulsionou a uma exploração mais disciplinada de minhas capacidades psíquicas. Minha abordagem deixou de considerá-las como notas secundárias peculiares e passou a reconhecê-las como habilidades importantes. Essas habilidades ofereceram proteção tangível para mim e para aqueles com quem me preocupo. Minha experiência não foi única; ela ecoa por uma longa história e um amplo alcance de fenômenos psíquicos em diferentes sociedades. Esses casos de habilidades psíquicas aconteceram com inúmeras pessoas em todo o mundo e ainda acontecem. Seja um empurrãozinho intuitivo ou uma visão vívida, pessoas de diversas origens relatam experiências que foram fundamentais para evitar danos ou fazer escolhas de vida impactantes. Essas habilidades não discriminam; elas se manifestam independentemente de idade, formação cultural ou status socioeconômico.

Susan e eu acabamos nos separando como amigos e parecia que um pedaço de mim estava faltando. Para ter uma ideia de como ela é, pense na personagem de Janeane Garofalo, Heather Mooney, em *Romy and Michele's High School Reunion*. Susan era a versão da vida real: fumante inveterada, vestida sempre de preto, com toneladas de sombra e delineador pretos, que chamávamos de "olhos de guaxinim", e estava sempre pronta para uma frase de efeito. Eu a amava. Ela era a minha carona para todas as aventuras selvagens. Durante anos, se você visse um de nós, o outro certamente estaria por perto. Infelizmente, as drogas entraram em cena, e a amizade se desfez sob o peso de escolhas que eu não podia apoiar e de graves mudanças de personalidade. As pessoas ainda perguntavam por ela muito tempo depois de termos seguido caminhos diferentes, uma prova de como nossas vidas estavam entrelaçadas. Imagino que ela também recebia as mesmas perguntas sempre que aparecia sozinha, um desequilíbrio visual onde antes havia uma dupla inquebrável.

O tempo passou. Acabei morando nos arredores de Yosemite, em uma cidadezinha charmosa chamada Mariposa. Um dia, do nada, Susan consumiu meus pensamentos. O rádio parecia conspirar para essa fixação, tocando apenas músicas antigas que eram suas favoritas. Naquela noite, ela me visitou em um sonho. Em uma sala fechada, em meio a uma discussão acirrada, ela subitamente quebrou a tensão, dizendo: "Não quero mais brigar". Nós nos abraçamos e, enquanto fazíamos as pazes, ela se despediu de mim. Acordei com o sonho ainda vívido em minha mente, convincente o suficiente para compartilhar com meus colegas de quarto, que também conheciam Susan. Então, quase como se fosse um roteiro, recebi uma mensagem naquela mesma noite. "Você soube da Susan?", dizia a mensagem. Minha pele se arrepiou com o momento estranho. "Ela se foi. Tirou sua própria vida ontem à noite." As sincronicidades eram pungentes demais para serem ignoradas, fazendo com que eu me perguntasse se os fios de nossas vidas, outrora entrelaçadas, haviam se estendido uma última vez para se despedir e fazer as pazes nos Planos Internos. Minha sensibilidade psíquica não pôde deixar de ressoar com o momento, as músicas, o sonho – tudo conspirando para marcar o fim de uma era e a perda de uma alma com a qual minha vida esteve tão profundamente conectada. As habilidades psíquicas não são apenas peculiaridades; elas estão intrinsecamente ligadas aos ritmos e relacionamentos que moldam nossas vidas.

## Adotando o termo "psíquico"

Não sou um caso único; você também tem habilidades psíquicas. Muitas pessoas não se sentem à vontade com o termo "psíquico". Essa hesitação geralmente se deve aos estereótipos negativos associados à palavra e às representações exageradas encontradas na mídia popular, como filmes e programas de TV. O retrato que Hollywood faz dos médiuns como indivíduos místicos com habilidades sobrenaturais levou a uma compreensão distorcida do que as habilidades psíquicas realmente implicam. Ser psíquico não é algo sobrenatural; ao contrário, é uma habilidade natural com a qual cada pessoa nasce. Qualquer pessoa que se dedique à mediunidade, que exploraremos mais adiante, sabe que os espíritos se comunicam diretamente por meio de percepções clarividentes. Como espíritos antes, durante e depois da encarnação, todos nós possuímos essas habilidades psíquicas, que funcionam tanto como uma linguagem espiritual para decodificar energias além dos nossos sentidos físicos quanto como um canal que conecta nossas experiências diárias aos planos internos.

As palavras que usamos podem moldar significativamente nossas percepções e nosso entendimento. Evitar o termo "psíquico" por causa de seus estigmas e estereótipos pode nos levar, involuntariamente, a negligenciar ou ignorar toda a gama de nossos sentidos inatos. Assim como acontece com os conceitos de afirmações e neuroplasticidade, nossas palavras têm um poder imenso. Adotar o termo psíquico e reformular sua compreensão pode ser o primeiro passo para reconhecer e aproveitar nossas habilidades psíquicas inerentes. Ao redefinir o termo psíquico para denotar a capacidade humana inata de percepção, empatia e compreensão aprimoradas – a linguagem do espírito –, damos a nós mesmos a oportunidade de explorar essas habilidades muitas vezes latentes. Uma vez que reconhecemos nosso potencial psíquico, ferramentas como as cartas de Tarô oferecem uma maneira prática de colocar essa habilidade em foco. A natureza tangível das cartas de Tarô proporciona um ponto físico de concentração, ajudando-nos a canalizar e refinar nossas energias psíquicas com mais eficácia.

## Desenvolvimento da sensibilidade psíquica

Por mais clichê que pareça, desenvolver e manter habilidades psíquicas é uma jornada, não um destino. Esse processo, assim como o cultivo de qualquer outra habilidade ou talento, exige esforço, atenção e introspecção contínuos. As habilidades psíquicas podem se fortalecer ao longo do tempo com um esforço consistente, mas também podem se tornar inativas se não forem exercitadas regularmente. A fase inicial dessa jornada psíquica geralmente envolve o reconhecimento da existência de habilidades psíquicas dentro de nós. Depois desse reconhecimento, a próxima etapa envolve o cultivo e o refinamento dessas habilidades. Isso geralmente consiste na sintonização com nossos sentidos clarividentes – clarividência (visão clara), clariaudiência (audição clara), clairaliência (olfato claro), clarigustância (degustação clara) e claritangência (sentimento claro), muito semelhantes aos nossos sentidos físicos, mas que, em vez disso, detectam energias e informações sutis e não físicas. Depois de desbloquear nossas habilidades psíquicas, precisamos continuar a aprimorá-las para nos mantermos afiados. A prática regular torna-se decisiva nesse estágio. Da mesma forma que um músico precisa praticar continuamente para melhorar e manter suas habilidades, também precisamos exercitar regularmente nossas habilidades psíquicas para mantê-las fortes e claras. As medidas práticas para nutrir nossas habilidades psíquicas podem envolver reservar um tempo diário para meditação, realizar regularmente leituras para nós mesmos ou para outras pessoas, participar de exercícios destinados a fortalecer nossos sentidos psíquicos ou simplesmente fazer um esforço consciente para confiar e ouvir nossa intuição na vida cotidiana. Se você chegou até aqui com este livro e o acompanhou, já está preparado para esse trabalho.

## Clarividência

Frequentemente, a primeira associação que muitas pessoas fazem ao ouvir sobre poderes psíquicos é a clarividência, considerada a habilidade psíquica mais conhecida de todas. A clarividência, muitas vezes chamada de "visão clara", é a habilidade de captar imagens, símbolos ou até mesmo cenas inteiras em sua mente, oferecendo insights especiais. É como ter uma tela de cinema particular em sua cabeça, onde você é capaz de projetar imagens, símbolos e ver cenas completas nela. Isso pode se manifestar como a visualização de uma carta de Tarô antes de ela ser retirada ou de uma cena que responde diretamente à pergunta urgente de um amigo. Sabe quando você se perde em um livro e as cenas começam a se desenrolar em sua mente? É exatamente essa a sensação da clarividência. Incorporar a clarividência em sua prática de Tarô pode fornecer contexto visual e simbolismo adicionais, aumentando assim a profundidade de sua interpretação. A clarividência também pode ser externa, na qual você literalmente vê energia, luzes, sombras ou figuras com seus olhos externos, como se fosse uma sobreposição energética da realidade física.

Para aprimorar sua clarividência durante as leituras de Tarô, pouse suavemente o olhar em cada carta, absorvendo os detalhes, as cores, os símbolos e as cenas, enquanto observa quaisquer impressões visuais espontâneas que surjam. Ocasionalmente, desvie seu foco do baralho para uma superfície em branco ou feche os olhos brevemente para fortalecer suas visualizações internas. Preste muita atenção às imagens que aparecem em sua mente, pois elas podem oferecer percepções mais profundas sobre a leitura. Para desenvolver ainda mais suas habilidades de clarividência, pratique regularmente exercícios de imagens guiadas, como meditação guiada, por exemplo, ou simplesmente invoque formas ou objetos simples nos olhos da mente e veja por quanto tempo consegue mantê-los. Isso vai melhorar sua capacidade de perceber símbolos e imagens não físicos. Para desenvolver a clarividência externa, aprenda a usar um olhar suave para enxergar melhor os campos de energia. Você pode praticar se concentrando em um vidro de janela e, em seguida, mudando sua visão para objetos além do vidro, treinando seus olhos para ajustar o foco de forma gradual e suave. Aplique essa técnica em leituras tratando o cliente como a janela, permitindo que sua visão olhe suavemente através e além dele.

## Clariaudiência

A clariaudiência, ou "audição clara", refere-se à capacidade psíquica de perceber sons, vozes ou música que são imperceptíveis ao sentido normal da audição. Pode ser como usar um par de fones de ouvido exclusivo que lhe permite se sintonizar com um reino auditivo além da faixa de audição comum. Essas impressões auditivas geralmente trazem mensagens, orientações ou percepções que podem servir como revelações fundamentais para a pessoa que está recebendo a leitura. Por exemplo, você pode ouvir um nome ou uma frase sussurrada carregada de significado para o consulente ou ouvir uma melodia que provoca emoções profundas. Nas leituras de Tarô, a clariaudiência pode fornecer pistas auditivas para ajudar a compreender a relevância das cartas para a pessoa que está sendo lida. Você pode detectar uma palavra ou frase que forneça contexto ao simbolismo de uma carta ou revele uma faceta oculta das circunstâncias do consulente. Uma ocorrência comum que muitos de nós tivemos quando crianças (ou observamos em crianças) é ouvir um pai ou responsável chamando seu nome e depois descobrir que ele não estava chamando você.

Para aprimorar suas habilidades clariaudientes para leituras de Tarô, comece encontrando um espaço silencioso. Essa ausência de ruídos externos permite que você se sintonize com os sons mais sutis que podem ser transmitidos psiquicamente. Antes de iniciar a leitura, faça alguns exercícios de respiração profunda para relaxar e abrir seus sentidos, facilitando a captação de informações psíquicas. Quando estiver preparado, faça um pedido verbal de orientação. Você pode direcionar esse pedido aos seus próprios guias espirituais ou à Divindade. A definição dessa intenção abre a porta para que as mensagens clariaudientes entrem em sua consciência durante a leitura. Ao conduzir a leitura, preste atenção a todas as impressões auditivas. Podem ser palavras, sons ou trechos de música que surgem em sua mente. Mesmo que elas não façam sentido imediato, anote-as para refletir mais tarde. Por exemplo, se a letra de uma música ficar repetindo em sua mente, leve-a a sério; pode haver uma mensagem oculta para você. Para um desenvolvimento mais duradouro, os exercícios de escuta podem ser inestimáveis. Um exercício útil é ouvir uma música enquanto se concentra em um único instrumento do arranjo. Isso vai treinar você a isolar pistas auditivas específicas do "ruído" ao redor – uma habilidade que se torna imperativa no Tarô. Com o tempo, essa abordagem metódica da audição refinará suas habilidades clariaudientes, ajudando-o a captar até mesmo sons psíquicos sutis quando estiver envolvido nas leituras.

## Clairaliência

A clairaliência, também conhecida como "olfato claro" ou "clariolfato", refere-se à capacidade psíquica de perceber aromas ou odores ausentes no ambiente físico, semelhante a ter um sentido olfativo aguçado capaz de detectar fragrâncias que outras pessoas não conseguem perceber. Esses aromas podem ter um significado simbólico ou uma conexão particular com a pessoa que está sendo lida ou com sua situação. Por exemplo, você pode sentir inexplicavelmente o cheiro do perfume de uma avó falecida ou encontrar um odor que evoque uma memória ou emoção específica. Embora a clairaliência não apareça de forma tão proeminente nas leituras de Tarô quanto outras faculdades psíquicas, ela pode, no entanto, contribuir com uma camada única e significativa para suas leituras. Ao associar cartas a memórias ou emoções específicas evocadas por meio de aromas, você pode oferecer contexto e profundidade adicionais às suas interpretações.

Para melhorar o reconhecimento de aromas psíquicos durante suas leituras de Tarô, primeiro certifique-se de que a sala em que você está não tenha nenhum odor forte e perturbador. Um espaço com cheiro neutro permite que seu nariz seja mais sensível a qualquer cheiro incomum que possa aparecer. Antes mesmo de embaralhar as cartas de Tarô, passe alguns minutos visualizando diferentes cheiros e como eles fazem você se sentir. Isso o ajuda a se tornar mais consciente de quaisquer aromas psíquicos que possam surgir mais tarde. Ao se preparar para fazer uma leitura, sinalize mentalmente que está aberto a receber mensagens por meio do olfato. Ser intencional sobre isso pode ajudar a tornar as experiências clarialientes mais propensas a acontecer. Na vida cotidiana, pratique estar mais consciente dos odores ao seu redor. Tente perceber como eles fazem você se sentir ou quaisquer lembranças que eles despertem. Isso é como criar um diretório pessoal de cheiros, que você pode consultar durante as leituras de Tarô. Durante a leitura em si, não se esqueça de fazer uma pausa de vez em quando para ver se percebe algum cheiro novo. Talvez você nem sempre perceba um odor físico na sala, mas ainda assim poderá captar algo em um nível psíquico.

## Clairgustância

A clairgustância, ou "degustação clara" ou "clarigustação", refere-se à capacidade psíquica de discernir sabores sem qualquer influência física. É como se você possuísse um paladar excepcionalmente sensível que pode identificar sabores além do alcance da experiência sensorial normal. Esses sabores podem conter significados simbólicos ou ter um significado pessoal para a pessoa para a qual você está lendo. Por exemplo, você pode encontrar um sabor que lembra um prato querido da infância ou que se conecta a um evento ou circunstância iminente. Embora a clairgustância não apareça com frequência nas leituras de Tarô, ela pode enriquecer suas interpretações ao acrescentar outra dimensão sensorial. Ao envolver psiquicamente as papilas gustativas, você pode aprofundar as percepções oferecidas pelas cartas e suas implicações para a pessoa que está recebendo a leitura. Por exemplo, na narrativa da página 207, senti o gosto de frutas cítricas, um sabor doce e picante que associo a um resultado equilibrado de resultados favoráveis e desfavoráveis. Como nossos sentidos físicos de paladar e olfato estão intimamente ligados no dia a dia, é muito comum que a clarigustação e o clariolfato também se misturem quando ocorrem.

Para aperfeiçoar suas habilidades de clairgustância nas leituras de Tarô, comece neutralizando seu paladar. Fique longe de sabores intensos que possam distorcer seu paladar psíquico. Antes de mergulhar em uma leitura, experimente comer com atenção como forma de se tornar mais consciente dos vários sabores. Enquanto come, concentre-se nos sabores, escolhendo detalhes intrincados e prestando atenção às sensações que eles evocam. Durante sua meditação preparatória, participe de exercícios de visualização com foco no paladar. Imagine a sensação de diferentes sabores em sua língua, provando-os mentalmente para se preparar para as impressões gustativas psíquicas. Você também pode desenvolver uma correlação personalizada entre sabores específicos e determinadas cartas de Tarô com base em sua compreensão intuitiva. Com o tempo, essas correlações entre sabores e cartas se tornarão uma segunda natureza, enriquecendo suas leituras. Quando estiver pronto para iniciar sua sessão de Tarô, estabeleça uma prontidão mental para receber mensagens baseadas em sabores. Ao definir essa intenção, seu subconsciente fica ciente de que você está aberto a experiências de clairgustância. Durante a leitura, fique atento a todos os sabores inesperados que surgirem em sua consciência. Anote-os, mesmo que pareçam irrelevantes ou intrigantes no momento. Uma análise posterior pode revelar que esses gostos eram de fato pistas perspicazes.

## Claritangência

A claritangência, ou “toque claro”, refere-se à capacidade psíquica de perceber informações, impressões ou insights por meio de sensações físicas e táteis. Uma das formas mais comuns de isso ocorrer é por meio da psicometria, que consiste em manusear fisicamente um objeto ou tocar uma pessoa e obter informações sobre o histórico daquele objeto ou as energias emocionais ligadas a ele. Por exemplo, você pode discernir o estado emocional de uma pessoa apenas pegando na mão dela ou descobrir o passado de um objeto ao segurá-lo. A psicometria é especialmente útil durante leituras remotas ou on-line. Segurar um objeto que pertence ao consulente permite que você entre no campo de energia dele, facilitando um bloqueio mais preciso e perspicaz da assinatura energética pessoal dele. A psicometria é uma habilidade fundamental no repertório de muitos médiuns e pode aumentar a profundidade e a precisão das leituras psíquicas. O toque claro também pode ocorrer pela percepção de estímulo físico causado por energia, mesmo na ausência de um objeto físico. A claritangência ocupa uma posição única na gama de habilidades psíquicas, pois serve como uma ponte entre as informações psíquicas e intuitivas. Embora todos os sentidos psíquicos possam ser associados a informações intuitivas até certo ponto, a claritangência está particularmente conectada devido à sua interação direta e tangível com o corpo físico, as emoções e os estímulos externos. Por meio do toque, recebemos dados brutos e intuitivos de nosso Eu Inferior, que nossa mente consciente pode traduzir em sensações psíquicas. O objeto que tocamos atua como um gatilho, despertando nossa intuição e nos conectando com o campo de energia universal. Essas informações, então, chegam à nossa percepção consciente como impressões psíquicas. Essa ligação entre o mundo físico, o Eu Superior psíquico e o Eu Inferior intuitivo torna a claritangência uma ferramenta altamente eficaz para o trabalho psíquico, especialmente quando aplicada a leituras de Tarô. Ao manusear as cartas, estamos convidando nosso Eu Inferior a participar da leitura, fornecendo um contexto rico e instintivo para a interpretação cognitiva do simbolismo da carta.

Para aprofundar sua claritangência nas leituras de Tarô, comece meditando com itens tangíveis, como cristais. Sinta a textura, a temperatura e a energia deles, aprimorando sua intuição tátil. Você também pode praticar a psicometria segurando itens pessoais de amigos ou familiares – sempre com a permissão deles – e permitindo que as informações intuitivas fluam por meio do seu toque. Envolva-se com seu baralho de Tarô também em um nível tátil. Deslize as pontas dos dedos sobre as imagens das cartas e fique atento às sensações e emoções que surgem. Essa interação cinestésica fortalece seu vínculo com o baralho de Tarô e aprimora suas habilidades psíquicas baseadas no toque. Alguns tarôlogos sugerem lavar as mãos antes de uma leitura como uma forma de preparação mental e energética, semelhante à esterilização das mãos por um cirurgião antes de uma cirurgia. Para um experimento prático, tente fazer um teste tátil com os olhos vendados. Peça a um amigo que lhe ofereça objetos aleatórios enquanto seus olhos estiverem cobertos e tente identificar detalhes sobre eles ou sobre seus proprietários apenas pelo toque. Outro exercício divertido envolve manusear objetos com diferentes texturas, como seda, lã ou metal, e interpretar intuitivamente os significados simbólicos dessas texturas. Se você estiver disposto a receber treinamento adicional, modalidades de cura energética como o Reiki também são incrivelmente úteis. Esses treinamentos e sintonizações podem aperfeiçoar sua capacidade de sentir e direcionar energia por meio das mãos.

## Identificando seus pontos psíquicos fortes

Assim como todos nós temos diferentes estilos de aprendizagem, também temos predisposições únicas em relação aos nossos sentidos psíquicos. A compreensão de suas habilidades psíquicas dominantes está intimamente ligada à identificação de seu estilo natural de aprendizagem e de sua imaginação. Reconhecendo essas forças, você pode aprimorar suas capacidades psíquicas e adquirir percepções valiosas sobre suas tendências psíquicas naturais. Ao seguir os próximos quatro exercícios e estar atento ao seu estilo de aprendizado, à imaginação cotidiana e às memórias, você poderá entender melhor suas habilidades psíquicas dominantes. Saber quais são suas forças psíquicas pode ajudar a identificar em que confiar como sua principal forma de percepção psíquica durante uma leitura e também em quais áreas pode precisar trabalhar. Como instrutor de habilidades psíquicas, um dos meus maiores incômodos é quando ouço alguém dizer "Sou clarividente, mas não tenho claritangência" ou declarações semelhantes. Você tem todas as clarividências; só que algumas talvez precisem de mais trabalho em seu desenvolvimento. Essas afirmações também criam neuroplasticidade de forma a dificultar o desenvolvimento dessas áreas. Portanto, esteja atento ao que diz que não pode fazer, pois seu cérebro está prestando atenção a isso.

## EXERCÍCIO 55

### *COMPREENDENDO SEU ESTILO DE APRENDIZAGEM PSÍQUICA*

1. Reserve um momento para refletir sobre como você processa e compreende melhor as novas informações. Você prefere ver e ler (visual), ouvir e falar (auditivo) ou praticar com as mãos (cinestésico)?
2. Se você é do tipo que aprende melhor por meio de imagens ou recursos visuais, provavelmente tem uma tendência natural para a clarividência. Reflita sobre todas as experiências que você teve com esse tipo de habilidade psíquica, anote exemplos e analise a importância deles em seu processo de aprendizagem.
3. Agora, se você reconhece que aprende melhor por meios auditivos, talvez tenha uma inclinação natural para a clariaudiência, que se caracteriza por ouvir vozes, sons ou músicas que não são audíveis para os outros. Pense em todas as ocasiões em que você ouviu algo que ninguém mais conseguiu ouvir e escreva o que conseguir lembrar.
4. Mas se o seu caso for o de um aprendiz mais cinestésico, a claritangência pode ser uma forma de psiquismo natural para você. Essa é a capacidade de obter percepções por meio do sentido do tato. Pense nas vezes em que você teve revelações ao tocar em um objeto ou pessoa e anote-as.
5. Por fim, se você aprende melhor por meio do paladar ou do olfato, talvez tenha uma forte habilidade de clairaliência (olfato) ou clairgustância (paladar). Reflita sobre todas as ocasiões em que você teve essas experiências. Documente-as e considere a relevância delas para sua maneira única de aprender.

## EXERCÍCIO 56

### *OBSERVANDO SUA IMAGINAÇÃO SENSORIAL*

1. Comece encontrando um local calmo e silencioso onde você não será incomodado por cerca de dez minutos.
2. Fique à vontade. Feche os olhos.
3. Quando estiver relaxado, deixe seus pensamentos vagarem de forma livre. Não tente controlá-los ou analisá-los, apenas deixe sua imaginação vagar.
4. Enquanto sua mente vagueia, anote todos os devaneios e pensamentos imaginativos que surgirem. Evite julgá-los ou interpretá-los; em vez disso, simplesmente observe-os à medida que surgirem.
5. Concentre-se nos sentidos envolvidos em seus devaneios ou imagens mentais. O que você vê, ouve, cheira, prova ou sente? Quais são os sentidos mais fortes? Quais são os mais fracos? Isso lhe dará uma compreensão mais clara de como sua imaginação funciona.
6. Quando a sessão terminar, escreva imediatamente os pontos principais de seus devaneios no diário de Tarô. Inclua não apenas os personagens, cenários, emoções, símbolos e temas, mas também anote quais foram os sentidos mais e menos ativos. Quanto mais detalhado for o seu registro, mais útil ele será.
7. Com o tempo, reveja suas anotações e procure padrões. Alguns sentidos são mais proeminentes em seus devaneios do que outros? Há temas ou personagens recorrentes? Você sonha acordado com o futuro, com o passado ou com cenários imaginários? A observação desses padrões pode fornecer informações valiosas sobre possíveis tendências de clarividência.

## EXERCÍCIO 57

### *ESCUTANDO SUA AUDIÇÃO INTERNA*

1. Escolha um espaço silencioso e confortável onde você possa se concentrar sem perturbações. Certifique-se de que seu caderno e caneta estejam prontos para uso.
2. Feche os olhos. Respire profunda e lentamente e deixe seu corpo relaxar. Continue até que sua mente esteja calma e aberta.
3. Preste atenção a todos os sons, músicas, frases ou conversas que vierem à mente. Trate-os como possíveis indicações de clariaudiência.
4. Simplesmente observe os sons internos sem tentar controlá-los ou interpretá-los. Você é o público dessas experiências.
5. Ao perceber um som interno ou uma conversa, anote-o em seu caderno. Detalhe a fonte, o conteúdo e seus sentimentos a respeito.
6. Depois de documentar cada experiência, feche os olhos e volte ao estado receptivo. Repita até que você tenha reunido o suficiente para o dia.
7. Pratique essa rotina diariamente. Com a prática frequente, você se tornará melhor na identificação desses sons internos e na compreensão de sua importância.
8. Reflita sobre suas descobertas. Procure tendências ou temas recorrentes. Essas percepções esclarecerão suas habilidades de clariaudiência e o potencial delas.

## EXERCÍCIO 58

### *OBSERVANDO SUA MEMÓRIA SENSORIAL*

1. Reserve um tempo em silêncio para relembrar momentos importantes de sua vida. Ao reviver esses acontecimentos, observe conscientemente como as memórias se manifestam. Preste atenção a quais dos seus sentidos estão mais envolvidos quando você revive essas lembranças. Anote quaisquer padrões ou observações em seu caderno.
2. Continue refletindo sobre suas lembranças, mas agora com foco nas imagens que aparecem. Você consegue visualizar cenas, lugares, rostos ou ações com nitidez, como se estivesse observando fotografias? Se sim, isso pode sugerir uma inclinação mais forte para a clarividência. Documente essas experiências e quaisquer imagens que ocorram com frequência.
3. Durante sua reflexão, preste atenção à presença de sons ou vozes em suas lembranças. Se você perceber que tende a "ouvir" palavras, músicas ou outros sons do passado, isso pode indicar uma predisposição para a clariaudiência. Não deixe de registrar essas experiências em detalhes para referência e análise futuras.

## EXERCÍCIO 59

### *ALINHAMENTO DA PERCEPÇÃO PSÍQUICA*

Este exercício visa estimular e equilibrar a glândula pineal, os olhos, os ossos mastoides (localizados logo atrás das orelhas) e a garganta. Esse processo estimula o fluxo de energia, aumenta nossa clarividência e clariaudiência e promove nossa capacidade de articular essas percepções espirituais. A combinação de trabalho respiratório e visualização ativa as faculdades superiores associadas a essas áreas. A glândula pineal, localizada bem no centro do cérebro, é frequentemente chamada de "Terceiro Olho" em muitas tradições espirituais. Essa glândula está associada à produção de melatonina, um hormônio que ajuda a regular os padrões de sono e os ritmos circadianos. Nos círculos metafísicos, a glândula pineal também está associada à visão interior e à intuição. Estimulá-la pode ajudar a ativar essas faculdades, proporcionando uma sensação maior de conhecimento e clarividência interior, ajudando na visualização interna.

Nossos olhos físicos nos proporcionam visão física, mas também estão ligados à maneira como percebemos o mundo ao nosso redor. Essa parte do exercício pode ajudar a aprimorar nossa clarividência externa e a visualização externa. Os ossos mastoides, localizados logo atrás das orelhas, fazem parte do sistema auditivo. Eles desempenham um papel na condução das vibrações sonoras do ouvido externo para o ouvido interno. Ao estimular os ossos mastoides, podemos aprimorar nossas habilidades auditivas e nos sintonizar mais profundamente com os sons sutis ao nosso redor. Isso pode aumentar nossa clariaudiência interna e externa, permitindo-nos discernir mensagens espirituais ou sons que, de outra forma, poderiam passar despercebidos. A garganta está associada à comunicação e à expressão. Ao equilibrar a área da garganta, podemos melhorar nossa capacidade de articular nossos pensamentos, sentimentos e percepções espirituais. Esse trabalho pode ajudar a eliminar bloqueios e melhorar o fluxo geral de energia no corpo.

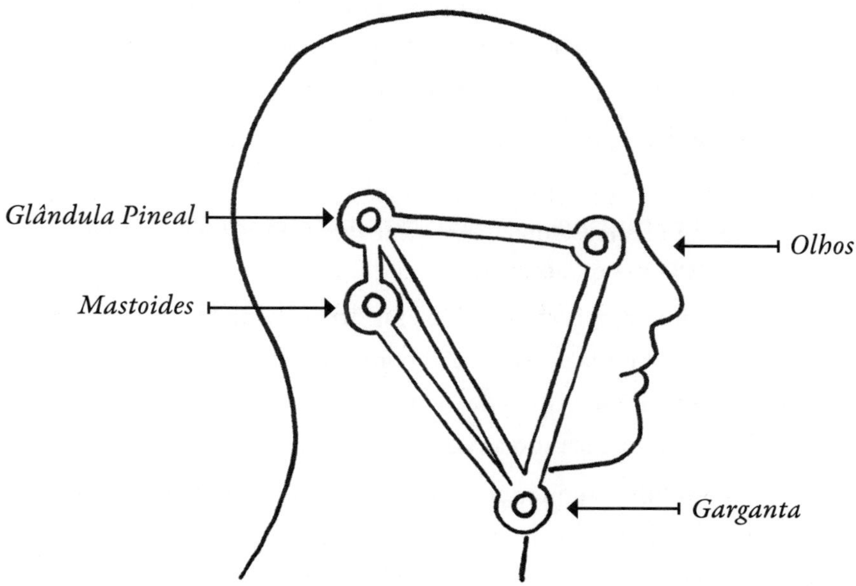

1. Comece concentrando sua atenção na glândula pineal, uma glândula pequena, do tamanho de uma ervilha, localizada no centro do cérebro. Visualize-a irradiando uma luz opalescente. Ao inspirar, sinta essa área se tornar mais quente e luminosa. Prenda a respiração por dez segundos antes de expirar lentamente. Repita isso três vezes.
2. Na próxima respiração, visualize a luz se movendo para fora da glândula pineal, passando pelo cérebro e culminando nos olhos. Seus olhos servem como portais externos para suas habilidades intuitivas.
3. Visualize um caminho de luz opalescente se formando entre a glândula pineal e seus olhos. Experimente esse caminho como sendo quente e vibrante com energia.
4. Mantenha o foco da luz em seus olhos por dez segundos e depois expire lentamente. Execute esse processo três vezes, sentindo o calor e a energia permeando sua cabeça.
5. Agora, guie a luz opalescente da glândula pineal para os ossos mastoides logo atrás de suas orelhas. Esses pontos estão ligados à nossa capacidade de perceber vibrações energéticas sutis.
6. Ao inspirar novamente, deixe a área ao redor dos ossos mastoides se encher de um brilho cristalino. Prenda a respiração contando até dez e depois expire lentamente. Repita isso pelo menos três vezes, sentindo a energia e a luz se intensificarem a cada respiração.
7. Em seguida, guie a luz opalescente dos olhos e das mastoides para baixo, para a área da garganta, criando um caminho de luz dessas áreas para a garganta. A área da garganta está associada à expressão de percepções espirituais.
8. Na próxima respiração, deixe essa área se encher de um brilho cristalino. Prenda a respiração contando até dez e depois expire lentamente. Repita isso pelo menos três vezes, percebendo a energia e a luz se intensificando a cada respiração.
9. Para concluir a sequência, redirecione sua atenção da garganta para a glândula pineal, completando o circuito de luz opalescente que conecta todas as áreas. Sinta a energia e a intensidade da luz

se amplificarem por ter sido ativada e sincronizada com os outros pontos de energia.

10. Por fim, amplie sua consciência para o ambiente ao seu redor. Observe quaisquer sensações únicas ou alteradas.

## EXERCÍCIO 60

### *CONEXÃO COM OS EUS SUPERIORES DURANTE UMA LEITURA*

Este exercício é uma prática meditativa criada para ajudar os leitores de Tarô a estabelecerem uma conexão profunda e intuitiva com o Eu Superior do consulente. Em muitas tradições espirituais, o Eu Superior é considerado a versão mais verdadeira e iluminada de si mesmo - uma fonte de sabedoria e percepção espiritual. Nas leituras de Tarô, a conexão com esse nível de consciência pode ajudar a proporcionar leituras mais profundas e perspicazes. É uma ponte para entender as necessidades e os desejos mais profundos da pessoa e as raízes espirituais ou emocionais de suas situações, oferecendo, portanto, uma orientação mais significativa.

Neste exercício, usamos a visualização de orbes brilhantes para representar os Eus Superiores do leitor e da pessoa que está sendo lida, e um sinal de infinito, ou *lemniscata*, como símbolo do circuito de energia que conecta esses Eus Superiores. No Tarô, a *lemniscata* é notavelmente vista acima da cabeça tanto do Mago quanto da figura na carta da Força. O objetivo desse exercício é abrir um canal claro de comunicação, permitindo que o leitor receba informações psíquicas mais claras durante a leitura do Tarô, transcendendo, assim, tanto o ego do leitor quanto do consulente.

1. Feche os olhos e respire fundo. Visualize uma esfera brilhante de energia acima de sua cabeça. Essa esfera representa seu Eu Superior, sua fonte de sabedoria e intuição. Veja essa esfera brilhando intensamente, cheia de vida e potencial.
2. Agora, da mesma maneira, visualize outro globo brilhante acima da cabeça do consulente. Essa esfera representa o Eu Superior da pessoa, a essência de sua alma e sua forma mais pura de sabedoria e intuição.

3. Depois de visualizar claramente as duas esferas, imagine um sinal de infinito, uma *lemniscata*, delineando e conectando as duas esferas. Cada esfera reside em um dos *loops* do sinal do infinito.

4. Visualize esse sinal como um circuito de energia. A energia do seu Eu Superior flui por um dos anéis do sinal do infinito, atravessa o centro e flui para o Eu Superior do consulente antes de retornar a você pelo outro anel do sinal do infinito.
5. Ao visualizar essa energia fluindo entre você e o Eu Superior da outra pessoa, use um mantra ou uma afirmação para fortalecer e intensificar essa conexão. Algo como: "Estou conectado com a sabedoria do Eu Superior da pessoa para quem estou lendo".
6. Quando a conexão estiver estabelecida e fortalecida, mantenha a mente aberta para receber mensagens do Eu Superior do consulente. Essas mensagens podem vir na forma de imagens, emoções ou simplesmente sentimentos intuitivos.

7. Agora você está pronto para iniciar a leitura de Tarô. Ao embaralhar, tirar e interpretar as cartas, mantenha a visualização do circuito de energia e fique aberto às mensagens do Eu Superior da pessoa para quem está lendo.
8. Quando a leitura estiver concluída, deixe a imagem do circuito de energia desaparecer suavemente, agradecendo ao Eu Superior do consulente pelos insights e pela orientação.

## EXERCÍCIO 61

### *RECALIBRAÇÃO ENERGÉTICA*

O envolvimento em leituras de Tarô geralmente resulta em um entrelaçamento energético com outras pessoas. Essa conexão, embora seja enriquecedora e promova a empatia, pode levar a uma troca de energia não intencional. Podemos absorver parte da energia da outra pessoa e vice-versa. Embora essa mistura possa aprofundar as conexões espirituais, é fundamental preservar nossa identidade energética exclusiva. A transferência de energia não planejada pode perturbar nosso equilíbrio energético, possivelmente levando à fadiga ou à turbulência emocional. Para evitar que isso aconteça, é essencial garantir que todos mantenham sua energia distinta, evitando a possível drenagem de energia ou a aquisição inadvertida das características do outro após uma leitura.

Uma técnica estratégica que combina limpeza espiritual e recuperação de energia pode garantir com eficácia que cada fragmento de energia seja devolvido ao seu legítimo proprietário, restabelecendo um ecossistema energético equilibrado. Essa prática não apenas nos permite recuperar nossa própria energia, mas também ajuda os outros a fazer o mesmo. Ela atua como um sistema de classificação de energia, garantindo que cada partícula de energia absorvida seja devolvida à sua fonte. Como resultado, ela cultiva uma atmosfera de equilíbrio, cura e integridade, otimizando nosso funcionamento dentro do nosso campo de energia e respeitando os limites energéticos dos outros.

1. Concentre sua atenção no espaço alguns metros acima de sua cabeça. Visualize uma esfera celestial prateada mais ou menos do tamanho de sua cabeça flutuando suavemente neste espaço.
2. Considere essa esfera como uma tela em branco. Com um marcador imaginário de tinta obsidiana, inscreva seu nome em sua superfície.
3. Observe como sua assinatura é impressa no globo, provocando uma transformação dentro dele. O globo começa a pulsar, irradiando um brilho prateado translúcido, agindo como um ímã de energia.
4. A esfera brilhante agora começa a recuperar a energia que você pode ter perdido inconscientemente durante sua jornada espiritual ou trabalho de cura. Ela coleta a força vital das pessoas com quem você interagiu e dos ambientes em que esteve. Observe como ele começa a reunir as suas partes fragmentadas, perdidas ou deslocadas no tempo, no espaço ou em realidades paralelas.
5. Simultaneamente, visualize uma esfera idêntica acima da cabeça de quem você está fazendo a leitura. Escreva o nome dessa pessoa na esfera, permitindo que ela funcione da mesma forma que a sua, atraindo de volta a energia perdida ou dispersa e fortalecendo sua força vital.
6. Respire fundo e revigoradamente enquanto observa a transformação das esferas. O brilho prateado delas muda para um brilho dourado e quente, o que significa que a reunião de energias foi bem-sucedida.
7. Visualize a luz dourada dessas esferas caindo sobre você e a outra pessoa. Como se estivessem sob uma chuva suave de energia, os fragmentos recuperados da sua força vital e da força vital da outra pessoa retornam aos seus corpos e auras.
8. Reconheça sua integridade recém-restaurada afirmando "Eu sou inteiro" e incentive a outra pessoa a fazer o mesmo. Permita-se um momento para mergulhar de verdade nessa sensação de completude.
9. Qualquer energia restante que não pertença a você ou à outra pessoa deve ser aterrada de volta à terra. Visualize esse excesso de energia descendo e se reconectando com o núcleo nutritivo do nosso Planeta.

## Testes psíquicos e desenvolvimento com cartas de Tarô

As cartas Zener, criadas pelo psicólogo Karl Zener, foram projetadas para explorar e testar habilidades psíquicas. Um baralho típico tem vinte e cinco cartas agrupadas em cinco conjuntos, cada um com seu próprio símbolo, como círculo, quadrado, linhas onduladas, cruz ou estrela. A única coisa na carta são os símbolos, o que a torna um teste justo para o adivinhador. Em uma configuração normal, uma pessoa, o remetente, mostra o verso da carta sem revelar o símbolo da frente para a outra pessoa, que é o receptor. O receptor, então, tenta adivinhar qual poderia ser o símbolo. Isso continua por várias rodadas, e o remetente mantém o registro dos palpites. Depois disso, eles analisam os números para ver se os palpites do receptor superam as chances de palpites aleatórios. Se isso acontecer, pode significar que o destinatário tem algum talento psíquico. Embora as cartas Zener sejam uma opção para esse tipo de coisa, você não está preso a elas. Os baralhos de Tarô podem ser usados de maneira semelhante e oferecem muito mais detalhes visuais, abrindo novas possibilidades para exercícios psíquicos.

### EXERCÍCIO 62

### *TESTE DE PRECOGNIÇÃO DO TARÔ*

1. De olhos abertos, embaralhe as cartas de Tarô, mas concentre-se em sentir a energia das cartas sem focar no visual delas.
2. Coloque o baralho embaralhado virado para baixo em uma mesa ou superfície à sua frente. Observe as cartas e veja se alguma em particular se destaca ou chama sua atenção.
3. Posicione sua mão não dominante cerca de 2,5 cm ou mais acima das cartas. Mova lentamente sua mão para frente e para trás sobre elas, permitindo-se sentir quaisquer diferenças de energia ou vibrações que emanem de cada carta.

4. Quando se sentir atraído por uma carta específica, faça uma pausa e direcione sua atenção para ela. Mantenha sua mão sobre a carta e tente sentir sua energia. Preste atenção a todos os sentimentos, sensações ou impressões que vierem até você.
5. Quando tiver uma noção da energia e da identidade da carta, faça uma anotação mental ou diga seu nome em voz alta.
6. Vire a carta para ver sua identidade. Não fique desanimado se o seu palpite estiver incorreto; esse exercício é para praticar e aprimorar sua habilidade psíquica. Tente manter-se otimista, sabendo que, com a prática, a chance de acertar aumentará.
7. Continue o exercício com outras cartas do baralho. Concentre-se em sentir a energia e identificar as cartas sem olhar.
8. Depois de concluir o exercício, reserve um tempo para refletir sobre sua experiência. Escreva em seu diário sobre as sensações, os sentimentos ou as impressões que recebeu durante o exercício. Anote quaisquer padrões ou percepções que tenham surgido.

## EXERCÍCIO 63

### *TESTE TELEPÁTICO DE TARÔ*

1. Para começar este exercício, encontre um parceiro que também tenha um baralho de Tarô. Vocês dois devem fazer os exercícios preliminares. Sentem-se de frente um para o outro para estabelecer uma conexão forte.
2. Decidam quem será o emissor e quem será o receptor na primeira rodada. O emissor transmitirá mentalmente a imagem de uma carta de Tarô e o receptor tentará identificar psiquicamente a carta com base nas impressões recebidas.
3. O remetente deve embaralhar as cartas de Tarô e selecionar uma aleatoriamente. Estude a carta cuidadosamente, concentrando-se em suas imagens, cores e símbolos. Quando uma imagem mental clara for formada, feche os olhos e concentre-se em enviar essa imagem telepaticamente para o receptor.

4. O receptor deve fechar os olhos e se concentrar na área do Terceiro Olho (localizada entre as sobrancelhas e um pouco acima delas). Esteja aberto e receptivo a todas as imagens, sentimentos ou impressões que vierem até você, tentando "ver" a carta que está sendo enviada pelo remetente. É importante esclarecer aqui, que você não está se conectando com uma carta em si para visualizar seu conteúdo; em vez disso, você está buscando receber as informações diretamente do remetente.
5. Após alguns minutos, o receptor deve descrever as imagens ou impressões que recebeu. O remetente então revela a carta escolhida para comparar e discutir os resultados.
6. Agora, troque os papéis com a outra pessoa tornando-se o remetente e você se tornando o receptor. Repita o processo para permitir que ambos os participantes experimentem tanto o envio quanto o recebimento.
7. Continue praticando e fique mais confortável com o exercício. Tente aumentar a complexidade das imagens que você envia, incorporando várias cartas ou concentrando-se em aspectos mais detalhados das imagens delas.
8. Após cada rodada, reserve um tempo para discutir sua experiência com seu parceiro. Compartilhe os desafios enfrentados, bem como os sucessos e as descobertas. Escreva em um diário sobre o exercício, anotando quaisquer padrões, percepções ou áreas de melhoria.

## Visualização remota

A visão remota é a prática de usar a clarividência para coletar informações sobre um alvo, local ou evento distante ou invisível por meio do olho da mente. O observador tenta perceber e descrever detalhes além de sua percepção imediata ou localização geográfica. O processo envolve um observador designado que entra em um estado relaxado e meditativo, direcionando sua consciência para o alvo a fim de acessar informações. O alvo pode ser um local físico, um objeto, uma pessoa ou até mesmo um evento futuro ou passado. As informações podem ser recebidas na forma de imagens, impressões, sentimentos ou representações simbólicas do alvo. A visão remota foi amplamente explorada e estudada em pesquisas parapsicológicas, principalmente durante as décadas de 1970 e 1980. Vários governos e organizações chegaram a levá-la a sério e a investigar suas possíveis aplicações em ambientes militares e de inteligência.

## EXERCÍCIO 64

### *VISUALIZAÇÃO REMOTA COM TARÔ*

1. Comece aterrando e se centrando. Encontre um lugar tranquilo onde possa relaxar, longe de distrações. Concentre-se na respiração e acalme a mente, conduzindo-se a um estado *alfa* relaxado.
2. Quando estiver estabilizado e relaxado, abra os olhos e embaralhe as cartas de Tarô. Ao fazer isso, defina a intenção de se sintonizar com a energia de uma carta para visualizar remotamente suas imagens e detalhes.
3. Retire uma carta do baralho, mas não olhe para sua imagem. Segure a carta com a face para baixo e leve-a para outro cômodo e coloque-a em uma superfície sem olhar para sua face.
4. Volte ao seu local original e feche os olhos. Respire fundo mais algumas vezes, concentrando-se na área do Terceiro Olho, que fica entre as sobrancelhas e um pouco acima delas.
5. Visualize-se mentalmente "viajando" para o local da carta virada para baixo na outra sala. Quando sentir que chegou mentalmente ao local da carta, permita que sua intuição o guie.
6. Sem olhar fisicamente, tente perceber as imagens, as cores, os símbolos e os detalhes da carta. Esteja aberto a todas as impressões, sensações ou visualizações que vierem até você.
7. Depois de alguns minutos, abra os olhos e anote todas as imagens ou impressões que recebeu durante o exercício de visualização remota em seu caderno ou diário. Seja o mais detalhado possível.

8. Agora, vá para a outra sala e vire a carta. Compare a carta de Tarô real com as impressões e imagens que você registrou. Anote todas as semelhanças, diferenças ou percepções interessantes.
9. Repita esse exercício com cartas e até mesmo locais diferentes, se possível. À medida que você se tornar mais proficiente, aumente a complexidade de seus exercícios de visualização remota.
10. Depois de concluir o exercício, passe algum tempo refletindo sobre sua experiência. Reveja as impressões e imagens que registrou e procure padrões ou percepções.

## Aplicação da visualização remota no Tarô

A visualização remota pode desempenhar um papel fundamental na leitura psíquica do Tarô, principalmente quando o leitor precisa se concentrar ou visar aspectos específicos que não são facilmente acessíveis ou aparentes. Há vários cenários em que essa abordagem focada pode fornecer percepções valiosas e aprimorar a experiência geral da leitura. Por exemplo, se a leitura do Tarô envolver a compreensão de uma situação ou contexto que esteja ocorrendo a distância, seja física ou temporal (no passado ou no futuro), a visualização remota pode oferecer percepções únicas. Isso se torna especialmente útil quando a pessoa que está sendo lida não está localizada no mesmo lugar que o leitor ou quando a consulta se refere a eventos ou circunstâncias que aconteceram no passado ou que ainda estão para acontecer. Também pode haver casos em que a pessoa que está sendo lida esteja lidando com uma questão complexa ou com um aspecto oculto de sua vida que ela não consegue articular ou do qual não tem consciência. Nesses casos, a visualização remota pode ajudar o leitor de Tarô a identificar esses elementos ocultos, oferecendo percepções mais profundas e informações potencialmente reveladoras que podem orientar a leitura.

Na busca por objetos perdidos ou pessoas desaparecidas, os leitores psíquicos geralmente recorrem à visualização remota. Ao focar suas habilidades psíquicas e sua intenção nesse alvo específico, eles podem "ver" ou "sentir" a localização do objeto ou da pessoa, fornecendo, assim, percepções ou pistas valiosas. Para obter uma compreensão mais profunda da situação ou do problema de uma pessoa, o leitor pode precisar estabelecer uma conexão mais profunda com ela. A visualização remota pode ajudar nesse processo, pois permite que o leitor se concentre e explore eventos específicos da vida da pessoa ou seus estados emocionais e energéticos. Essa conexão mais profunda geralmente leva a orientações e conselhos mais perspicazes e significativos. Para os leitores de Tarô que também se dedicam à cura energética ou a práticas espirituais, a visualização remota pode ser uma ferramenta poderosa. Eles podem usá-la para mirar e perceber a aura ou o campo de energia do indivíduo, o que lhes permite identificar quaisquer bloqueios ou distúrbios de energia e proporcionar a cura ou limpeza adequada.

## Visualização remota com Tarô

### COMO ISSO PODE SE MANIFESTAR

Há alguns anos, uma mulher que morava longe de mim entrou em contato comigo. Ela estava em uma situação angustiante e, embora não pudéssemos nos encontrar fisicamente, marcamos uma leitura remota de Tarô por meio de uma chamada de vídeo. A mulher havia perdido um broche muito querido, uma peça de design intrincado que foi passada de geração em geração em sua família. Ela estava particularmente perturbada porque havia planejado dá-lo à filha no dia do casamento. A mulher esperava que o Tarô pudesse lhe dar pistas para encontrá-lo. Quando a leitura começou, embaralhei as cartas com um foco claro: onde está o broche? Tirei uma carta e a coloquei sobre a mesa. Era o Eremita. Em geral, essa carta está relacionada à introspecção e à busca, muitas vezes na solidão. Dada a natureza da nossa pergunta, ela sugeria que o broche poderia estar por perto, talvez escondido em um local frequentemente ignorado.

Sentindo que era necessária uma conexão mais profunda para orientar essa mulher, decidi usar minhas habilidades de visão remota. Comecei me ancorando, sentindo minha presença profundamente enraizada em meu ambiente. Com a mente calma e concentrada, voltei minha atenção para o meu Terceiro Olho. Visualizando-me chegando astralmente em sua casa, pretendia me conectar com a energia do broche. Enquanto navegava pelo espaço dela com o olho da mente, uma imagem específica se fortaleceu: uma área com piso de madeira e um pequeno tapete. Parecia insignificante, mas sua energia ressoava com a mensagem do Eremita. Confiei em meus instintos e transmiti essa informação à mulher, sugerindo que o broche poderia estar escondido perto ou debaixo desse tapete. Cheia de esperança e expectativa, ela colocou a ligação em espera para explorar essa área em sua sala de estar. Alguns momentos de nervosismo se passaram antes que eu ouvisse uma voz exuberante do outro lado da linha. Ela havia encontrado o broche! Ele estava em uma gaveta de uma mesa de centro raramente usada, colocada exatamente sobre o tapete que mencionei. Não estava no tapete em si, mas com certeza foi um palpite muito certeiro.

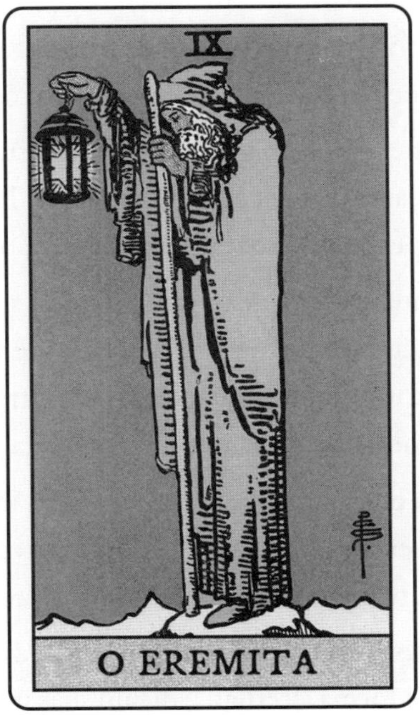

## EXERCÍCIO 65

### *DESENVOLVIMENTO TELEPÁTICO DE TARÔ EM GRUPO*

Esse desenvolvimento de telepatia em grupo é um método criado para cultivar e explorar habilidades telepáticas em um ambiente de grupo. Esse exercício não apenas promove um senso de unidade, mas também ajuda os participantes a explorarem seus talentos psíquicos latentes. Ele permite que você avalie a precisão telepática coletiva do grupo e fornece uma visão de como diferentes pessoas trabalham psiquicamente. É especialmente interessante observar como pessoas diferentes podem captar aspectos diferentes da mesma carta, refletindo a diversidade e a complexidade da percepção psíquica.

1. Comece o exercício selecionando uma única carta do baralho de Tarô. Não mostre essa carta ao grupo. Em vez disso, passe algum tempo estudando suas imagens, simbolismo e a energia geral com a qual ela ressoa.
2. Depois de se familiarizar com a carta, peça a todos no grupo que fechem os olhos suavemente. Peça que se sintonizem com sua intuição e limpem suas mentes de qualquer distração.
3. Incentive os membros do grupo a abrirem suas mentes e se concentrarem na carta que você está segurando. Peça-lhes que usem a intuição para perceber os detalhes, as cores e os símbolos da carta.
4. Dê alguns minutos para que os participantes se concentrem e recebam quaisquer impressões ou percepções sobre a carta. Certifique-se de que o ambiente esteja calmo e silencioso durante esse tempo para permitir que todos se concentrem.
5. Após o tempo designado, peça a todos que abram os olhos. Peça que escrevam seus pensamentos, sentimentos e quaisquer detalhes que tenham percebido sobre a carta.
6. Colete as impressões escritas de todos ou, peça que as pessoas façam um círculo e, de forma alternada, digam suas impressões. Essa etapa ajuda a validar a experiência de cada participante e pode fornecer um parecer valioso sobre suas habilidades intuitivas.

7. Depois que todos tiverem compartilhado suas impressões, revele a carta real que você selecionou no início do exercício. Compare as imagens e o simbolismo da carta real com as impressões coletivas do grupo.

## EXERCÍCIO 66

### *SEU BARALHO DE TARÔ MENTAL*

Você pode tirar mentalmente uma carta para qualquer situação que encontrar na vida cotidiana. Seja para conhecer alguém novo, ouvir o que alguém está dizendo, enfrentar uma decisão ou qualquer cenário que possa imaginar, essa tiragem mental de cartas pode lhe oferecer uma orientação. Apenas certifique-se de abordar essa prática com clareza e abertura, com o objetivo de aproveitar genuinamente sua capacidade psíquica em vez de ser influenciado por suas próprias tendências ou preconceitos. Com o tempo, à medida que suas habilidades de visualização se fortalecem, você pode até descobrir que consegue realizar esse exercício sem fechar os olhos. A carta mental que você puxa pode inicialmente parecer não estar relacionada à situação em questão, mas com o tempo e a reflexão, sua relevância geralmente se torna aparente. Essa habilidade pode melhorar muito sua vida cotidiana, não apenas fortalecendo seus músculos intuitivos, mas também aprofundando sua conexão com o Tarô.

1. Visualize um baralho de cartas de Tarô na tela da sua mente. Você pode notar uma energia calmante irradiando das cartas imaginadas.
2. Em sua mente, embaralhe esse baralho e tire uma carta dele. Observe a carta que você tirou.
3. Perceba quaisquer sentimentos, sensações ou impressões que surjam ao visualizar essa carta. Tente não julgar ou questionar a carta que aparece; aceite-a como ela é e confie em sua mensagem.
4. Passe alguns momentos refletindo sobre como essa carta se relaciona com a situação para a qual você a tirou. Como ela pode orientá-lo ou informá-lo? Talvez isso não faça muito sentido imediatamente, mas anote o que você tirou, pois o significado pode ficar mais claro com o passar do tempo.

5. Depois de passar um tempo adequado com a carta, expresse gratidão por sua orientação e devolva-a ao baralho em sua visualização.
6. Quando se sentir pronto, abra suavemente os olhos, volte à consciência normal de vigília e se reposicione.

## Seu baralho de Tarô Mental

### COMO ISSO PODE SE MANIFESTAR

Há alguns anos, eu me vi em uma encruzilhada na carreira. Recebi uma oferta de emprego que parecia incrível no papel. No entanto, algo lá no fundo me fez hesitar. Embora as perspectivas e os benefícios fossem atraentes, eu não conseguia me livrar de uma sensação inexplicável de desconforto. Eu sabia que precisava de orientação, então decidi usar a técnica de tirar mentalmente uma carta de Tarô para obter clareza. Encontrei um lugar calmo e me concentrei por alguns instantes. Quando atingi o estado de ondas cerebrais *alfa*, visualizei um baralho de cartas de Tarô na tela da minha mente. Embaralhei mentalmente o baralho, pedindo orientação sobre como aceitar essa nova oferta de emprego e, em seguida, tirei uma carta. Em minha mente, vi a imagem do Oito de Copas. Essa carta geralmente simboliza seguir em frente, deixar ir e buscar um propósito maior, mesmo que isso signifique deixar para trás algo que possa parecer valioso. Ela sugeria que a nova e brilhante oferta de emprego talvez não fosse o que minha alma realmente precisava.

A imagem da carta e sua mensagem ressoaram profundamente em mim. Ela ecoou minha inquietação inicial sobre a oferta de emprego e proporcionou a clareza que eu estava buscando. Decidi confiar em minha intuição, reforçada pela mensagem do Oito de Copas, e recusei a oferta de emprego. Alguns de meus amigos e familiares ficaram surpresos com minha decisão. Porém, poucos meses depois, veio à tona a notícia de que a empresa na qual eu quase havia entrado estava enfrentando graves problemas internos e financeiros. Se eu tivesse aceitado a oferta, teria me dado mal. Olhando para trás, a decisão de tirar mentalmente uma carta de Tarô me guiou em um momento crítico da minha vida. A mensagem aparentemente obscura do Oito de Copas acabou sendo um aviso incrivelmente preciso, e essa experiência reafirmou minha crença no poder da intuição e na percepção que o Tarô, mesmo quando visualizado mentalmente, pode proporcionar em nossa vida cotidiana.

Outro exemplo de como essa técnica pode ser colocada em prática aconteceu em um momento em que uma nova mulher entrou em meu círculo social. Uma amiga em comum a trouxe para o círculo e, instantaneamente ela irradiava energia social, ansiosa para criar vínculos estreitos com todos. Embora seu charme fosse atraente, eu me sentia um pouco desconfortável perto dela sem saber bem por quê. Então, confiando em minha intuição, decidi usar minha técnica de Tiragem Mental do Tarô para entender melhor suas verdadeiras intenções. Comecei o processo encontrando um espaço silencioso e me colocando em um estado de calma. Uma vez no estado de ondas cerebrais *alfa*, visualizei um baralho de Tarô, embaralhei-o mentalmente e me concentrei na pergunta: quais eram as verdadeiras intenções dessa mulher? Tirando uma carta do baralho em minha mente, vi a imagem do Sete de Espadas. Conhecida por simbolizar o engano ou motivos ocultos, a carta imediatamente ressoou com minha inquietação inicial. Ela sugeria que, por trás de sua aparência encantadora, poderia haver manipulação ou motivos egoístas em jogo.

A mensagem do Sete de Espadas me alertou para ter cautela e mantê-la a distância. Optei por agir com cuidado, observando suas ações e interações nas semanas seguintes. Com o passar do tempo, seu charme inicial começou a diminuir, expondo um padrão de comportamento manipulador e ações que visavam a atender seus próprios interesses. Ficou claro que ela estava explorando suas amizades no grupo para seu próprio benefício. No final, a Tiragem das Cartas do Tarô Mental forneceu um aviso preciso sobre seus verdadeiros motivos. Consegui proteger a mim e a meus amigos de possíveis danos confiando na orientação intuitiva fornecida por essa técnica.

# 9

# Tarô e Mediunidade

Apesar de minha carreira como leitor de Tarô e psíquico, eu era cético em relação à mediunidade. Ela não se alinhava muito bem com minha crença na reencarnação24. Mas esse ceticismo desapareceu no início dos meus trinta anos, graças à minha amiga Danielle Dionne, uma médium surpreendentemente talentosa. Certa noite, em sua casa, eu a convenci a me fazer uma leitura. Ela sabia pouco sobre minha história antes de eu me mudar para a Nova Inglaterra, e certamente nada sobre Susan, sobre quem escrevi no início do capítulo 8. O primeiro a ser considerado foi meu avô, uma figura complexa na minha vida. Se você leu meu livro *Dominando a Magia*, sabe que nós não nos dávamos exatamente muito bem. Danielle não apenas o descreveu perfeitamente, como também transmitiu seu pedido de perdão. Surpreendentemente, eu o concedi. Manter essa animosidade não servia para nada. Mas o que me convenceu das habilidades de Danielle foi o que aconteceu em seguida. Ela começou a descrever uma mulher mais ou menos da nossa idade, com um ar gótico, maquiagem escura e um humor afiado e um tanto mordaz. "Essa é a Susan", eu disse. Danielle revelou que Susan e eu havíamos terminado nossa amizade em termos tensos, mas que ela me visitava do outro lado

24. Para entender melhor minha visão de como a mediunidade, a reencarnação e as práticas ancestrais podem ser simultaneamente verdadeiras, consulte o capítulo 6 de *Bruxa Psíquica*, publicado no Brasil pela Editora Nova Senda.

regularmente, principalmente em sonhos, e que eu provavelmente já sabia disso. Susan queria expressar seu amor e orgulho pelo caminho que eu estava trilhando. Ela até previu "grandes coisas" em meu futuro.

O detalhe final selou de vez minha crença na mediunidade. Danielle disse que Susan tinha uma mensagem para sua mãe e perguntou se eu estava em contato com ela.

Confirmei que a mãe de Susan e eu tínhamos nos aproximado desde seu falecimento. Danielle então disse: "Isso pode parecer estranho, mas ela continua me mostrando uma tesoura e dizendo à mãe dela para guardá-la". Fiquei chocado. Susan havia se enforcado na casa de sua mãe. E foi justamente a mãe de Susan quem a encontrou. Sua mãe havia procurado freneticamente por uma tesoura para cortá-la enquanto falava ao telefone com o serviço de emergência. Traumatizada, ela começou a acumular tesouras, guardando-as em todos os lugares, desde o carro até a bolsa. Ela só havia confidenciado isso a mim, e eu não contei a ninguém. A mensagem era, sem sombra de dúvida, de Susan, oferecendo um encerramento e a prova de que nossa conexão com os entes queridos se estende além deste mundo físico.

## A mediunidade é uma ponte

A mediunidade é mais comumente vista como uma prática que ajuda a se conectar com os espíritos daqueles que já faleceram nesta vida. Isso é verdade, mas a mediunidade permite a comunicação com uma ampla gama de espíritos, não apenas com aqueles que já partiram. Isso inclui interações com guias espirituais, espíritos da natureza e outras entidades não físicas. Significa que todas as interações que você teve com seu Guia Espiritual do Tarô foram instâncias de mediunidade. A comunicação espiritual pode trazer conforto, orientação e encerramento, e as cartas de Tarô podem ser uma ferramenta fantástica para melhorar a comunicação durante as sessões de mediunidade.

Servindo como uma ponte entre o mundo espiritual e o consulente em uma sessão de mediunidade, o médium recebe mensagens, impressões e conselhos dos espíritos, compartilhando essas informações com o consulente. As cartas de Tarô podem enriquecer essa comunicação, oferecendo uma linguagem vibrante e simbólica que nutre uma conexão com o mundo espiritual, reunindo mensagens e impressões dos espíritos. A mediunidade pode ser uma experiência profundamente pessoal e transformadora, permitindo que o médium explore seu caminho espiritual e fortaleça seu vínculo com o mundo espiritual. É também uma maneira poderosa de obter orientação e percepções dos espíritos sobre vários tópicos, como crescimento pessoal, relacionamentos, carreira ou espiritualidade.

Como o baralho de Tarô apresenta uma coleção de imagens arquetípicas, símbolos e temas que representam diferentes aspectos das experiências humanas e da esfera espiritual, o médium pode interpretar essas imagens e símbolos para receber mensagens e impressões dos espíritos, compartilhando essas informações com o consulente de maneira significativa e perspicaz. Durante uma sessão de mediunidade, o médium pode usar as cartas de Tarô de várias maneiras. Por exemplo, ele pode utilizar baralhos de Tarô específicos criados para o trabalho de mediunidade, concentrando-se em mensagens do espírito, na personalidade e nos atributos desse espírito, ou no relacionamento dele com o consulente. O médium também pode usar cartas de Tarô para confirmar as informações que recebeu do espírito ou para fornecer percepções e orientações adicionais ao consulente.

O envolvimento com a mediunidade por meio do Tarô requer uma preparação cuidadosa e o estabelecimento de intenções. Para começar, identifique o espírito ou a entidade com a qual deseja se conectar e esclareça as informações que espera obter com essa interação. Concentre seus pensamentos e suas energias, focando em seu objetivo específico e no resultado desejado. A seleção do seu baralho de Tarô é uma escolha pessoal e deve ressoar profundamente em você. Escolha um baralho que não seja apenas esteticamente atraente, mas que também esteja energeticamente alinhado com suas intenções. Essa ressonância ajudará a cultivar uma conexão mais profunda com as energias espirituais que você deseja canalizar. Entretanto, preparar sua energia pessoal e seu baralho de Tarô são apenas os primeiros passos do processo.

Antes de abrir qualquer canal de comunicação com o reino espiritual, você deve garantir que o baralho esteja purificado e energizado. Isso pode envolver a limpeza do baralho com incenso, colocando-o sob a luz da lua ou usando cristais. Esse processo de purificação é essencial para remover quaisquer energias residuais negativas ou pesadas que possam atrapalhar ou distorcer sua comunicação com o mundo espiritual. Sua proteção pessoal não deve ser negligenciada durante essas práticas. Antes de iniciar qualquer forma de comunicação com o espírito, lembre-se de realizar exercícios de proteção. Isso pode incluir a visualização de uma luz protetora ao seu redor, a invocação de entidades protetoras ou a criação de um limite de proteção. Essas medidas protegerão sua energia e seu espaço, impedindo que energias indesejadas ou prejudiciais se infiltrem em sua leitura. Ao se envolver com energias espirituais, o respeito e a cautela são de extrema importância. Sugiro sempre abordar a mediunidade com uma mente clara, intenções puras e um espaço protegido.

## EXERCÍCIO 67

### *RESPIRAÇÃO FLORESCENTE PARA MEDIUNIDADE*

O exercício de respiração a seguir tem o objetivo de guiá-lo para um estado de consciência mais propício à mediunidade. No centro dessa prática está o simbolismo da carta do Louco do Tarô Rider-Waite-Smith, que incorpora um convite para você abordar a vida com o coração e a mente abertos. O Louco o incentiva a embarcar em sua jornada com intenções puras, livre de noções ou expectativas preconcebidas, e a abraçar as lições que se revelam ao longo do caminho. Adotar essa mentalidade é especialmente útil para aqueles que buscam aprimorar suas habilidades mediúnicas, pois promove uma conexão com energias espirituais de alta vibração e permite a recepção de mensagens sem julgamento ou interferência. Ao evocar a essência da carta do Louco e visualizar uma rosa branca em diferentes estágios de florescimento, este exercício o incentiva a cultivar a receptividade, a autenticidade e um senso de abertura, todos essenciais para uma mediunidade bem-sucedida.

1. Inspire pelo nariz de maneira lenta e contínua, contando até seis. No alto da cabeça, visualize uma rosa branca — semelhante à que é segurada pela figura na carta do Louco do Tarô Rider-Waite-Smith — desabrochando, passando de um botão para sua beleza plena e radiante. Imagine que o tempo está ficando mais lento durante esse processo.
2. Prenda a respiração com os pulmões cheios, contando até seis, enquanto visualiza a rosa branca em plena floração, aberta e resplandecente.
3. Pela boca, exale uma respiração longa e constante, contando até seis. Visualize a rosa branca em um estado de fechamento, fazendo a transição de seu auge para um botão fechado. Imagine que o tempo está ficando mais lento durante esse processo.
4. Mantenha a respiração fora de seus pulmões vazios, contando até seis, enquanto visualiza a rosa branca em seu estado de botão fechado.
5. Repita todo o processo até sentir uma mudança completa em sua própria energia e na energia da sala. Essa sensação será diferente para cada pessoa, portanto, confie em sua própria percepção e intuição para saber quando parar. Certifique-se de continuar a imaginar o tempo desacelerando enquanto realiza este exercício.
6. Quando sentir que esse estado de consciência foi alcançado corretamente, imagine a rosa branca em plena floração permanecendo aberta no topo de sua cabeça.

## EXERCÍCIO 68

### *CONEXÃO COM AS FREQUÊNCIAS DE LUZ*

Este exercício de visualização serve para elevar nosso estado de consciência e aprimorar nossas habilidades mediúnicas. Com base na prática anterior, essa técnica se inspira na carta do Louco do Tarô Rider-Waite-Smith, incorporando a energia radiante do sol branco e a pureza simbólica da rosa branca. Ao direcionar a luz do sol branco para a rosa branca colocada em nossa coroa, facilitamos uma frequência vibracional elevada e uma abertura para o Espírito, seja qual for a maneira como nos relacionamos pessoalmente com a Divindade mais elevada. Essa prática nos abre para uma maior receptividade, permitindo que nos conectemos com percepções espirituais e mensagens dos reinos superiores. Com este exercício, estabelecemos um forte vínculo com as energias espirituais que nos envolvem, elevando nossa vibração e dando um passo significativo no desenvolvimento de nossa mediunidade.

1. Sente-se confortavelmente em um estado de calma e abertura, depois de concluir o exercício anterior.
2. Visualize o sol branco da carta do Louco no Tarô Rider-Waite-Smith brilhando sobre você. Esse sol representa seu conceito pessoal de Divindade.
3. Direcione a luz do sol branco para a rosa branca colocada em sua coroa, visualizando a rosa absorvendo a luz e brilhando ainda mais.
4. Sinta a luz do sol branco permeando todas as células de seu corpo, elevando sua frequência vibracional.
5. Permita que a energia limpe e alinhe seus centros de energia, promovendo clareza e consciência elevada.
6. Sinta a formação de uma conexão entre você e o reino espiritual, tornando-o um canal claro para mensagens e percepções.
7. Abrace a energia calorosa e edificante à medida que você se alinha com as frequências da luz e do espírito.

8. Aproveite esse estado de elevação do ser, sentindo a harmonia entre o sol branco, a rosa branca e sua própria frequência energética.
9. Quando estiver pronto, traga-se gentilmente de volta ao momento presente, levando consigo a consciência elevada e a conexão espiritual.

## A emoções nas leituras mediúnicas e a importância do discernimento

Anos atrás, apesar de estar no auge de minha carreira psíquica, eu carregava um ar de ceticismo e hesitação em relação à mediunidade. Como vimos, a ideia de me conectar com entes queridos que já partiram era uma questão delicada para mim. Eu tinha consciência das profundas emoções envolvidas, e o medo de cometer um erro e potencialmente causar angústia ou ofensa era muito grande, superando em muito as preocupações ligadas ao Tarô ou às leituras psíquicas que não envolvem mediunidade. Entretanto, um evento ocorrido em Salem em um mês de outubro mudou para sempre minha perspectiva. Este é um período em que se acredita que o véu entre os mundos e o reino espiritual se torna mais tênue, e a persistência de um espírito em particular era impossível de ignorar. Durante uma leitura, a presença do espírito foi tão pronunciada que me obrigou a transmitir sua presença ao assistente[25]. Abordei o assunto com cautela, dizendo que sentia uma presença adicional acompanhando a pessoa. Ao receber sua aprovação, comecei a confirmar a identidade do espírito, que então transmitiu mensagens que se revelaram profundamente curativas e reconfortantes para a pessoa que estava recebendo a leitura. Essa experiência foi um ponto de virada para mim. Ela enfatizou o papel fundamental que a mediunidade pode desempenhar para proporcionar consolo e conclusão. Comecei a cultivar mais minhas habilidades mediúnicas, aprendendo a confiar mais nelas.

Durante uma sessão de mediunidade, tenho uma regra fundamental com o assistente. Até que eu tenha verificado completamente a identidade

25. Danielle Dionne, em seu livro *Mediunidade Mágica*, trata o consulente como 'assistente'. Vamos seguir esta nomenclatura para tudo que se refere à parte mediúnica também aqui, neste livro. (N. E.)

do espírito, o assistente só pode confirmar ou negar minhas percepções com um simples sim ou não e não pode me dar nenhuma informação ou detalhe sobre o espírito. Somente depois que ambos estivermos confiantes na identidade do espírito é que ele poderá responder de forma mais elaborada às informações que estão sendo transmitidas. Esse protocolo não apenas tranquiliza o consulente quanto à autenticidade do contato, garantindo que ele não o esteja conduzindo, como também alivia qualquer apreensão que eu possa ter em relação a interpretações errôneas. Há casos em que o assistente não tem certeza da identidade do espírito, seja porque não está reconhecendo os sinais ou porque o espírito está se disfarçando. Também há ocasiões em que posso não perceber o espírito com precisão. Nesses casos, se o assistente não conseguir confirmar a identidade do espírito, eu o dispenso mentalmente, peço desculpas e explico que os espíritos nem sempre se comunicam claramente. Em seguida, continuamos com uma leitura de Tarô psíquico que exclui a mediunidade. Apesar das reservas iniciais, abraçar e refinar minhas habilidades mediúnicas não apenas me capacitou a fazer leituras mais impactantes, como também facilitou a cura para aqueles que buscam se conectar com seus entes queridos no mundo espiritual.

## EXERCÍCIO 69

### *COMO VER A AURA*

Em termos básicos, a aura é o escudo energético que envolve um indivíduo. Esse escudo energético está longe de ser homogêneo; em vez disso, consiste em várias camadas que se misturam umas com as outras. Pense em um arco-íris. Quando olhamos para um arco-íris no céu, podemos discernir claramente faixas separadas de cores, mas se olharmos de perto, essas faixas se misturam; pode ser difícil dizer onde uma começa e a outra termina. Usando a clarividência, somos capazes de discernir as várias camadas da aura, assim como as diversas cores, formas e formatos que se encontram dentro dela. Esse exercício pode ser extremamente útil na mediunidade, que veremos em breve.

1. Suavize seus olhos em um olhar sem foco. Sua visão deve estar relaxada, não concentrada em algum objeto específico. Uma ótima maneira de desenvolver esse olhar é usar uma janela. Alterne entre olhar através da janela para um ponto distante e olhar para a própria janela e seu reflexo nela, se possível. Em seguida, relaxe o olhar de modo que não esteja olhando para a janela ou através dela, mas, sim, apenas absorvendo tudo, perto e longe, sem esforço.
2. Tente perceber com todo o seu campo visual, não apenas o que está diretamente à sua frente, mas também as vistas periféricas.
3. Posicione sua mão à sua frente, de preferência contra uma superfície de cor única e pouco iluminada. Uma parede ou o chão podem servir como pano de fundo ideal. Embora superfícies pretas ou brancas geralmente funcionem melhor, qualquer cor é suficiente.
4. Com sua mão como ponto focal, lance seu olhar para além do físico. Visualize sua mão como uma janela, permitindo que você perceba a aura que a envolve.
5. Com o tempo e a prática regular, você começará a discernir o corpo etérico da aura. Normalmente, isso se manifesta como uma névoa branca ou cinza translúcida e fraca que reflete de perto os contornos de sua mão.
6. Para perceber além da camada etérica da aura, estenda mais o foco, ampliando a área de atenção ao redor da mão e mantendo o olhar relaxado e receptivo.
7. Quando você for capaz de perceber uma aura, inicie o processo de visualização de cores. Pergunte a si mesmo: "Se esta aura tivesse uma cor, qual seria?" Confie em seu instinto inicial, mesmo que a cor não seja imediatamente aparente.
8. Use suas técnicas de visualização para preencher a cor. Por exemplo, se a cor azul vier à mente, visualize a aura sendo preenchida com essa tonalidade.

9. O processo de projetar cores potenciais e recebê-las no olho da mente inicia um diálogo entre o subconsciente, a mente consciente e o Universo, aprimorando sua capacidade de perceber essas auras.
10. Para aqueles que têm uma forte clarividência interna, pode ser mais fácil fechar os olhos, recriar a imagem e visualizar a cor da aura.
11. Para harmonizar sua clarividência interna e externa, alterne entre visualizar a aura interna e externamente. Isso pode ser feito abrindo e fechando os olhos periodicamente para comparar a aura imaginada e a percebida.
12. Aumente gradualmente a velocidade com que você alterna entre a visualização interna e externa, até chegar a um estado de piscar rápido. Essa prática facilita a projeção externa de sua visão interna.
13. Se a cor que você está projetando na aura mudar inesperadamente, aceite-a. Essa mudança provavelmente é um refinamento de sua percepção pelo seu Eu Superior. Observe que faíscas, sombras ou flashes repentinos de cor são normais durante esse processo. Exploraremos isso em breve.

## Cores da aura

A lista a seguir fornece interpretações amplas do que as várias cores da aura podem representar. Entretanto, essas interpretações não são absolutas nem definitivas; são sugestões de experiências subjetivas. O significado das cores da aura pode variar muito de pessoa para pessoa e pode ser influenciado por vários fatores, como experiências pessoais, contexto cultural e percepção individual. Assim como aprender um novo idioma, compreender as cores da aura é um processo que envolve paciência, observação e um certo grau de intuição. Portanto, embora esta lista possa servir como um guia útil e um ponto de partida, a verdadeira compreensão do que cada cor significa dentro de uma aura dependerá, em grande parte, de sua percepção e experiências pessoais. Suas interpretações dessas cores evoluirão e se tornarão mais matizadas à medida que você continuar a explorar e aprender com cada aura que encontrar. Sua compreensão pessoal da linguagem sutil da aura e as interpretações a que chegar serão tão únicas e individuais quanto as auras que estiver lendo.

**PRETO:** funciona como um escudo e pode sugerir que uma pessoa está se defendendo ou escondendo segredos. Também pode indicar desequilíbrios físicos e rachaduras ou vazamentos no campo áurico em situações específicas, além da negatividade ou de forças negativas em ação.

**AZUL:** ilustra tranquilidade, placidez, fidelidade, honestidade, solenidade, imaginação vívida e intuição aguda. Seus tons mais profundos podem aludir à solidão, à busca pela espiritualidade e ao bom discernimento. Já os tons mais turvos podem sinalizar compreensão obstruída, tristeza, apreensão, distração e hipersensibilidade.

**MARROM:** retrata conexão com terra, renascimento, compromisso, organização e determinação para alcançar metas. Quando observado no rosto ou na cabeça, pode indicar necessidade de julgamento mais apurado.

**DOURADO:** simboliza vigor espiritual dinâmico, devoção, entusiasmo poderoso, inspiração profunda e energia revitalizante. Seus tons mais escuros indicam um despertar espiritual em andamento e o processo de transformação.

**CINZA:** geralmente é a cor inicial da aura detectada. Se for vista em tons mais escuros e extensos, pode indicar miasma (impureza energética) ou alguém que está escondendo grandes segredos, ou pode estar indicando problemas físicos se estiver apenas em uma área da aura correspondente ao corpo.

**VERDE:** indica delicadeza, compaixão crescente, progresso, conforto, paz, confiabilidade e abertura. Seus tons mais escuros ou turvos podem indicar indecisão, avareza, ciúme, apego excessivo, autocrítica e desconfiança.

**LARANJA:** incorpora atributos como aconchego, espírito criativo, inteligência emocional, coragem, felicidade, extroversão e o surgimento de novas percepções. Seus tons mais opacos podem indicar egoísmo, ostentação, estresse ou obsessão por si mesmo.

**ROSA:** representa simpatia, amor, limpeza, prazer, conforto e um profundo senso de união. Dependendo da tonalidade, também pode indicar ingenuidade e o surgimento de novos afetos e perspectivas.

**VERMELHO:** enfatiza dinamismo robusto, originalidade bruta, intensidade e energia vital. Abrange emoções como entusiasmo, fúria, romance e mudanças rápidas. Se for muito predominante ou turvo, pode indicar hiperatividade, inchaço, desequilíbrio, ansiedade, ferocidade ou pressa.

**PRATA:** alta perceptividade, habilidade psíquica, imaginação vívida, inclinação para a mediunidade, criatividade inovadora e perspicácia.

**VIOLETA E ROXO:** indicam ternura, metamorfose, autodeterminação, intuição, determinação, habilidade psíquica e misticismo. Seus tons mais escuros podem sugerir a necessidade de superar obstáculos, devaneios sexuais intensos, tendências ditatoriais, necessidade de compaixão e sentimentos de equívoco.

**BRANCO:** frequentemente observado antes de outras tonalidades, simboliza honestidade, pureza e o despertar de uma criatividade ampliada.

**AMARELO:** transmite positividade, engajamento intelectual, perspectivas de novos conhecimentos, sabedoria e excelência cognitiva. Suas tonalidades mais profundas ou turvas podem indicar análise excessiva, críticas rigorosas e sentimentos de subestimação.

## Maneiras de identificar o Espírito

Aprendi essa técnica com Danielle Dionne. Se estiver curioso para explorar a mediunidade com mais profundidade, seu livro *Magickal Mediumship* é uma leitura obrigatória, e ela compartilha sua versão dessa abordagem (veja especialmente o capítulo 7). Danielle baseia seus ensinamentos em técnicas espíritas clássicas, concentrando-se na relação entre o espírito e a pessoa que está recebendo a leitura, conhecida como "assistente". O método enfatiza a observação da aura do assistente e a localização de certos sinais, que frequentemente aparecem como faíscas, para identificar espíritos relacionados ao assistente. Essas faíscas também podem indicar como o espírito está relacionado ao assistente, em termos geracionais. Minhas próprias observações se alinham um pouco com as de Danielle, mas têm suas próprias características exclusivas. Ao se aprofundar nessa técnica, você provavelmente descobrirá que suas experiências também variam, adicionando suas próprias nuances a esse método.

Por exemplo, se você notar faíscas na região do ombro até a orelha do assistente, isso geralmente indica que o espírito pertence à mesma geração do assistente – podendo ser irmãos, cônjuges ou amigos próximos. São indivíduos que passaram pelos altos e baixos da vida com o assistente. As faíscas que aparecem acima da orelha sugerem espíritos de uma geração mais velha, como pais ou outros membros mais velhos da família. Esses espíritos geralmente trazem conselhos, sabedoria ou talvez assuntos não resolvidos. Se as faíscas se manifestarem abaixo da cintura – ou na área do peito do assistente – isso geralmente indica um espírito de uma geração mais jovem, como um filho ou neto. Geralmente, abaixo dos joelhos do assistente é onde aparecem os animais de estimação e companheiros animais. Espíritos como esses costumam se comunicar para oferecer conforto ou amor. A aura tem duas funções: ela mantém nossa energia espiritual e atua como um canal de comunicação espiritual. Com isso, a aplicação dessa técnica melhora a qualidade das mensagens e proporciona cura, compreensão e um relacionamento mais próximo com o mundo espiritual. A maneira como cada pessoa experimenta isso pode ser diferente; nem todos verão faíscas na aura, pois as percepções espirituais das pessoas são altamente individualizadas. Alguns podem perceber outros sinais que os guiam para uma determinada área da aura ou simplesmente sentir uma atração intuitiva por uma zona específica.

| | |
|---|---|
| 1 | Eu superior, guias espirituais, ancestrais |
| 2 | Avós, bisavós |
| 3 | Pais |
| 4 | Tios e tias |
| 5 | Parceiros e cônjuges |
| 6 | Irmãos e primos |
| 7 | Amigos |
| 8 | Filhos |
| 9 | Sobrinhos e sobrinhas |
| 10 | Netos |
| 11 | Animais de estimação |

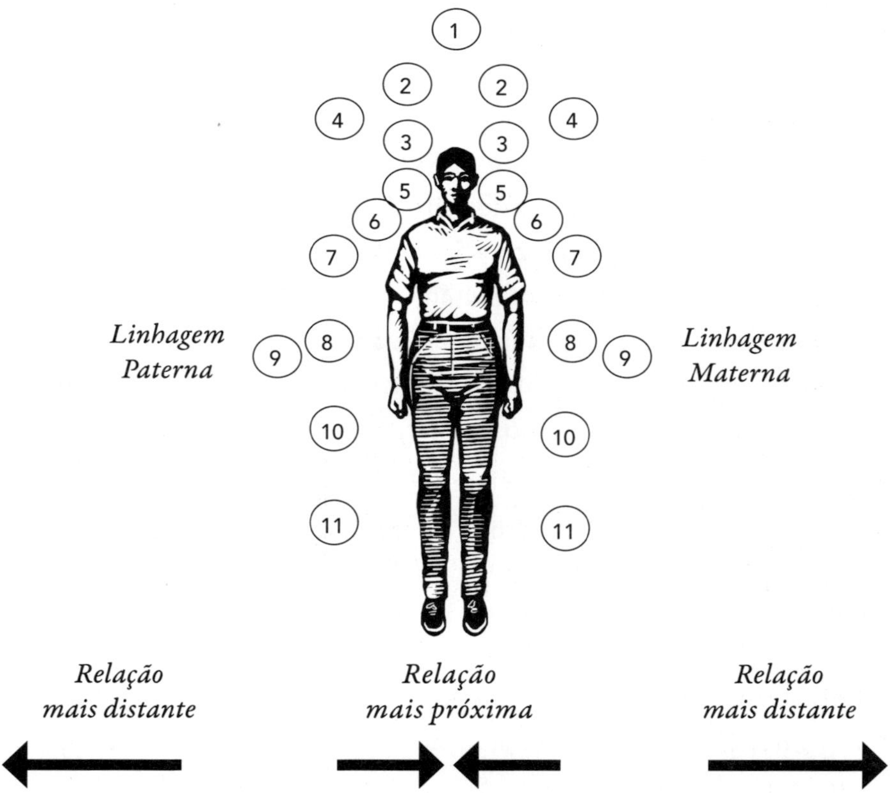

Compreender o relacionamento entre o espírito e o assistente vai além das conexões geracionais. A proximidade de faíscas ou pontos focais na aura mede a proximidade do vínculo quando o espírito estava vivo. Se esses indicadores estiverem mais próximos do assistente, sugere uma conexão mais íntima com o espírito. Isso pode envolver familiares imediatos, amigos íntimos, parceiros ou mentores com os quais o assistente compartilhava um vínculo emocional ou físico profundo. Se as faíscas ou os pontos focais estiverem mais distantes do assistente, dentro da aura, isso implica um relacionamento mais distante com o espírito, podendo ser os conhecidos, parentes distantes ou pessoas com quem o assistente interagia com menos frequência. Embora essas mensagens possam não ter o mesmo impacto pessoal que aquelas recebidas de pessoas com as quais o assistente tinha uma conexão mais profunda, elas ainda podem oferecer insights valiosos e reafirmar a continuidade da vida além do plano físico.

## Gênero na mediunidade

Quando se trata de identificação de gênero durante a comunicação espiritual, Danielle sugere uma abordagem diferenciada. Em vez de se basear estritamente nas divisões tradicionais de masculino e feminino, ela incentiva o uso de termos como "energia masculina", "energia feminina" ou "energia não binária". Essas expressões refletem como o espírito se identificou ou se apresentou durante sua vida terrena. Você pode descobrir que a expressão de gênero de um espírito nem sempre se alinha com seu gênero físico, e sua orientação sexual pode não vir à tona durante a exploração de gênero. Como médium, seja paciente e tenha a mente aberta, permitindo que o espírito expresse sua identidade de gênero à sua própria maneira. Se a informação não estiver clara, recomenda-se buscar esclarecimento direto com o espírito. A incorporação de evidências de expressão de gênero nas comunicações espirituais pode aprimorar as habilidades mediúnicas, e a prática com um grupo de desenvolvimento ou com amigos pode ajudar a aperfeiçoar essas habilidades. Os ensinamentos de Danielle enfatizam a personalização da abordagem da mediunidade e o respeito à individualidade de cada espírito. Cada espírito é único, e reconhecer e respeitar sua individualidade é vital na comunicação com eles.[26]

## EXERCÍCIO 70

### *VERIFICANDO COMO UM ESPÍRITO FEZ A PASSAGEM*

Criar um sistema de comunicação com seu Guia Espiritual do Tarô pode ser um processo profundamente pessoal e gratificante. No meu caso, utilizo a simbologia das rosas, mas você pode usar qualquer símbolo que ressoe com você. Sinta-se à vontade para usar meu sistema das rosas como ponto de partida ou crie um sistema totalmente seu. Não consigo me lembrar, embora possa ter acontecido, de nenhum momento em que esse sistema tenha falhado, pois ele é quase sempre preciso. A seguir, apresento uma visão geral de como utilizar um Guia Espiritual de Tarô e um sistema simbólico para verificar a identidade de um espírito.

1. Primeiro, você vai precisar decidir sobre um sistema de símbolos. Como vimos, para mim, cores diferentes de rosas funcionam melhor, cada cor representando uma causa diferente de morte. Seu sistema pode ser totalmente exclusivo; ele deve ser intuitivo para você.
2. Em seguida, é hora de entrar em um estado meditativo e se conectar com seu Guia Espiritual do Tarô. Isso requer relaxamento, entrada em *alfa*, intenção e visualização de uma conexão clara com o seu guia.
3. Depois que a conexão for estabelecida, comece a se comunicar com o guia. Se estiver tentando identificar um espírito, peça ao seu guia para confirmar como o espírito passou usando seu sistema de símbolos.
4. Em seguida, vem a interpretação do símbolo. Por exemplo, em meu sistema, uma rosa branca representaria uma morte pacífica ou natural, uma rosa preta sugeriria morte por doença ou complicações

26. Se você está em busca de ótimos recursos sobre Tarô e questões *queer*, recomendo fortemente os livros *Queering the Tarot*, de Cassandra Snow, e *Radical Tarot*, de Charlie Claire Burgess.

médicas, uma rosa vermelha indicaria uma morte não natural ou violenta e uma rosa azul apontaria para suicídio ou overdose.

5. Em seguida, você precisará compartilhar essa interpretação com a pessoa para quem está lendo para ver se a informação corresponde ao que ela sabe sobre o ente querido que partiu.
6. Dependendo do feedback que receber, talvez seja necessário refinar sua interpretação ou pedir ao guia mais esclarecimentos sobre a morte da pessoa. Por exemplo, muitas vezes peço ao meu guia espiritual que traga uma compreensão sutil de como a pessoa se sentiu fisicamente quando faleceu e destaque áreas relevantes do corpo que estejam relacionadas à sua morte.

## Verificação de como um espírito fez a passagem

### *COMO ISSO PODE SE MANIFESTAR*

Certa vez, sentei-me em frente a uma mulher que tinha vindo para uma leitura mediúnica. Seus olhos carregavam aquela mistura única de curiosidade, esperança e o peso sutil da perda, geralmente visto naqueles que estão de luto por um ente querido. Ao me sintonizar com as energias que nos cercavam, senti a presença distinta de um espírito feminino ligado a ela. A localização da centelha em sua aura me levou a acreditar que se tratava de uma conexão fraterna. Quando lhe contei isso, ela confirmou que realmente havia perdido a irmã. Buscando mais confirmação, chamei meu Guia Espiritual do Tarô, minha coruja de celeiro. À medida que nossa conexão se aprofundava, eu podia visualizar a coruja em minha mente e pedi mentalmente que ela me mostrasse como a pessoa amada havia falecido. Ao passo que a sessão avançava, a coruja, sempre uma aliada confiável, voou ao redor da mulher em minha mente, cercando-a como se estivesse examinando, compreendendo e se comunicando com o espírito ligado a ela. Então, minha coruja voltou para mim com uma rosa azul presa em suas garras. Perguntei delicadamente à mulher: "Sua irmã... ela morreu de overdose?" As lágrimas que brotaram imediatamente em seus olhos confirmaram minha percepção. A rosa azul, que simboliza uma vida tirada pelas próprias mãos ou uma overdose em meu sistema simbólico, mais uma vez comunicou com precisão a causa da morte. Em seguida, pedi ao espírito que se apresentasse para ver que mensagens ele tinha para a consulente. Não se preocupe; o restante da leitura e as mensagens de sua irmã foram incrivelmente curativas para ela.

## EXERCÍCIO 71

### *REALIZANDO UMA SESSÃO DE MEDIUNIDADE COM TARÔ*

A mediunidade com Tarô une a leitura das cartas à prática de mediunidade, criando uma abordagem distinta para explorar conexões espirituais. Este exercício é feito sob medida para ajudá-lo a se comunicar com os espíritos através das cartas, orientado pelo seu Guia Espiritual do Tarô de confiança. Durante todo o exercício, convidamos ativamente a comunicação com o mundo espiritual, permanecendo receptivos a qualquer mensagem ou orientação que eles possam compartilhar. Entretanto, é fundamental examinar cuidadosamente qualquer espírito, empregando uma mistura de percepção intuitiva e análise lógica. Se algo parecer estranho ou o deixar desconfortável, lembre-se de que você sempre pode pedir ao seu Guia Espiritual do Tarô para remover o espírito da leitura. Você pode então voltar à leitura convencional de Tarô, confiando na sabedoria protetora do seu guia. Às vezes, a pessoa que está sendo lida pode reconhecer um espírito, mas optar por não se comunicar com ele. Esse limite pessoal deve ser respeitado em todos os momentos.

1. Após realizar suas práticas fundamentais, faça a respiração florescente (exercício 67) e conecte-se com as frequências de luz (exercício 68).
2. Invoque seu Guia Espiritual do Tarô, aliados e outros ajudantes para obter proteção e orientação durante essa jornada. Visualize uma luz brilhante e protetora ao seu redor, reforçando suas defesas espirituais.
3. Conecte seu Eu Superior com o Eu Superior do assistente.
4. Comece observando a aura da pessoa. Se a aura entrar em foco, preste atenção a qualquer faísca e concentre-se nela.

5. Diga ao assistente o que você está captando, inclusive o gênero do espírito, e qual pode ser a relação que ele tem com ela. Se a pessoa puder confirmar que sabe quem é (sem dizer a você), prossiga.
6. Peça mentalmente ao seu Guia Espiritual do Tarô que lhe mostre como a pessoa faleceu (como o método da rosa). Transmita essa informação para a pessoa que o acompanha. Se ela confirmar isso, prossiga.
7. Faça um convite mental ao espírito para ver se ele está disposto a se comunicar com você. Mantenha a mente aberta e prepare-se para receber quaisquer impressões, mensagens ou orientações.
8. Visualize o espírito dando um passo à frente e observe a aparência e a personalidade dele.
9. Embaralhe o baralho de Tarô e tire as cartas. Você pode tirar uma carta ou uma tiragem completa; a decisão é sua como médium e leitor de Tarô. Esteja aberto às impressões e mensagens que as cartas de Tarô apresentam a você. Peça mentalmente ao espírito que lhe diga algo sobre cada carta ou sobre as cartas em geral.
10. Use perguntas abertas que permitam respostas mais detalhadas e informativas dos espíritos. Essa abordagem ajuda a evitar que o espírito seja conduzido de forma não intencional ou influencie suas respostas.

## A relação entre a sessão de mediunidade e a leitura de Tarô

Em meus anos como leitor de Tarô, sempre notei uma conexão significativa entre uma leitura de Tarô e o aparecimento do espírito de um ente querido falecido. Quando alguém consulta as cartas e o espírito de um membro da família ou amigo falecido aparece, frequentemente surge uma correlação. Embora essa possa não ser uma experiência universal, isso tem sido um tema recorrente em meu próprio trabalho, adicionando uma camada extra de profundidade e sabedoria à leitura. Por exemplo, é bastante comum que o espírito tenha se deparado com uma situação de vida semelhante ao problema ou à questão atual com a qual a pessoa que está consultando o Tarô está lidando. Esse tipo de sincronicidade pode oferecer conselhos ou perspectivas exclusivas, com base nas próprias experiências de vida do espírito.

Muitas vezes, descobri que as características do espírito, sejam elas pontos fortes ou fracos, tornam-se pertinentes durante a leitura do Tarô. O espírito pode representar qualidades que a pessoa que está buscando orientação deve adotar ou talvez traços com os quais deve ter cuidado, todos alinhados com as mensagens das cartas de Tarô. As lições de vida e as características do espírito podem esclarecer a direção sugerida pelo Tarô, enquanto a leitura pode revelar detalhes específicos da mensagem ou da influência do espírito. Assim, a leitura do Tarô e a comunicação com os espíritos podem se espelhar e se amplificar mutuamente, proporcionando ao indivíduo uma percepção mais completa durante a sessão.

## A relação entre a sessão de mediunidade e a leitura de Tarô

### *COMO ISSO PODE SE MANIFESTAR*

Lembro-me perfeitamente de ter feito uma leitura de Tarô para uma mulher de meia-idade que buscava conselhos sobre uma aspiração de toda uma vida que ela ainda não tinha colocado em prática. Quando embaralhei e dispus as cartas, o Louco e o Nove de Copas surgiram, sugerindo o início de uma jornada e a possível realização de desejos e sonhos. No entanto, apareceu também o Quatro de Copas – uma carta que geralmente significa oportunidades perdidas e contemplação – ficou claro que ela tinha um sonho em seu coração, mas ainda não havia dado o salto da fé. À medida que a sessão avançava, uma presença distinta se fez notar: uma energia feminina que ressoava fortemente com uma figura materna. Quando me abri para o aspecto mediúnico da sessão, surgiu uma visão clara: um destino tranquilo em uma ilha e um navio de cruzeiro navegando sob um sol brilhante. Relatando essa visão para a mulher, expliquei que parecia que o espírito de sua mãe estava comunicando essas cenas específicas. Ela reagiu com uma mistura de espanto e lembrança calorosa. Sua mãe, disse ela, sempre sonhou com as férias da família, um cruzeiro para as Bahamas, mas esse sonho não foi realizado antes de sua morte. De repente, a narrativa das cartas e a mensagem do espírito da mãe começaram a fazer sentido. O espírito estava usando seu próprio sonho não realizado, o tão esperado cruzeiro, para ecoar a mensagem da leitura do Tarô. Ela estava pedindo à filha que não deixasse seus sonhos estagnarem, que abraçasse o espírito aventureiro do Louco e buscasse a satisfação emocional indicada pelo Nove de Copas.

Outra sessão que ilustra a inter-relação entre o Tarô e a mediunidade envolveu um jovem homoafetivo que buscava orientação por meio de uma leitura de Tarô. Quando eu coloquei as cartas, elas contaram uma história comovente. O Oito de Espadas e a carta do Diabo vieram à tona, significando um sentimento de aprisionamento e manipulação. O Quatro de Copas indicava insatisfação, um anseio por mais, enquanto o Cinco de Pentáculos falava do medo do isolamento e do pavor de ficar sozinho se ele decidisse deixar o relacionamento atual. Ficou claro que ele estava sofrendo um relacionamento emocionalmente abusivo, mas o medo o mantinha em cativeiro.

Quando fizemos a transição para a parte mediúnica da sessão, uma energia forte e independente se manifestou: o espírito de sua avó. Ela era uma figura formidável, sem medo de se impor. Continuei recebendo uma visão recorrente dela removendo com força uma aliança de casamento e jogando-a fora. Quando compartilhada, essa visão provocou surpresa e, em seguida, compreensão por parte do jovem. Ele revelou que sua avó havia tido um breve casamento infeliz antes de conhecer seu avô. Quando o primeiro marido a agrediu com um tapa, com apenas um mês de casamento, ela imediatamente fez as malas e o deixou, abrindo caminho para conhecer e se casar com o avô do rapaz, com quem mantinha um relacionamento de amor e respeito mútuo.

A conexão entre a leitura do Tarô e a mensagem de sua avó foi notável. Ela estava pedindo que ele usasse sua coragem e resiliência para manter limites pessoais firmes em relação ao que não era aceitável em um relacionamento e que o deixasse imediatamente, recusando-se a se contentar com menos. A revelação mais animadora veio no final da sessão. A avó transmitiu uma mensagem poderosa: ela sabia da orientação sexual dele há muito tempo e o amava incondicionalmente, com as escolhas que ele fizesse. O jovem sempre foi cauteloso ao revelar sua sexualidade para a avó devotamente religiosa, temendo perder o amor dela. A constatação de que a avó o amava de qualquer maneira e também o orientava em seus relacionamentos românticos trouxe uma cura muito necessária que ele nem sabia que precisava antes de receber a leitura.

## EXERCÍCIO 72

### *ENCERRANDO SUA SESSÃO MEDIÚNICA*

Encerrar adequadamente a sessão após a leitura mediúnica é essencial para liberar as energias persistentes, proteger seu próprio campo de energia e estabelecer limites saudáveis entre o mundo espiritual e o mundo físico. Essa prática permite que você faça a transição de volta à sua vida cotidiana com clareza e equilíbrio. Seguindo essas etapas, você poderá concluir a sessão com confiança e tranquilidade e retornar à sua realidade normal. Lembre-se de cuidar de si mesmo após a sessão, envolver-se em atividades de aterramento e praticar o autocuidado para manter seu bem-estar energético.

1. Expresse sua gratidão ao espírito da pessoa falecida por sua comunicação e orientação.
2. Libere mentalmente qualquer apego ao espírito ou às informações recebidas durante a leitura, permitindo que ele retorne ao seu próprio espaço e energia.
3. Agradeça ao espírito-guia do Tarô, aos aliados e aos ajudantes por sua proteção e orientação durante toda a sessão.
4. Expresse gratidão ao Eu Superior, tanto seu quanto da pessoa para quem está lendo, por facilitar a conexão e a comunicação.
5. Visualize o encerramento gradual da conexão entre o seu Eu Superior e o Eu Superior da pessoa que está assistindo à sessão, permitindo que a energia retorne suavemente ao seu estado normal.
6. Realize a recalibração energética (exercício 61).
7. Respire fundo algumas vezes e visualize uma luz brilhante e purificadora envolvendo você e o assistente, limpando todas as energias residuais.
8. Agradeça ao assistente por sua abertura e participação na sessão.
9. Visualize a rosa branca em sua coroa se fechando.
10. Volte a se concentrar.

11. Devolva todas as cartas ao baralho e guarde-o, simbolizando o fim da leitura.
12. Reserve um momento para refletir sobre a experiência e as percepções obtidas durante a leitura.
13. Ofereça uma expressão final de gratidão ao Divino, seja qual for a sua percepção, pela conexão espiritual e pela oportunidade de servir como médium.

# 10

# Aprofundando-se na Teoria Psíquica do Tarô

Explorar conceitos avançados de Tarô nos permite desvendar os mistérios mais profundos das cartas. Essa jornada aprofunda nossa compreensão de como os símbolos do Tarô se relacionam com as verdades psíquicas e nos faz mergulhar em um mundo de sabedoria atemporal e significados ocultos. Esses conceitos abordam tudo, desde o destino até ideias compartilhadas no subconsciente e poderosas energias coletivas. Com raízes nos tempos antigos, eles lançam luz sobre os propósitos mais profundos do Tarô e do psiquismo, combinando percepções históricas com teoria metafísica. Nessa perspectiva, as cartas de Tarô são mais do que ferramentas de previsão; elas atuam como conectores, ligando nossos pensamentos conscientes às correntes numinosas compartilhadas da mente e aos mistérios da vida e da existência. O estudo dessas ideias mais antigas nos ajuda a entender o simbolismo do Tarô e sua conexão com o subconsciente. Desse modo, o Tarô se liga a padrões universais e revela facetas invisíveis de nossa mente. A compreensão desses conceitos mais profundos além de nos preparar para os exercícios finais deste livro, também aborda aquelas perguntas difíceis de responder sobre como e por que o Tarô funciona.

## Livre-arbítrio versus destino predeterminado

Um debate comum na adivinhação gira em torno dos conceitos de livre-arbítrio e destino. Nossas vidas são ditadas pelo destino ou temos o poder de moldar nosso futuro? A filosofia do Tarô acomoda essas duas perspectivas. As cartas de Tarô são instrumentos que nos ajudam a acessar nossa própria intuição e sabedoria interior. Quando fazemos uma pergunta ao Tarô, não estamos buscando previsões fixas. Em vez disso, buscamos orientação e percepções para tomar decisões melhores. O Tarô reconhece o poder do livre-arbítrio e entende que nossas escolhas influenciam significativamente os caminhos da nossa vida. O futuro não é fixo, mas reflete a energia e as circunstâncias no momento da leitura. O Tarô pode revelar os possíveis resultados de nossas escolhas, mas a decisão final é sempre nossa. Esse reconhecimento do livre-arbítrio é fortalecedor, porque nos coloca como participantes ativos de nossa vida, capazes de moldar nosso destino. Embora o Tarô forneça orientação e percepção, nós temos a palavra final.

A perspectiva de ver o futuro é atraente. Embora o Tarô não possa fornecer detalhes específicos como números da loteria – e acredite, eu já tentei – ele pode dar uma ideia do que está por vir. Ao interpretar as energias e as circunstâncias atuais, o Tarô se torna uma ferramenta valiosa para identificar possíveis desafios e obstáculos. O Tarô lê a energia atual e fornece uma previsão com base no resultado mais provável, ou mostra para onde ela pode ir. Essa percepção nos capacita a tomar decisões mais bem-informadas e a adotar medidas proativas para alcançar os resultados mais favoráveis possíveis. Como explica Rachel True:

> O Tarô é excepcional em apresentar possíveis resultados futuros com base nas energias atuais. Entretanto, nada é imutável; seu futuro está sempre mudando com base em suas escolhas. Estamos sempre nos transformando.[27]

---

27. True, *True Heart Intuitive Tarot*, xi.

Em essência, o Tarô funciona como um sistema pessoal de alerta antecipado, uma espécie de mapa psíquico que nos mantém alertas para o imprevisto.

O Tarô deve servir como uma ferramenta que nos capacita a tomar decisões informadas que se alinham com nossos valores e objetivos. Pense nele como um sistema de GPS: ele sugere as melhores rotas para o nosso destino, mas nós decidimos qual caminho tomar e como lidar com os desvios. O Tarô deve oferecer bons conselhos, não ditar nossas ações ou controlar nossa vida. Em vez disso, ele deve nos ajudar a tomar decisões melhores, fornecendo perspectivas mais claras. Com a orientação do Tarô, podemos fazer escolhas que se alinham com nossos objetivos e navegar pelos altos e baixos da vida para alcançar os melhores resultados possíveis. Entretanto, o Tarô não deve substituir nosso poder pessoal e nossa independência. A ideia de um futuro rígido e imutável, embora simples, prejudica o objetivo do uso do Tarô. Se tudo fosse predeterminado, qual seria o propósito da adivinhação? Nesse caso, seríamos apenas observadores da vida, aguardando o destino seguir seu curso. No entanto, nós sabemos que temos o poder de moldar nosso futuro. Acreditamos no poder da intenção e da manifestação – a capacidade de moldar nossa realidade por meio de energia concentrada e força de vontade. Theresa Reed acerta em cheio quando escreve: "As cartas contam uma história..., mas você escreve o final."[28] Essa ideia enfatiza que o futuro não é um ponto fixo, mas uma tela em constante mudança, colorida por nossos desejos e escolhas.

---

28. Reed, Tarot: *No Questions Asked*, 14.

## EXERCÍCIO 73

### *MAPEANDO O CAMINHO PARA SEU MÉTODO DE TIRAGEM IDEAL*

1. Identifique a situação ou decisão específica que possa estar enfrentando.
2. Embaralhe as cartas de Tarô enquanto concentra seus pensamentos nessa situação ou decisão.
3. Retire duas cartas do seu baralho e coloque-as viradas para cima em uma mesa. Cada carta representa um resultado potencial diferente que seria desejável para a situação.
4. Analise o simbolismo da primeira carta. Considere como esse caminho se alinha com seus valores pessoais, metas de longo prazo e necessidades imediatas.
5. Repita essa análise para a segunda carta. Reflita sobre como cada caminho pode potencialmente influenciar sua vida.
6. Depois de interpretar cada carta e refletir sobre cada resultado potencial, decida em qual deles você mais gostaria de trabalhar. Essa decisão deve se basear em quão bem cada caminho se alinha com seus valores e objetivos.
7. Defina sua intenção de criar um caminho para esse resultado escolhido. Embaralhe as cartas mais uma vez, concentrando-se no resultado que você deseja.
8. Tire mais três cartas do Tarô. Essas cartas fornecerão informações sobre as etapas que você pode seguir para atingir seu objetivo.
9. Interprete a primeira dessas três cartas (identificada como "3" no diagrama). Considere-a como uma etapa de ação ou uma atitude a ser adotada na jornada rumo à sua meta.
10. Repita a interpretação para a segunda e a terceira carta, pensando em cada carta como outra etapa em direção à sua meta.
11. Depois de refletir sobre essas etapas, anote-as em um diário ou em algum lugar que possa consultar. Não se esqueça de anotar quaisquer pensamentos, sentimentos ou percepções que surgiram

durante esse exercício. No futuro, use essas percepções como guia em seu processo de tomada de decisão. Elas ajudarão a iluminar seu caminho em direção ao resultado que deseja.

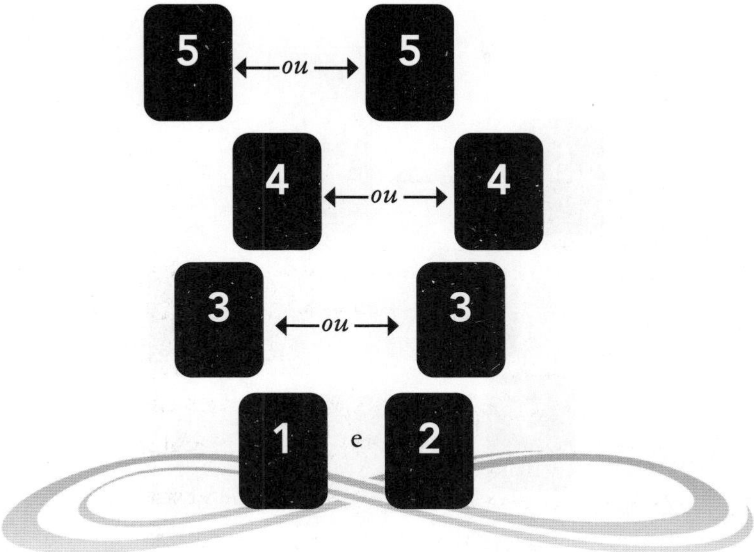


## Mapeando o caminho para sua escolha ideal

### *COMO ISSO PODE SE MANIFESTAR*

Há algum tempo, meu amigo estava pensando em comprar uma nova casa para sua família que estava crescendo. Ele estava dividido entre duas opções: uma casa aconchegante perto de seu trabalho ou uma casa de campo pitoresca mais afastada. Vendo sua indecisão, ofereci uma leitura para ajudá-lo a ter algumas ideias. Enquanto ele se concentrava em seu dilema sobre a compra da casa, embaralhei as cartas cuidadosamente. Tirei duas cartas do baralho e as coloquei viradas para cima sobre a mesa. Expliquei a ele que cada carta representava um resultado potencial para cada uma das casas que ele estava considerando. A primeira carta era o Dez de Pentáculos, uma carta frequentemente associada à família e à riqueza geracional. Sugeri a ele que essa carta poderia representar a casa aconchegante perto de seu trabalho, o que lhe proporcionaria mais tempo com a família devido à redução do deslocamento. A segunda carta era o Quatro de Paus, uma carta frequentemente associada à harmonia, tranquilidade e alegria. Eu disse a ele que essa carta poderia ser associada à tranquilidade e à felicidade da casa de campo, porém mais afastada.

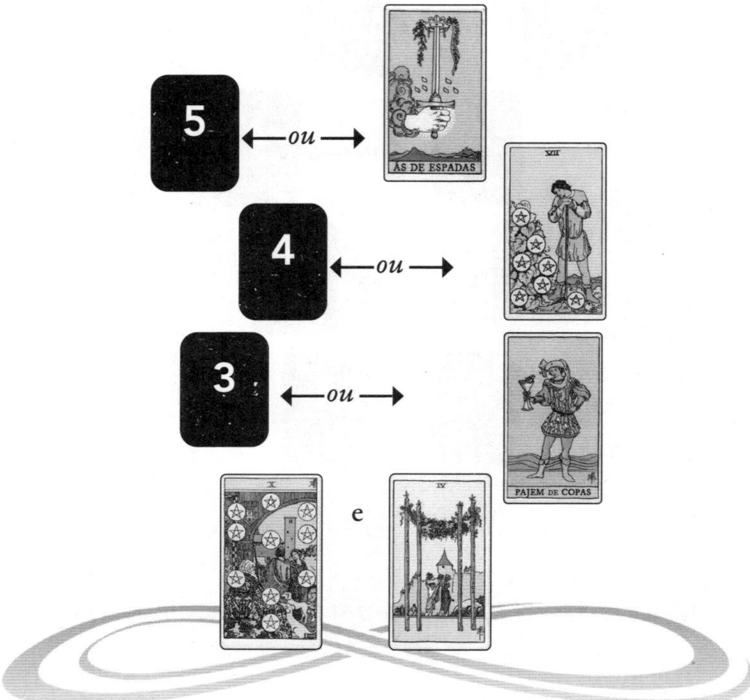


Depois de analisar cada carta, ele se sentiu atraído pela vida tranquila que a casa de campo poderia oferecer, conforme sugerido pelo Quatro de Paus. Em seguida, embaralhei novamente o baralho, concentrando-me em seu resultado desejado. Tirei mais três cartas para oferecer insights sobre os passos que ele poderia dar em direção a esse objetivo. O Valete de Copas foi tirado primeiro. Sugeri que essa carta o estava aconselhando a seguir sua intuição e ouvir seu coração. A carta seguinte foi o Sete de Pentáculos. Interpretei isso como um pedido de paciência e planejamento de longo prazo. A última carta era o Ás de Espadas, que eu expliquei ser um lembrete para que ele reunisse todas as informações necessárias antes de tomar uma decisão final. Sentindo-se mais tranquilo, ele anotou suas percepções e os passos que tinha de dar. Ele usou essa orientação para ajudá-lo a navegar pelo processo de compra e acabou comprando a casa e se mudando com base na leitura.

## Neoplatonismo e os oráculos caldeus

O antigo conceito de *anima mundi*, ou "alma do mundo", incorpora a crença de que o mundo ou o Universo é animado por sua própria alma única que une e conecta todas as formas de vida dentro dele. A Jornada do Louco no Tarô pode ser vista como um caminho espiritual em direção à unidade da carta do Mundo, símbolo da *anima mundi*. Essa ideia, profundamente arraigada em filosofias antigas, tem se movido ao longo do tempo, adaptando-se e evoluindo. Seus fundamentos podem ser identificados nos ensinamentos de Platão. Embora Platão nunca a tenha rotulado explicitamente como tal, traços da *anima mundi* são evidentes em seu diálogo *Timeu*, no qual ele fala da alma do mundo como a essência que o artesão Divino, ou Demiurgo, usa para dar vida ao cosmos. Essa linha de pensamento foi ainda mais enriquecida pelos estoicos, que postulavam que um princípio Divino e racional chamado *Logos* permeia o Universo, vitalizando e ordenando tudo dentro dele. Os neoplatônicos do período helenístico, especialmente luminares como Plotino, refinaram ainda mais as percepções iniciais de Platão. As Enéadas de Plotino retratam a alma do mundo como uma ponte celestial que conecta o Divino ao material.

Da mesma forma, os Oráculos Caldeus, um documento místico daquela época, retratavam a alma do mundo como um canal para as energias divinas que transitavam dos reinos superiores para o mundo físico e vice-versa. Embora a origem desses oráculos esteja envolta em mistério, muitas vezes ligada ao mítico Juliano, o Teurgista, seu impacto é palpável. Esses escritos lançam luz sobre o complexo entrelaçamento do cosmos e do espírito humano e fornecem diretrizes para rituais sagrados e espirituais. Iamblichus, uma figura importante do neoplatonismo e um ávido devoto dos oráculos caldeus, estava convencido de que eles continham mistérios divinos revelados por meio de práticas teúrgicas. A Teurgia, que significa "Trabalho Divino", é uma técnica mística que emprega magia ritual para se unir ao Divino. A reverência de Iamblichus pelos oráculos caldeus enfatiza ainda mais seu papel seminal na formação da filosofia neoplatônica. Avançando rapidamente para a Renascença, esse conceito teve um renascimento. Intelectuais como Marsilio Ficino, Giovanni Pico della Mirandola e Giordano Bruno revigoraram o conceito de *anima mundi*, inspirando-se nas doutrinas clássicas e herméticas. Mais tarde, durante a era romântica, visionários como Goethe e Coleridge recorreram à ideia da alma do mundo para articular seu senso de interconexão e vitalidade da natureza.

## O inconsciente coletivo e a alma do mundo

Carl Jung, o renomado psicólogo suíço do início dos anos 1900, introduziu o conceito inovador do "inconsciente coletivo". Além do acesso à consciência cotidiana, esse reino é compartilhado por todos os seres humanos e está impregnado de símbolos, padrões e narrativas universais conhecidos como "arquétipos". Esses arquétipos moldam sutilmente nossos pensamentos, sentimentos e ações, estabelecendo a base para nossos instintos e intuição. O tecido interno da teoria de Jung também encontra paralelos impressionantes em várias tradições espirituais que falam dos "Planos Internos" – reinos não físicos repletos de seres simbólicos e arquetípicos, refletindo os temas universais encontrados no inconsciente coletivo. O ocultista Gareth Knight, treinado na escola esotérica fundada por Dion Fortune, escreve que:

> [...] talvez possamos sentir, neste ponto, que estamos nos dirigindo a um campo central que pode ser a mesma coisa sob uma terminologia diferente e de um ponto de vista diferente. A psicologia profunda o vê como "o inconsciente coletivo", o ocultista o vê como "os planos internos".[29]

29. Knight, *Experience of the Inner Worlds*, 126.

Além de ser meramente uma construção psicológica, a visão de Jung se aprofundou nas dimensões espirituais da existência. Ele reconheceu a *anima mundi* como uma corda celestial que liga todas as formas de vida e preserva a harmonia da natureza, refletindo sua conceituação do inconsciente coletivo. Essa ideia é capturada de forma eloquente em suas palavras: "A ideia da *anima mundi* coincide com a do inconsciente coletivo, cujo centro é o Eu."[30] Essa harmonização da *anima mundi* e do inconsciente coletivo é útil para decodificar a teoria do Tarô. Isso nos oferece uma estrutura muito mais ampla para compreender os Planos Internos e porque as cartas são tão psiquicamente poderosas, capazes de acessar tanto a essência da realidade quanto nossa própria psique e a dos outros.

## O inconsciente coletivo e os arquétipos

O conceito de arquétipos – que são símbolos, padrões ou personagens universalmente reconhecidos – tem suas raízes profundamente enraizadas na filosofia antiga, principalmente no platonismo. Platão postulou formas abstratas e imateriais, como Justiça ou Beleza, que possuem uma realidade mais profunda do que suas expressões no mundo físico. Ele via essas formas como projetos eternos, moldando cada coisa perceptível ao nosso redor. O próprio termo "arquétipo" – derivado das palavras gregas *arche* e *typos*, que se traduzem em "primeiro/primário" e "padrão/impressão", respectivamente – reitera as ideias fundamentais de Platão. Essa estrutura conceitual passou por uma evolução durante o final do período helênico e o início do período medieval. Os neoplatônicos, reiterando a ideologia de Platão, afirmaram que essas formas arquetípicas irradiavam de uma fonte singular e unificada: a *anima mundi*.

Para ilustrar esse conceito, imagine um reino onde exista a ideia perfeita e impecável de um copo. No mundo real, temos inúmeras variações dessa ideia perfeita: desde copos descartáveis de papel até cálices elaboradamente desenhados à mão, como o que é retratado na carta Ás

30. Jung, *Dreams*, 118.

de Copas. Mas, independentemente da forma, todas elas remetem a essa única versão ideal de um copo. O que faz com que um copo seja realmente um copo? Basicamente, um copo serve para conter líquidos e ser fácil de segurar. Se tiver uma alça, pode se enquadrar na categoria de xícaras ou canecas. Se for muito grande ou pouco prático, entra no território das tigelas. A incrível variedade de copos com as quais interagimos diariamente pode ser rastreada até uma forma ideal de copo, o que destaca a ideia de que, mesmo os objetos mais comuns, estão conectados a um conceito superior, perfeito e idealizado.

Carl Jung colocou os arquétipos no centro de sua teoria do inconsciente coletivo. Segundo ele, esses símbolos atemporais –como o Herói, a Mãe e a Sombra – aparecem repetidamente em sonhos, nas artes e em temas religiosos. Transcendendo uma lente puramente psicológica, Jung acreditava que esses arquétipos eram intrínsecos à própria estrutura do Universo, chegando a se referir a eles como "espíritos" em discursos posteriores. Jung estava ciente de que nossas experiências com arquétipos são subjetivas. Elas não podem ser verificadas por meio de métodos científicos, porque vão além de nossos sentidos físicos e existem inteiramente em nossa mente. Jung argumentou que nossos mundos internos e o cosmos maior refletem um ao outro, com o inconsciente coletivo atuando como ponte entre os dois por meio de nosso subconsciente. Portanto, em certo sentido, tudo está em nossa mente, mas precisamos mudar nossas perspectivas sobre o que é a mente e seu relacionamento e impacto sobre a realidade.

Assim como Platão postulou uma forma ideal para objetos como os copos em nosso exemplo, ou ideias mais abstratas como justiça ou beleza, os arquétipos são mais fáceis de entender quando observamos os papéis que as pessoas assumem, e essa era a área específica de exploração na qual Jung estava interessado. Por exemplo, o arquétipo do Professor serve como um conceito idealizado que encapsula a essência da orientação, instrução e inspiração. Esse conceito transcende as especificidades dos educadores em sala de aula para incluir guias espirituais, mentores e até mesmo pais. Independentemente da forma que assumem, essas figuras compartilham qualidades essenciais, como promover a curiosidade, incentivar o pensamento crítico e estimular o crescimento pessoal. Esse arquétipo também pode ser visto sob a ótica junguiana como um "velho sábio" ou uma força orientadora que ilumina o caminho para a autodescoberta e para uma maior compreensão. Dessa forma, os vários professores que encontramos são expressões individuais de um conceito universal mais amplo. Eles são arquetípicos.

## Individuação e alquimia

O conceito de individuação de Jung foi profundamente inspirado pelos estágios alquímicos da alquimia, que ele via como uma metáfora da transformação psicológica pela qual os indivíduos passam em sua busca pela autodescoberta e autorrealização. Ao reconhecer e integrar o simbolismo desses estágios alquímicos, Jung ofereceu uma estrutura para compreender a jornada rumo à totalidade e à integração do indivíduo. Seu fascínio pela alquimia se estendeu às tradições europeias, às práticas do Oriente Médio e ao taoismo, permitindo-lhe extrair sabedoria antiga e insights psicológicos que continuam sendo ferramentas valiosas na psicologia moderna e no desenvolvimento pessoal. A exploração da alquimia por Jung também lhe permitiu decifrar as mensagens ocultas do inconsciente, levando ao desenvolvimento de seu conceito transformador de individuação, que continua influente até hoje na psicoterapia e nas práticas de autoconhecimento.

Jung percebeu os processos alquímicos como representações simbólicas das transformações psicológicas pelas quais um indivíduo passa nesse caminho. Ele não interpretou esses estágios alquímicos em um sentido literal. Em vez disso, reconheceu sua natureza alegórica e extraiu sua antiga sabedoria e percepções psicológicas, que permanecem fundamentais na psicologia moderna e no desenvolvimento pessoal. A individuação, segundo Jung, é o processo que permite aos indivíduos evoluírem de versões fragmentadas de si mesmos para se tornarem pessoas inteiras e integradas. Ao abraçar e integrar conscientemente esses arquétipos, a pessoa pode transcender sua influência inconsciente e passar por uma transformação pessoal.

Para Jung, a fase alquímica da calcinação se assemelha ao início da individuação, momento em que os indivíduos confrontam a sombra, que representa os aspectos ignorados ou rejeitados de sua persona. Muito parecido com a decomposição de uma substância em cinzas, esse confronto exige que se enfrente as vulnerabilidades, os medos e as tendências negativas, o que leva ao desmantelamento das defesas do ego. A dissolução, o estágio alquímico subsequente, representa a exploração mais profunda da mente inconsciente de uma pessoa. Significa a renúncia de crenças de longa data, resultando na dissolução do ego e na união com o inconsciente coletivo expansivo. À medida que a pessoa progride, o estágio de separação enfatiza a distinção entre o eu genuíno e a persona, a fachada apresentada ao mundo. Esse discernimento permite que os indivíduos se desfaçam de atributos que não estejam alinhados com sua essência. À medida que a jornada alquímica continua, a fase de conjunção reflete a harmonização de aspectos opostos de sua psique. A fermentação denota um ponto decisivo na individuação, simbolizando o renascimento pessoal, percepções mais profundas, criatividade revigorada e uma forte conexão com o inconsciente. Após essa transformação, a fase de destilação reflete o aprimoramento da consciência, levando a níveis elevados de percepção e a um movimento em direção à essência do Eu. No final do processo alquímico, a coagulação resulta na criação da pedra filosofal, emblemática da conclusão e da iluminação. Na individuação, esse estágio simboliza a realização abrangente e a aceitação pessoal, marcando a plenitude psicológica e espiritual.

## Individuação e o monomito

O conceito de individuação influenciou significativamente as narrativas culturais e psicológicas sobre a jornada pessoal. Essa jornada, uma odisseia pessoal de autorrealização e integração psíquica, encontra paralelos no monomito de Joseph Campbell, mais conhecido como a "Jornada do Herói". Descrita em sua obra seminal *O Herói de Mil Faces*, o monomito detalha os estágios universais de um aventureiro mitológico. Em sua essência, essa jornada reflete o processo de individuação. Campbell estava familiarizado com o trabalho de Jung e reconheceu abertamente o impacto dos conceitos junguianos em sua compreensão do mito.

A Jornada do Herói pode ser vista como uma versão narrativa do processo de individuação, enfatizando padrões universais em diferentes culturas e mitologias. Nos estágios iniciais da Jornada do Herói, o chamado à aventura corresponde às fases iniciais da individuação, em que os indivíduos lutam com sentimentos de desconforto ou insatisfação em suas vidas. À medida que o herói passa por iniciações e provações, isso se assemelha ao confronto desafiador com a noção de sombra de Jung. Durante esse período, ao enfrentar e superar desafios, o herói trabalha para fundir seus elementos inconscientes em seu eu consciente. Por fim, a fase de expiação e retorno da Jornada do Herói ecoa a culminação do processo de individuação, quando ocorre a reconciliação e a integração, levando a uma realização holística do eu.

## A Jornada do Louco

Essa estrutura influenciou diversas interpretações narrativas, incluindo a Jornada do Louco. Esse conceito, apresentado por Eden Gray em *A Complete Guide to the Tarot*, descreve a evolução de um indivíduo à medida que ele atravessa os desafios e as experiências da vida como o Louco do Tarô, interagindo com os arquétipos dos Arcanos Maiores. O trabalho de Gray na década de 1970 tornou o Tarô mais acessível ao público em geral. Ao enfatizar a estrutura narrativa dos Arcanos Maiores, Gray destacou indiretamente os paralelos com a Jornada do Herói de Campbell, sugerindo que ambos os caminhos, embora diferentes em suas imagens e símbolos, traçam um curso por meio de experiências universalmente ressonantes de crescimento, desafio, morte, renascimento e eventual domínio ou iluminação. Essa interconexão ressalta a ideia de que há um padrão narrativo compartilhado na consciência humana – um padrão que histórias, mitos, símbolos e arquétipos parecem ecoar em todas as culturas e épocas.

## EXERCÍCIO 74

### *TIRAGEM ALQUIMIA PESSOAL*

Aqui está um exercício de Tiragem de Tarô para individuação, utilizando os sete estágios do processo alquímico, que pode ser extremamente esclarecedor para o desenvolvimento espiritual e o crescimento pessoal.

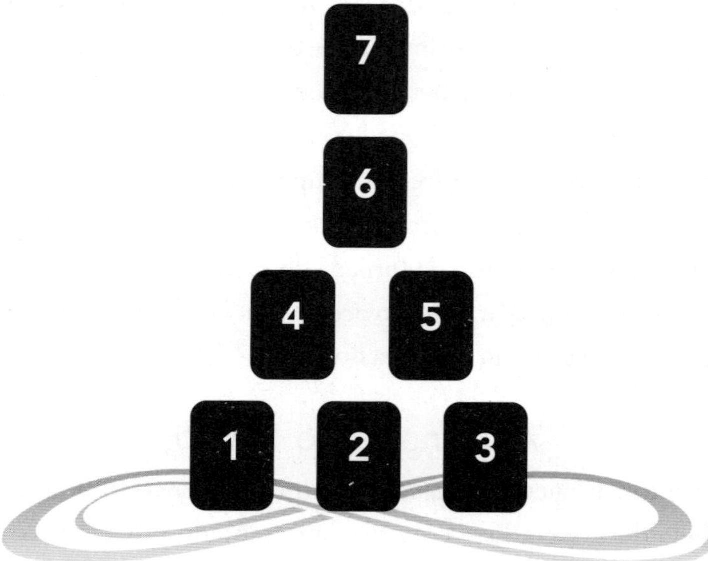


1. **Calcinação:** embaralhe as cartas de Tarô enquanto se concentra nos aspectos do seu ego e nos apegos que podem estar impedindo sua realização. Tire uma carta. Essa carta representa esses aspectos que você precisa reconhecer e deixar ir.
2. **Dissolução:** embaralhe as cartas novamente, desta vez concentrando-se em suas emoções inconscientes. Tire uma carta. Essa carta representa as emoções ocultas que você precisa trazer à tona, reconhecer e depois liberar.
3. **Separação:** ao embaralhar as cartas mais uma vez, pense em separar as partes valiosas de si mesmo daquelas que não lhe servem mais. Tire uma carta. Essa carta representa os aspectos de si mesmo nos quais você precisa se concentrar e integrar em sua vida.

4. **Conjunção:** embaralhe e retire outra carta. Essa carta representa a integração de suas qualidades úteis em um todo harmonioso. Reflita sobre como o significado da carta pode ser aplicado à sua jornada rumo à autorrealização.
5. **Fermentação:** embaralhe novamente e tire uma carta. Essa carta representará os insights pessoais ou espirituais que chegarão a você nesse estágio. Deve-se dar a essa carta bastante tempo para reflexão e compreensão.
6. **Destilação:** depois de contemplar o estágio anterior, embaralhe e retire outra carta. Essa carta o guiará para refinar sua compreensão de si mesmo, ajudando-o a destilar a essência de quem você é.
7. **Coagulação:** embaralhe pela última vez e retire uma carta. Dessa vez, a carta vai simbolizar como você pode manifestar seu eu verdadeiro integrado no mundo. Reflita sobre como você pode alinhar seu estilo de vida com esse verdadeiro eu. Comemore essa nova compreensão.

## Alquimia pessoal no Tarô

### COMO ISSO PODE SE MANIFESTAR

Em um momento de transição em minha vida, decidi recorrer ao meu baralho de Tarô para me guiar no processo de individuação, utilizando o simbolismo do processo alquímico. Esta é a aparência dessa leitura, com base em minhas anotações no meu diário de Tarô. É interessante notar, que cada carta parece ter ressoado com cada etapa do próprio processo alquímico. Para a primeira etapa, a calcinação, embaralhei as cartas, concentrando-me no meu ego e nos apegos que poderiam estar me impedindo. Tirei o Quatro de Copas; a recusa do homem à taça oferecida por uma mão divina ressoou em mim. Isso sugeriu que eu estava enredado em um ciclo de insatisfação, com minha visão obscurecida por decepções passadas. Essa percepção foi meu primeiro passo.

Passando para a dissolução, embaralhei as cartas novamente, permitindo que meus pensamentos mergulhassem em minhas emoções inconscientes. A carta que tirei foi a Lua. Sua representação de um caminho selvagem e indomável me fez lembrar que eu tinha medos e inseguranças à espreita sob a superfície. Ficou claro para mim que reconhecer esses sentimentos era uma parte decisiva da minha jornada.

Na fase de separação, tirei a Imperatriz depois de embaralhar as cartas novamente. Entendi isso como um sinal de que minhas habilidades criativas e de nutrição eram partes valiosas de mim, nas quais eu precisava me concentrar e me integrar ainda mais.

A fase de conjunção me levou ao Dois de Copas. A carta significava unidade, parceria e conexão, sugerindo que a integração de minhas qualidades incluía a promoção de meus relacionamentos como canais para minhas expressões criativas.

Quando embaralhei as cartas novamente e pensei na fase de fermentação, tirei o Eremita. Entendi isso como uma indicação de que meu crescimento espiritual exigiria períodos de solidão e autorreflexão.

Ao entrar na fase de destilação, tirei o Ás de Espadas. A carta me falava de clareza mental e descobertas, sugerindo que o refinamento de minha autocompreensão traria um novo nível de autoconhecimento e propósito.

Para a coagulação, tirei o Mundo. Essa carta é um símbolo de realização, conclusão e conquista, e senti que ela estava me dizendo que minha jornada de individuação estava me levando a um lugar onde, algum dia, eu estaria pronto para expressar plenamente meu verdadeiro eu e minha verdadeira vontade no mundo.

## O Tarô e seus arquétipos

O Tarô funciona como uma coleção de símbolos e arquétipos universais que ressoam com nossas experiências internas e externas compartilhadas. Esses símbolos refletem o conceito de Formas Ideais de Platão, manifestando-se como figuras ou papéis reconhecíveis, como o Herói ou o Louco. Além dos papéis arquetípicos, o Tarô também encapsula temas humanos fundamentais, como o amor e a mudança. Ao nos envolvermos com esses símbolos, desbloqueamos uma profunda autoconsciência e obtemos perspectivas valiosas. As cartas dos Arcanos Maiores, por exemplo, lidam com os eventos e princípios essenciais que alteram a vida e que afetam a todos nós, enquanto as cartas dos Arcanos Menores se aprofundam no cotidiano, detalhando nossos atributos e situações pessoais. Assim, o Tarô atua como um canal acessível para uma autoconsciência mais profunda e uma ponte para as dimensões invisíveis de nossa psique. Como disse a aclamada especialista em Tarô Rachel Pollack, "o Tarô nos dá o arquétipo em uma forma que podemos usar, tanto para a cura quanto para a autodescoberta".[31]

Os símbolos arquetípicos das cartas de Tarô também oferecem uma linha direta com o divino por meio do simbólico. Carl Llewellyn Weschcke, ex-editor da Llewellyn e ex-Grande Mestre do Aurum Solis, iluminou esse aspecto do Tarô. Ele escreveu que:

31. Pollack, *Rachel Pollack's Tarot Wisdom*, 45.

> [...] o Tarô é um sistema, não uma "coisa", e, como tal, ele se mantém sozinho e independente, cumprindo seu propósito de proporcionar uma experiência interior de contato com os poderes divinos e de incorporá-los em sua psique, promovendo desenvolvimento e fortalecimento psíquico. Você poderá usar esses poderes para resolver problemas da vida pessoal, agindo nos planos invisíveis... Ao ver o Tarô como um resumo simbólico genuíno dos poderes divinos em ação em todo o cosmos, entramos em novas relações e responsabilidades como cocriadores conscientes, sabendo que cada pensamento e ação tem consequências além de nossa esfera pessoal. Até mesmo nossa adivinhação se torna mais do que interpretação, abrindo um canal interativo para influenciar o resultado da leitura.[32]

As percepções de Weschcke destacam que o uso do Tarô é um processo interativo, um esforço cooperativo com as energias espirituais. Em vez de simplesmente espiar nossas circunstâncias atuais ou futuros potenciais, cada leitura se torna um diálogo dinâmico com as forças divinas. Essa interação tem o poder de modificar os próprios padrões de energia que influenciam nossa vida. Nesse sentido, o Tarô é mais do que um mecanismo para obter clareza; é um meio de se conectar e colaborar com entidades espirituais capazes de impactar a leitura – e, por extensão, o futuro – em tempo real.

## Sincronicidade

A sincronicidade foi introduzida pela primeira vez por Jung como um termo para descrever coincidências que, embora não tenham relação causal, têm um profundo significado simbólico para aqueles que as vivenciam. Como conceito, o objetivo era fornecer uma explicação para as coincidências que não possuem uma explicação tradicional de causa/efeito – aquelas ocorrências que sugerem que o próprio Universo está nos fornecendo pistas sutis, tecendo nossos mundos internos com o externo. O interesse de Jung pela sincronicidade foi despertado não

32. Do prefácio escrito por Carl Llewellyn Weschcke em de Biasi, *The Divine Arcana of the Aurum Solis*, xvi-xvii.

apenas pelas coincidências significativas vivenciadas por seus pacientes, mas também por ele próprio.

Um exemplo marcante da prática de Jung envolveu uma paciente que relatou um sonho no qual ela foi presenteada com um escaravelho dourado. Enquanto ela compartilhava esse sonho, um escaravelho desse tipo entrou na sala – uma ocorrência que, para Jung, representava a sincronicidade. Segundo Jung, essas coincidências eram ativadas quando um arquétipo dentro da mente inconsciente de uma pessoa era estimulado, manifestando-se na realidade. É nessa conexão entre as experiências pessoais e o inconsciente coletivo que surge a sincronicidade. Muitas vezes pegando as pessoas desprevenidas, intensificando o impacto e inspirando uma sensação de admiração e espanto, essas sincronicidades costumam parecer orquestradas por alguma mão invisível para um propósito maior.

## Sincronicidade e adivinhação

O antigo método chinês de adivinhação, o I Ching, influenciou ainda mais a perspectiva de Jung. O *I Ching, ou Livro das Mutações*, é um texto chinês ancestral usado para adivinhação e sabedoria. Ao lançar um conjunto de moedas ou varetas, pode-se obter um dos sessenta e quatro hexagramas, cada um com sua interpretação exclusiva. Para Jung, o I Ching não era apenas uma questão de acaso; era uma evidência de sincronicidade em ação. Ele acreditava que o hexagrama resultante era um reflexo direto do estado psicológico atual do consulente e da natureza de sua investigação. A maneira como as moedas ou varetas caíam era influenciada pelo estado psíquico profundo da pessoa que as lançava. Jung defendia que o I Ching serve como uma ponte que permite a comunicação entre a mente consciente e o reino inconsciente, trazendo à tona percepções que, de outra forma, estariam ocultas.

Assim como o I Ching, o Tarô também é uma forma de adivinhação. Cada carta tem uma riqueza de simbolismo e significado. Quando uma pessoa embaralha e tira as cartas, acredita-se que a tiragem resultante, em um sentido junguiano, seja uma manifestação da psique do consulente e sua interação com o mundo externo. Assim como no I Ching, as cartas de Tarô sorteadas não são meramente o resultado de um acaso aleatório. Trata-se de um evento sincrônico que reflete o estado interior, as preocupações e as trajetórias potenciais do indivíduo. Em outras palavras, por meio da leitura do Tarô, invocamos conscientemente a sincronicidade. Como Madame Pamita escreve em seu livro *Magical Tarot*:

> O Tarô é um pouco mais direto do que simplesmente andar pelo mundo e prestar atenção às pequenas coisas que se combinam para nos dar mensagens. Nós nos sentamos intencionalmente e fazemos uma pergunta específica e, em seguida, embaralhamos o baralho para ordenar intuitivamente as cartas simbólicas e sincrônicas que nos darão a resposta.[33]

## Como isso se relaciona com o Tarô Psíquico

A relação entre o inconsciente coletivo, a habilidade psíquica e o Tarô está enraizada em uma profunda interconexão. As percepções psíquicas, muitas vezes extraídas do vasto reservatório compartilhado do inconsciente coletivo, ganham profundidade e clareza com o Tarô. Com sua profundidade simbólica, o Tarô amplifica essas percepções, agindo não apenas como uma ferramenta, mas como um catalisador, abrindo portas para revelações psíquicas mais profundas. Ao tirar uma carta, seu simbolismo aguça nosso foco intuitivo, guiando-nos para mensagens ou vibrações específicas do inconsciente coletivo mais amplo dos planos internos. Essa interação, complementada pelas energias do indivíduo que está buscando orientação, cria uma atmosfera propícia à percepção psíquica. Quando uma leitura de Tarô resulta em uma carta que se alinha perfeitamente com a situação de um indivíduo, é a sincronicidade em ação. Longe de serem passivas, as cartas de Tarô moldam e orientam ativamente nosso fluxo psíquico. Seus símbolos, ligados a arquétipos universais, ressoam com nossas habilidades intuitivas e psíquicas, unindo nossas histórias pessoais a temas universais mais amplos.

---

33. Pamita, *Magical Tarot*, 3.

## EXERCÍCIO 75

### *SINCRONICIDADE E INTERPRETAÇÃO DO TARÔ*

1. Feche os olhos, respire fundo algumas vezes e lembre-se de uma sincronicidade que tenha vivenciado recentemente. Pode ser algo aparentemente aleatório que você vê repetidamente em todos os lugares. Quando tiver isso em mente, escreva em seu diário.
2. Ainda concentrado na sincronicidade, mantenha-a em sua mente enquanto embaralha as cartas de Tarô. Isso ajudará a definir sua intenção para a tiragem. O objetivo é tirar uma carta que possa fornecer mais percepções ou clareza sobre sua sincronicidade.
3. Quando se sentir pronto, tire uma carta do baralho. Coloque a carta à sua frente. Se você ler com inversões, preste atenção se a carta está na vertical ou não, pois isso influenciará seu significado.
4. Reserve um momento para observar as imagens, as cores e os símbolos da carta. Anote suas reações, sentimentos e pensamentos iniciais sobre a carta em seu diário. Não se preocupe com os significados tradicionais neste momento; concentre-se apenas no que você observa e sente particularmente na carta.
5. Sinta-se à vontade para recorrer ao seu Guia Espiritual do Tarô para ver se consegue obter mais informações sobre a carta.
6. Reflita sobre o significado da carta e como ela pode estar relacionada à sua sincronicidade. Que percepções adicionais a carta oferece? Como ela ressoa com sua sincronicidade? Escreva suas percepções em seu diário.
7. Por fim, reserve um tempo para refletir sobre todo o exercício. Como você se sente? Que novas percepções surgiram? Há uma nova perspectiva sobre a sincronicidade que você vivenciou? Escreva quaisquer pensamentos ou sentimentos finais em seu diário.

## Formas-pensamento e egrégoras

Já exploramos as formas-pensamento anteriormente neste livro, mas vamos aprofundá-las para obter uma melhor compreensão da teoria do Tarô. Uma forma-pensamento é um conceito mental profundamente enraizado na Teosofia e em certas tradições esotéricas. Essa construção mental ou emocional decorre dos pensamentos, sentimentos ou crenças de um indivíduo. Em sua forma mais simples, as formas-pensamento são emoções ou ideias passageiras que vivenciamos diariamente, como a raiva passageira quando alguém nos deixa na mão no trânsito ou a onda de alegria ao ver um ente querido. Esses pensamentos passageiros emitem energia, mas geralmente se dissolvem rapidamente. Emoções ou pensamentos mais intensos, quando sustentados e focados, podem dar origem a formas-pensamento mais fortes e duradouras. Por exemplo, uma ambição cultivada ao longo de anos pode acumular energia e intenção, formando uma forma de pensamento mais poderosa. Esse princípio é a base de certas práticas de manifestação e visualização. Mas essas construções não permanecem apenas na mente; quando concentradas, elas podem se manifestar nos planos internos, incorporando a força e a essência do pensamento ou da emoção que as originou.

Embora uma forma-pensamento se origine da psique de um indivíduo, ela pode, quando suficientemente fortalecida, funcionar de forma independente, podendo, então, influenciar o ambiente da pessoa ou até mesmo seus próprios estados emocionais e mentais. Essa conexão entre o criador e a forma-pensamento pode se tornar cíclica: a forma-pensamento, se energizada regularmente, pode amplificar a emoção de origem no criador. A natureza, a duração e a força de uma forma-pensamento dependem em grande parte da intensidade e da persistência da emoção ou do pensamento inicial. Sem uma nutrição contínua, elas podem se desvanecer, mas com energia consistente podem perdurar por períodos mais longos. Em certas tradições, formas-pensamento excepcionalmente potentes são vistas de forma semelhante a espíritos, interagindo como entidades não físicas. Muitos praticantes de magia criam deliberadamente essas formas-pensamento para tarefas específicas.

## Egrégoras

As egrégoras elevam a ideia de formas-pensamento a um nível de grupo. Esse termo significa uma energia coletiva que emerge quando vários indivíduos têm crenças ou intenções compartilhadas. Essa força combinada supera as entradas individuais e pode funcionar de forma independente. Comparando os dois, se as formas-pensamento individuais são vistas como células de energia psíquica, uma egrégora é o corpo formado por essas células. Uma egrégora surge quando várias formas-pensamento, impulsionadas pelos objetivos e sentimentos comuns de um grupo, se fundem. Ao contrário das formas-pensamento que normalmente surgem de um indivíduo, as egrégoras estão fundamentalmente ligadas a coletivos e são fortalecidas com mais pessoas que as alimentam com seu foco e energia. Uma vez formada, a egrégora pode influenciar os membros de seu grupo e, quando suficientemente poderosa, até mesmo impactar eventos do mundo real de acordo com as intenções do grupo. Assim como acontece com as formas de pensamento individuais, a relação entre uma egrégora e os membros de seu grupo é simbiótica.

Devido à sua natureza inerente, as egrégoras permeiam várias dinâmicas de grupo, prosperando com intenção e foco compartilhados. As empresas, por exemplo, têm suas culturas exclusivas em que as energias coletivas incorporam o *ethos* da empresa e podem afetar tudo, desde o moral dos funcionários até a percepção da marca. Equipes esportivas, grupos políticos, congregações religiosas, clubes sociais e até mesmo comunidades on-line também possuem suas egrégoras distintas, formadas por emoções, crenças ou interesses compartilhados. A relação recíproca entre uma egrégora e seus membros desempenha um papel fundamental. Se a concentração do grupo vacilar ou surgirem desentendimentos, a egrégora pode enfraquecer ou mudar. Reconhecer a existência e o impacto dessas entidades pode gerar percepções profundas sobre as forças invisíveis que direcionam as buscas coletivas.

## HRU: o Anjo do Tarô

Muitas vezes chamado de HRU em tradições ocultistas como a Golden Dawn, o Anjo do Tarô é percebido como uma entidade ou força espiritual unificadora e orientadora que supervisiona o Tarô, as leituras de Tarô e seus praticantes. A ideia principal é que, quando você embaralha um baralho de Tarô ou faz uma tiragem, não está lidando apenas com cartas; está também entrando em contato com uma entidade ou força espiritual maior que governa e canaliza a sabedoria do Tarô. Esse conceito pode ser um tanto abstrato, semelhante à tentativa de compreender dimensões perfeitamente além daquelas que percebemos na vida cotidiana. Da mesma forma, o HRU existe em um espaço metafísico que não está necessariamente de acordo com a compreensão linear ou racional. É uma presença que pode oferecer orientação ou influência, mas o faz de maneiras que podem parecer misteriosas, inconsistentes ou paradoxais para nossas percepções limitadas.

O HRU não se limita a uma única interpretação. Diferentes tradições ocultistas e praticantes individuais podem ter seus entendimentos e métodos exclusivos para trabalhar com essa força espiritual. De acordo com Jean-Louis de Biasi, filósofo hermético e atual Grão-Mestre da Ordo Aurum Solis, o Anjo do Tarô é o resultado de todas as pessoas que já usaram o Tarô ao longo do tempo, criando uma egrégora que agora tem vida própria.[34] Ocultistas como Arthur Waite, Pamela Colman Smith e Aleister Crowley, que desempenharam papéis importantes na formação do Tarô moderno, abraçaram profundamente a ideia do Anjo do Tarô. Como membros da Ordem Hermética da Aurora Dourada, eles viam HRU como um espírito orientador com a capacidade de revelar a sabedoria profunda e as verdades ocultas por meio de leituras de Tarô. De acordo com os manuscritos de Tarô da Golden Dawn, o HRU é chamado de "o Grande Anjo que supervisiona os trabalhos da Sabedoria Secreta".

Crowley viu uma correspondência entre HRU e Heru-Ra-Ha e acreditou que eram a mesma entidade. Heru-Ra-Ha é uma Divindade

34. de Biasi, *The Divine Arcana of the Aurum Solis*, 61-62.

composta dentro da Thelema, reunindo dois aspectos diferentes do Deus egípcio Hórus. Tanto HRU quanto Heru-Ra-Ha são considerados inteligências abrangentes ou forças divinas que governam o desenrolar de eventos ou percepções por meio do próprio Tarô. A associação do HRU com Heru-Ra-Ha permitiu que Crowley alinhasse sua visão de mundo Thelêmica diretamente ao Tarô de Thoth, transformando o baralho não apenas em uma ferramenta de adivinhação, mas também uma chave para a cosmologia e a filosofia Thelêmicas. Nos baralhos de Tarô tradicionais, como o Rider-Waite-Smith, a carta do Julgamento normalmente retrata um anjo tocando uma trombeta, muitas vezes interpretada como um prenúncio de ressurreição ou julgamento final. Crowley substituiu essa carta pela carta Aeon em seu Tarô de Thoth, que é uma mudança que se alinha mais estreitamente com as doutrinas Thelêmicas e a mitologia egípcia. Na carta Aeon do Tarô de Thoth, você notará que o anjo foi substituído por ambos os aspectos de Heru-Ra-Ha. Hórus, a Criança, ou Hoor-paar-kraat, é visto em primeiro plano, significando a forma passiva do Espírito, enquanto Ra-Hoor-Khuit está em segundo plano, simbolizando a forma ativa do Espírito. Em vez do tradicional anjo com uma trombeta chamando as almas para o julgamento no fim dos tempos, aqui os aspectos duplos de Heru-Ra-Ha servem como uma representação do novo Aeon de Hórus, uma Era definida pelo individualismo, pela gnose pessoal direta e pela aplicação da vontade, de acordo com os princípios Thelêmicos. Isso muda o foco do fim de um éon para o surgimento de outro.

Na crença de Crowley, as ilustrações de seu Tarô de Thoth representavam o *Livro da Lei*, com HRU servindo como o anjo influente que preside o Tarô. Kenneth Grant, secretário pessoal de Crowley e um iniciado da O.T.O – Ordo Templi Orientis, via HRU como a musa divina que inspirava as imagens do Tarô de Thoth. Sobre o tema do HRU, Aleister Crowley escreve:

> Adivinhar a respeito de um assunto é pouco mais do que calcular probabilidades. Obtemos o uso de mentes que têm acesso a conhecimentos além dos nossos, mas não à onisciência. HRU, o grande anjo que supervisiona o Tarô, está além de nós como nós estamos

> além da formiga; mas, pelo que sabemos, o conhecimento de HRU é superado por alguma mente mais poderosa na mesma proporção. Tampouco temos qualquer justificativa para acusar HRU de ignorância ou erro se lermos o Tarô para nossa própria ilusão. Ele pode ter sabido, ele pode ter falado verdadeiramente; a falha pode estar em nossa própria percepção.[35]

Essa citação ecoa a ideia de que qualquer percepção fornecida por HRU durante nossas leituras de Tarô nunca está errada. Entretanto, nossas interpretações do que exatamente o HRU está transmitindo por meio das cartas podem estar incorretas devido à nossa compreensão ou perspectiva limitada. Também enfatiza que, embora o Tarô seja preditivo, a predição é o caminho da probabilidade do que vai acontecer se as coisas continuarem a se desenrolar como estão. Isso dá espaço para o livre-arbítrio de cada um diante do destino e coloca a responsabilidade de como interpretamos as cartas sobre nós e não sobre o Anjo do Tarô.

Como podemos ver, o conceito de HRU oferece várias interpretações, cada uma com suas nuances e benefícios exclusivos. Quando vista como uma egrégora, ou uma consciência coletiva moldada pelas crenças e práticas dos praticantes de Tarô ao longo da história, a leitura assume uma qualidade participativa. Você não está simplesmente virando as cartas; está se conectando a um conjunto de sabedoria e intenções que se estende por todo o tempo e espaço, adicionando peso e significado compartilhado à leitura. Vista como uma força angelical, o HRU confere uma aura divina e protetora à experiência do Tarô. As cartas se tornam canais para verdades e orientações cósmicas, transcendendo seu status de meros símbolos. Ver o HRU como um arquétipo junguiano abrangente do Tarô como um todo convida a insights pessoais por meio da exploração dos arquétipos individuais coletivos que o Tarô apresenta em suas cartas. Se o HRU for visto como uma Divindade, a leitura do Tarô se transforma em um ato de adoração ou comunhão espiritual, tornando a leitura uma interação sagrada que envolve o buscador, a Divindade e as cartas.

35. Crowley, Desti e Waddell, *Magick: Liber Aba: Livro 4*, 263.

Essas interpretações podem coexistir, oferecendo uma compreensão multifacetada que enriquece cada leitura de Tarô. A consulta se torna uma interação complexa com inteligências superiores, sejam elas pensamentos coletivos, entidades angélicas, imagens arquetípicas, forças divinas ou uma combinação dessas ideias. Assim, a crença no HRU eleva a leitura de Tarô de uma prática divinatória básica para um envolvimento espiritual de várias camadas. Isso aprofunda as nuances da leitura, permitindo que ela trate não apenas de questões imediatas, mas também de questões existenciais. A leitura de Tarô se torna um diálogo contínuo entre o leitor, as cartas e a entidade ou o conceito que o HRU representa. Uma invocação consciente e uma conexão com o HRU intensificam ainda mais essa conexão com o Tarô, o que pode elevar muito suas leituras.

## EXERCÍCIO 76

### *ENCONTRO COM O HRU*

Feche os olhos, respire fundo e entre no reino de seu Templo Interior do Tarô. Ao entrar, observe o ambiente familiar, o brilho suave da luz de velas e o aroma reconfortante do incenso. Este é o seu espaço sagrado – seu santuário para introspecção e autodescoberta.

Enquanto passeia, explorando os cantos e recantos do seu Templo, de repente você percebe algo diferente: uma escada que antes passava despercebida, escondida em um canto. Os degraus chamam você, convidando-o a embarcar em uma nova jornada. A curiosidade desperta seu interesse e você decide subir a escada. A cada degrau, você sente uma sensação de expectativa e admiração, como se estivesse subindo para um reino superior de consciência. Ao chegar ao topo, você se encontra em uma câmara inspiradora, um Templo como nenhum outro que você já viu antes. A sala está iluminada por uma luz radiante que emana de um magnífico vitral que representa o HRU, o Anjo do Tarô. Cores vibrantes dançam pelas paredes, iluminando padrões que parecem ganhar vida a cada respiração que você faz.

No centro do Templo há uma estátua do HRU, um ser numinoso com um sorriso gentil e olhos que irradiam sabedoria e compreensão. Você sente uma profunda sensação de conexão e reverência ao se aproximar da presença angelical. A energia da sala o envolve, enchendo-o de uma profunda sensação de paz e serenidade. Ao ficar diante do HRU, você percebe o aspecto mais inspirador dessa presença angelical: asas magníficas e divinas que se estendem com a graça de um falcão em voo. As penas vibrantes são um mosaico de cores, brilhando com luz celestial, refletindo a essência do cosmos. Essas asas, com sua beleza transcendente, parecem conectar o céu e a terra, unindo os reinos do divino e do mortal.

Na presença das asas de falcão do HRU, você sente uma profunda conexão com o reino do espírito e as infinitas possibilidades que estão além do mundo material. Elas simbolizam a capacidade de se elevar acima do mundano, ver a vida de uma perspectiva mais elevada e aproveitar a sabedoria ilimitada do Universo. Ao olhar para essas asas majestosas, sentindo o poder e a sabedoria ancestral que elas contêm, uma sensação de admiração toma conta de você. Elas parecem guardar os segredos do Universo, carregando a energia de inúmeros ciclos cósmicos. É como se fossem a personificação do voo, da liberdade e da transcendência, guiando as almas para reinos mais elevados de consciência.

Essas belas asas parecem sussurrar conhecimentos antigos, contando histórias de civilizações passadas, mistérios esquecidos e a eterna dança da criação e da transformação. Você se sente envolvido pelo abraço delas, como se elas estivessem oferecendo proteção e orientação em sua jornada espiritual. Nesse momento de comunhão, o HRU começa a oferecer insights e revelações, não por meio de palavras, mas de imagens e sentimentos. Você vê flashes de simbolismo e representações arquetípicas que ressoam profundamente em sua alma. É como se todo o baralho de Tarô estivesse ganhando vida, com suas energias e mensagens fluindo para o seu ser. Essas percepções o deixam admirado ao reconhecer o significado desse encontro. O HRU lhe concedeu um presente divino, abrindo seus olhos para a interconexão de todas as coisas e a sabedoria do Universo.

Com o coração cheio de gratidão e reverência, você se despede do HRU, sabendo que esse Templo Sagrado estará sempre disponível quando a orientação e a inspiração forem buscadas. Você começa a descer a escada de volta ao seu Templo Interior do Tarô, carregando a sabedoria do HRU em seu coração. Quando abrir os olhos, reserve um momento para refletir sobre a jornada que acabou de fazer.

Aprecie a conexão com o HRU e os insights obtidos à medida que continua o caminho de sua vida guiado pela presença angelical do Guardião Divino do Tarô com belas asas de falcão.

## EXERCÍCIO 77

### *ORAÇÃO DE EVOCAÇÃO AO HRU*

Os iniciados da Ordem Hermética da Aurora Dourada, a Golden Dawn, aprendem uma oração para invocar o HRU antes de uma leitura de Tarô, chamando o IAO para trazer o HRU à presença. O acrônimo IAO é uma fórmula entoada que tem suas raízes no ocultismo e representa as Divindades Ísis, Apófis e Osíris. Essa poderosa combinação de forças divinas simboliza o eterno ciclo divino de vida, morte e renascimento. Ao invocar a energia do IAO, é possível acessar esse poder universal dos estágios cíclicos da vida e obter uma compreensão mais profunda dos mistérios da existência. Aqui está a tradicional oração de evocação da Ordem Hermética da Aurora Dourada para IAO:

> Eu te invoco, IAO, para que envies HRU, o grande Anjo que está encarregado das operações desta Sabedoria secreta, para colocar sua mão invisivelmente sobre estas cartas de arte consagradas, para que assim possamos obter o verdadeiro conhecimento das coisas ocultas para a glória do teu Nome inefável. Amém.[36]

Nesta oração, nós humildemente nos dirigimos ao divino IAO, invocando o poderoso HRU, o estimado anjo egrégora, o guardião do conhecimento esotérico. Com reverência, buscamos a ajuda do HRU para infundir essas cartas sagradas de Tarô com uma visão aprimorada, concedendo-nos uma compreensão mais profunda das verdades ocultas que estão por trás do véu. Nossa aspiração sincera é iluminar o Nome divino, para desvendar os mistérios que estão no coração dessas cartas. Com sincera devoção, confiamos no poder divino que invocamos, buscando obter compreensão e conhecimento que iluminarão nosso caminho e nos guiarão em nossa jornada espiritual. Ao fazermos essa oração, visualizamos as

---

36. Louis, *Tarot Beyond the Basics*, 104.

majestosas asas de falcão do HRU envolvendo o espaço sagrado no qual lemos o Tarô. Envolvendo a nós mesmos, as cartas e qualquer outra pessoa presente, essas asas celestiais criam um Círculo Mágico, um espaço sagrado de proteção e comunhão. Com fé nas forças divinas que invocamos, dizemos "amém", afirmando nossa total confiança e entrega à sabedoria e à orientação que o HRU traz. Se não se sentir à vontade com o "amém", você pode dizer outra coisa, como "Amun" (o nome da Divindade criadora egípcia) ou "Assim seja!". Que essa conexão sagrada fortaleça nossas percepções espirituais e nos leve para mais perto da verdade divina.

## EXERCÍCIO 78

### *A BIBLIOTECA DO HRU SOBRE OS MISTÉRIOS DO TARÔ DE THOTH*

Neste exercício, você entrará em seu Templo Interior do Tarô e ascenderá à câmara do HRU, onde a sabedoria antiga o aguarda. Ao abrir a porta de uma vasta e infinita biblioteca, você descobrirá o conhecimento codificado dos segredos mais profundos do Tarô.

1. Entre em seu Templo Interior do Tarô e suba a escada até a câmara do HRU, o Anjo do Tarô.
2. Ao entrar, você é banhado por uma luz dourada quente. A energia preenche o ar enquanto você fica admirado.
3. Em meio à câmara, chama sua atenção uma porta decorada com gravuras das quatro mãos angelicais dos naipes do Tarô. No centro, há uma imagem de Thoth, o Deus egípcio com cabeça de íbis. Nas antigas tradições, acreditava-se que o Tarô era o livro perdido do próprio Thoth.
4. Confie em sua intuição ao abrir a porta, revelando uma vasta e infinita biblioteca que contém os mistérios mais profundos do Tarô.
5. Explore a biblioteca, que está repleta de pergaminhos antigos, tomos empoeirados e artefatos místicos. Sinta a sabedoria e o conhecimento antigo ressoando em cada canto.

6. Aproxime-se da mesa central e encontre um livro esmeralda brilhante descansando em um travesseiro de veludo. Esse livro contém o conhecimento codificado dos profundos mistérios do Tarô. Para acessar as informações, coloque as mãos gentilmente sobre a capa esmeralda e conecte-se com a energia orientadora do HRU.
7. Ao abrir o livro esmeralda, uma onda de energia divina flui através de você. As páginas ganham vida, repletas de imagens, símbolos e percepções que ressoam em sua alma. Permita-se absorver o conhecimento e a sabedoria contidos nele.
8. Reserve um tempo para explorar os ensinamentos codificados no livro de esmeraldas, sabendo que o HRU o está guiando para o conhecimento de que você mais precisa. Confie que este espaço sagrado é feito sob medida para sua jornada espiritual.
9. Expresse gratidão ao HRU pela orientação e pelos ensinamentos que você recebeu. Feche o livro de esmeraldas, sabendo que você pode acessar essa biblioteca sagrada sempre que precisar se aprofundar nos mistérios do Tarô.

10. Comece a descer a escada da passagem secreta, levando a energia e a sabedoria do HRU internamente. Retorne ao seu Templo, sabendo que a orientação do HRU estará sempre com você em sua exploração do Tarô.
11. Quando estiver pronto, abra os olhos, trazendo as percepções e a inspiração da biblioteca secreta do HRU para o mundo desperto. Abrace a sabedoria que você recebeu e saiba que sempre poderá retornar a esse espaço sagrado para aprofundar sua conexão com os mistérios do Tarô.

## Mistérios revelados do Tarô

Em minha experiência pessoal, o conhecimento obtido da biblioteca do HRU durante a meditação nem sempre é imediatamente aparente ou totalmente processado. É como se o insight obtido naquele espaço sagrado permanecesse nas profundezas do meu subconsciente, esperando o momento certo para emergir e tornar sua presença conhecida. Em várias ocasiões, fiquei surpreso com o fato de que, mais tarde, à noite, no reino dos sonhos, deparo-me com perspectivas intrigantes sobre o simbolismo oculto no Tarô. Essas paisagens de sonhos oferecem um encontro surreal, porém profundo, com os mistérios codificados nas cartas. Nesses sonhos, eu me vejo explorando as imagens e o simbolismo do Tarô de maneiras que vão além da minha compreensão consciente. É como se minha mente subconsciente operasse como um canal para o Anjo do Tarô, expondo relações complexas e significados profundos que escapam à compreensão consciente. Ao acordar, fico com fragmentos vívidos do sonho, cada um contendo percepções valiosas sobre as camadas mais profundas do Tarô. Essas revelações dos sonhos são como joias escondidas esperando para serem desenterradas e examinadas à luz do dia.

O que me surpreende ainda mais é que, à medida que me aprofundo no simbolismo descoberto em meus sonhos, mais tarde me deparo com evidências tangíveis que verificam a validade dessas percepções. É como se o próprio Universo conspirasse para confirmar a sabedoria recebida da biblioteca do HRU por meio da sincronicidade. Pedaços do conhecimento dos sonhos se revelam de maneiras inesperadas, como encontros casuais com informações raras relacionadas ao Tarô ou realizações repentinas sobre as cartas durante minhas atividades diárias. Essas sincronicidades servem como validação de que a orientação recebida é genuína e vale a pena ser explorada mais a fundo. Essa jornada de descoberta que se desdobra é ao mesmo tempo humilde e inspiradora. Ela me faz lembrar que os mistérios do Tarô são vastos e que sempre há mais para aprender e descobrir. As informações da biblioteca do HRU não foram criadas para serem compreendidas de uma só vez; é um processo de assimilação e integração gradual. Eu realmente valorizo a maneira como a meditação, os sonhos e a vida cotidiana parecem se misturar, fortalecendo minha conexão com o HRU. Essa presença continua me guiando à medida que exploro mais profundamente os significados ocultos das cartas de Tarô. Permaneço aberto a momentos inesperados que me oferecem uma visão de questões espirituais maiores. Tenho fé de que os insights do HRU continuarão adicionando camadas de compreensão às minhas leituras de Tarô e ao meu crescimento pessoal. Espero que você vivencie a mesma experiência em sua própria jornada.

VIII
A FORÇA

# Conclusão

Em seu perspicaz livro *O Caminho do Artista*, Julia Cameron afirma que:

> [...] a arte não se trata de inventar algo. Pelo contrário — trata-se de trazer algo à tona. As direções são importantes aqui.[37]

Essa noção ecoa fortemente na prática da leitura psíquica do Tarô. Como um artista que transforma uma visão abstrata em realidade, um leitor de Tarô permite que as cartas revelem suas histórias, não inventando contos, mas revelando narrativas. Cada carta em uma tiragem de Tarô pinta parte dessa narrativa como pinceladas em uma tela. Nas mãos de um leitor psíquico habilidoso, essas cartas refletem nossos pensamentos mais profundos e nos ligam a experiências humanas compartilhadas. O talento do leitor está na fusão de sua intuição psíquica com as "cores" simbólicas das cartas, revelando percepções sobre a dinâmica pessoal e interpessoal.

As leituras de Tarô mergulham abaixo da superfície, tornando visível o invisível e dando forma a pensamentos e sentimentos ocultos. O Tarô serve como uma ponte entre o visível e o invisível, iluminando aspectos de informações psíquicas e intuitivas que estão esperando para

37. Cameron, *The Artist's Way: 30th Anniversary Edition*, 117.

serem reveladas. Como pinceladas de tinta na paleta de um artista, cada carta acrescenta uma tonalidade distinta ao quadro geral da leitura do Tarô. A arte psíquica do Tarô revela nosso Eu Interior e os mistérios externos da vida. As leituras de Tarô esclarecem emoções e experiências complexas, melhorando nossa compreensão de nosso lugar no mundo. O envolvimento com essas práticas enriquece nossa percepção. Elas oferecem uma compreensão mais lúcida de nossa identidade, da natureza de nossas conexões com os outros e de nosso lugar na narrativa mais ampla do mundo, aprimorando nossa compreensão da história da vida em constante evolução. O aspecto psíquico da leitura do Tarô se alinha mais com a arte do que com uma ciência rígida. Por meio dela, cultivamos um vínculo único com o inconsciente coletivo, guiado não por regras rígidas, mas pelas cores vibrantes de nossa imaginação psíquica. Essa imaginação atua como nosso pincel, dando vida às narrativas ocultas no Tarô. Nosso poder imaginativo nos leva além das realidades mundanas, permitindo que ultrapassemos os limites da lógica convencional, da mesma forma que os artistas que capturam algo mais provocante de seus mundos internos para transmitir por meio de sua mídia. Na arte do Tarô psíquico, a imaginação não é apenas útil; ela é essencial. Da mesma forma que a perspectiva única que um pintor traz para sua visão do mundo, ela é a lente por meio da qual obtemos percepções psíquicas. A verdadeira beleza do Tarô, assim como a de uma obra-prima, está em sua capacidade de estabelecer conexões e transmitir autenticidade. Assim como um artista pode temer uma pincelada mal colocada, nós também podemos nos sentir apreensivos com a ideia de interpretar mal as cartas. Entretanto, na arte psíquica do Tarô, o que chamamos de "erros" são professores valiosos. Eles espelham a jornada do Louco, que entra no desconhecido de braços abertos, pronto para aprender com suas experiências – inclusive com os erros.

Quanto mais nos envolvemos com o Tarô, mais instintivamente ele chega até nós. Nesse sentido, ele é muito parecido com a arte – profundamente pessoal e único para cada indivíduo. Embora possamos começar com métodos tradicionais que criam uma base sólida, todo leitor de Tarô, assim como um artista, acaba desenvolvendo seu próprio estilo distinto. O que funciona para uma pessoa pode não funcionar para outra, e esse é o verdadeiro charme do Tarô: sua capacidade de ser personalizado e adaptável. Pense em seu Templo Interior do Tarô como seu estúdio de arte pessoal. Nesse espaço, você aprimora sua intuição e suas percepções espirituais; é um local de envolvimento e exploração ativos. Seu Guia Espiritual do Tarô é semelhante à sua musa, lançando luz sobre sua jornada e infundindo inspiração em suas leituras. À medida que esse relacionamento se fortalece, suas leituras se tornam mais ricas e com mais nuances. Suas interpretações começam a ecoar com maior clareza, espelhando a profunda conexão que se forma entre você, como leitor, e o consulente, muito parecido com a relação entre um artista e seu público.

Confio que esses exercícios prepararam você para uma emocionante aventura de descoberta intuitiva e expressão psíquica. A cada embaralhada e tiragem do seu Tarô, que você possa mergulhar mais fundo na beleza dessa arte que enriquece a vida de outras pessoas. Para concluir, visualize-se como o Louco do Tarô, à beira de uma jornada maravilhosa. Dê esse passo com a coragem e o otimismo de um artista diante de uma tela em branco, munido de uma imaginação vívida e da forte convicção de que o Espírito do Tarô, assim como um sábio mentor artístico, o conduzirá em direção ao seu maior potencial, desde que suas intenções sejam sinceras e apaixonadas.

IX
O EREMITA

# Apêndice A

# Afirmações Psíquicas com o Tarô

**O LOUCO:** "Estou aberto a novas experiências e perspectivas, despertando minhas percepções psíquicas."

**O MAGO:** "Tenho todas as ferramentas e habilidades dentro de mim para desbloquear meu potencial psíquico."

**A SACERDOTISA:** "Confio na minha intuição e na sabedoria que ela traz; ela me guia para uma compreensão mais profunda."

**A IMPERATRIZ:** "Nutro meus dons psíquicos e vejo-os florescer e crescer."

**O IMPERADOR:** "Estou no comando das minhas habilidades psíquicas, controlando-as com sabedoria e força."

**O HIEROFANTE:** "Sou guiado pela sabedoria universal e estou conectado ao reino espiritual."

**OS ENAMORADOS:** "Deixo o amor guiar minha jornada psíquica, trazendo clareza e unidade à minha mente, corpo e espírito."

**O CARRO:** "Estou avançando com determinação e confiança no desenvolvimento das minhas habilidades psíquicas."

**FORÇA:** "Sou forte e resiliente, e minha força psíquica cresce a cada dia que passa."

**O EREMITA:** "Na solidão, encontro a luz do meu conhecimento psíquico iluminando o caminho à frente."

**RODA DA FORTUNA:** "Confio no fluxo do Universo, sabendo que ele potencializa minhas habilidades psíquicas."

**JUSTIÇA:** "Busco a verdade e o equilíbrio, fortalecendo minha percepção psíquica."

**O ENFORCADO:** "Ao ganhar novas perspectivas, expando minha consciência psíquica."

**MORTE:** "Deixo para trás antigas limitações, abrindo espaço para uma maior percepção psíquica."

**TEMPERANÇA:** "Harmonizo minha mente, corpo e espírito para acessar minha sabedoria psíquica."

**O DIABO:** "Estou me libertando de todas as barreiras autoimpostas, potencializando minhas habilidades psíquicas."

**A TORRE:** "Embora a mudança possa ser caótica, ela limpa o caminho para meu despertar psíquico."

**A ESTRELA:** "Confio na orientação do Universo, aprimorando minha percepção psíquica."

**A LUA:** "Estou conectado ao meu subconsciente, revelando insights psíquicos ocultos."

**O SOL:** "Estou cercado por energia positiva, despertando minhas habilidades psíquicas."

**JULGAMENTO:** "Estou despertando para níveis mais altos de consciência e compreensão psíquica."

**O MUNDO:** "Estou completamente conectado à sabedoria universal, reconhecendo meu potencial psíquico."

**ÁS DE PENTÁCULOS:** "Minha jornada psíquica está apenas começando, e o Universo apoia cada passo meu."

**DOIS DE PENTÁCULOS:** "Mantenho o equilíbrio entre meu eu físico e espiritual, aprimorando minhas habilidades psíquicas."

**TRÊS DE PENTÁCULOS:** "À medida que colaboro com os outros, meus insights psíquicos crescem e se aprofundam."

**QUATRO DE PENTÁCULOS:** "Estou seguro em minhas habilidades psíquicas, fundamentando-as na vida diária."

**CINCO DE PENTÁCULOS:** "Mesmo em tempos de dificuldade, encontro a força para aprofundar minhas habilidades psíquicas."

**SEIS DE PENTÁCULOS:** "Ao compartilhar generosamente meus insights psíquicos, recebo mais sabedoria do Universo."

**SETE DE PENTÁCULOS:** "Cultivo pacientemente minhas habilidades psíquicas, sabendo que elas crescerão com o tempo e cuidado."

**OITO DE PENTÁCULOS:** "Com prática constante, aprimoro minhas habilidades psíquicas e aprofundo minha percepção espiritual."

**NOVE DE PENTÁCULOS:** "Desfruto os frutos do meu crescimento psíquico, apreciando a sabedoria que ele traz à minha vida."

**DEZ DE PENTÁCULOS:** "Sou rico em sabedoria psíquica, trazendo harmonia e percepção à minha vida."

**PAJEM DE PENTÁCULOS:** "Curiosidade e abertura guiam meu desenvolvimento psíquico."

**CAVALEIRO DE PENTÁCULOS:** "Permaneço firme e dedicado na busca pelo conhecimento psíquico."

**RAINHA DE PENTÁCULOS:** "Sou nutridora e gentil, usando minhas habilidades psíquicas para o bem maior."

**REI DE PENTÁCULOS:** "Estou fundamentado em minhas habilidades psíquicas, utilizando-as com sabedoria e discernimento."

**ÁS DE ESPADAS:** "Minha mente está clara e focada, perfeita para desenvolver minhas habilidades psíquicas."

**DOIS DE ESPADAS:** "Encontro paz em meio à confusão, permitindo que minha intuição psíquica me guie."

**TRÊS DE ESPADAS:** "Posso curar qualquer dor, usando essas experiências para aprofundar minha compreensão psíquica."

**QUATRO DE ESPADAS:** "Em tempos de descanso e solidão, minhas habilidades psíquicas florescem."

**CINCO DE ESPADAS:** "Aprendo com conflitos e discórdias, usando essas experiências para aprimorar minha sabedoria psíquica."

**SEIS DE ESPADAS:** "Confio na minha jornada, sabendo que cada movimento que faço aprimora minhas habilidades psíquicas."

**SETE DE ESPADAS:** "Confio em minha própria sabedoria e intuição, guiando-me para insights psíquicos mais fortes."

**OITO DE ESPADAS:** "Liberto-me de crenças limitantes, abrindo-me para um potencial psíquico ilimitado."

**NOVE DE ESPADAS:** "Libero o medo e a ansiedade, sabendo que eles apenas turvam minha visão psíquica."

**DEZ DE ESPADAS:** "Aprendo com os finais, usando esses momentos para promover o renascimento psíquico."

**PAJEM DE ESPADAS:** "Minha curiosidade alimenta minha jornada, guiando-me para um conhecimento psíquico mais profundo."

**CAVALEIRO DE ESPADAS:** "Minha coragem e ambição impulsionam meu desenvolvimento psíquico."

**RAINHA DE ESPADAS:** "Uso meu discernimento e sabedoria para guiar minha jornada psíquica."

**REI DE ESPADAS:** "Sou mestre dos meus pensamentos, usando minha clareza mental para aprimorar minhas habilidades psíquicas."

**ÁS DE PAUS:** "Estou cheio de potencial e pronto para acender minhas habilidades psíquicas."

**DOIS DE PAUS:** "Estou aberto a novos caminhos e possibilidades, expandindo minha visão psíquica."

**TRÊS DE PAUS:** "Tenho o poder de moldar meu futuro, guiado por meus insights psíquicos."

**QUATRO DE PAUS:** "Celebro meu progresso e conquistas em minha jornada psíquica."

**CINCO DE PAUS:** "Aprendo com desafios e conflitos, usando-os para refinar minhas habilidades psíquicas."

**SEIS DE PAUS:** "Compartilho com confiança meus insights psíquicos, usando-os para elevar os outros."

**SETE DE PAUS:** "Mantenho-me firme em minhas crenças, alimentando minha força e resiliência psíquica."

**OITO DE PAUS:** "Movimento-me rápido com clareza e propósito em minha jornada psíquica."

**NOVE DE PAUS:** "Sou resiliente e determinado a continuar nutrindo minhas habilidades psíquicas, apesar de quaisquer obstáculos."

**DEZ DE PAUS:** "Libero fardos desnecessários, abrindo espaço para o crescimento psíquico."

**PAJEM DE PAUS:** "Abraço um senso de maravilha e curiosidade, aprimorando minha exploração psíquica."

**CAVALEIRO DE PAUS:** "Minha paixão e determinação guiam minha jornada, fortalecendo minhas habilidades psíquicas."

**RAINHA DE PAUS:** "Sou um farol de calor, coragem e sabedoria psíquica."

**REI DE PAUS:** "Lidero com minha intuição, usando meus dons psíquicos para inspirar e iluminar."

**ÁS DE COPAS:** "Estou aberto à abundância da intuição psíquica fluindo dentro e ao meu redor."

**DOIS DE COPAS:** "Através das conexões com os outros, aprofundo minha compreensão e empatia psíquicas."

**TRÊS DE COPAS:** "Na alegria das experiências compartilhadas, minhas habilidades psíquicas são intensificadas."

**QUATRO DE COPAS:** "Busco sabedoria e significado além do visível, aprimorando minha percepção psíquica."

**CINCO DE COPAS:** "Libero desapontamentos passados para abrir espaço para a crescente consciência psíquica."

**SEIS DE COPAS:** "Ao honrar meu passado e meu eu interior, abro a porta para insights psíquicos."

**SETE DE COPAS:** "Distingo entre ilusão e verdade, aguçando minha visão psíquica."

**OITO DE COPAS:** "Tenho a coragem de deixar para trás o que não serve mais ao meu desenvolvimento psíquico."

**NOVE DE COPAS:** "Confio que meus desejos e aspirações psíquicas estão se concretizando."

**DEZ DE COPAS:** "Estou alinhado com a harmonia interna e externa, impulsionando minhas habilidades psíquicas."

**PAJEM DE COPAS:** "Com um coração aberto e uma mente curiosa, sou receptivo a mensagens psíquicas."

**CAVALEIRO DE COPAS:** "Sigo meu coração e minha intuição destemidamente, aprimorando minhas habilidades psíquicas."

**RAINHA DE COPAS:** "Confio na minha intuição e nutro minhas habilidades psíquicas com amor e compaixão."

**REI DE COPAS:** "Estou equilibrado e no controle de minhas emoções, guiando minhas habilidades psíquicas com sabedoria."

# Apêndice B

# Recursos de Emergência

Às vezes, surgem questões durante as leituras de Tarô que estão além do nosso alcance. Muitas pessoas costumam se sentir mais à vontade para compartilhar com um leitor de Tarô assuntos que não contariam a mais ninguém. No entanto, ser um leitor de Tarô não significa que você deve assumir o papel de terapeuta, advogado ou médico. É fundamental estabelecer limites claros para evitar se tornar a pessoa que se vê em problemas legais por ultrapassar essas fronteiras.

Mantenha sempre à disposição uma lista de linhas de apoio ou sites, para que, se a conversa tomar um rumo mais sério, você possa direcionar as pessoas de maneira apropriada. Muitas vezes, você pode salvar uma vida ao fazer isso.

Aqui estão alguns recursos que compilei sobre esses temas:

www.Auryn.net/emergency

X
T A R O
A RODA DA FORTUNA

# Bibliografia

Adam, Elliot. *Fearless Tarot: How to Give a Positive Reading in Any Situation.* Llewellyn, 2020.

____. *Tarot in Love: Consulting the Cards in Matters of the Heart*. Llewellyn, 2023.

Antenucci, Nancy. *Tarot Rituals: Ceremonies, Ideas, and Experiences for the Tarot Lover*. Llewellyn, 2022.

Antenucci, Nancy, and Melanie Howard. *Psychic Tarot: Using Your Natural Psychic Abilities to Read the Cards*. Llewellyn, 2011.

Arrien, Angeles. *The Tarot Handbook: Practical Applications of Ancient Visual Symbols*. Penguin, 1997.

Auryn, Mat. *Mastering Magick: A Course in Spellcasting for the Psychic Witch.* Llewellyn, 2022.

____. *Psychic Witch: A Metaphysical Guide to Meditation, Magick, and Manifestation*. Llewellyn, 2020.

Braden, Nina Lee. *Tarot for Self Discovery*. Llewellyn, 2002.

Brennan, Barbara Ann. *Light Emerging: The Journey of Personal Healing.* Random House, 2011.

Bunning, Joan. *The Big Book of Tarot: How to Interpret the Cards and Work with Tarot Spreads for Personal Growth*. Weiser, 2019.

Burgess, Charlie Claire. *Radical Tarot: Queer the Cards, Liberate Your Practice, and Create the Future*. Hay House, 2023.

Cameron, Julia. *The Artist's Way,* 30th anniversary ed. Penguin, 2016.

Campbell, Joseph. *The Hero with a Thousand Faces*. New World Library, 2008.

Chang, T. Susan. *Tarot Correspondences: Ancient Secrets for Everyday Readers.* Llewellyn, 2018.

Chang, T. Susan, and M. M. Meleen. *Tarot Deciphered: Decoding Esoteric Symbolism in Modern Tarot.* Llewellyn, 2021.

Cicero, Chic, and Sandra Tabatha Cicero. *Tarot Talismans: Invoking the Angels of the Tarot.* Llewellyn, 2006.

Cicero, Chic, Lon Milo DuQuette, and Israel Regardie. *The Complete Golden Dawn System of Magic.* Falcon, 2020.

Cicero, Chic, Sandra Tabatha Cicero, and Pat Zalewski. *The Golden Dawn Enochian Skrying Tarot: Your Complete System for Divination, Skrying, and Ritual Magick.* Llewellyn, 2004.

Colish, Marcia L. *The Stoic Tradition from Antiquity to the Early Middle Ages.* Germany: Brill, 1990.

Coyle, T. Thorn. *Evolutionary Witchcraft.* Penguin, 2005.

Crowley, Aleister. *Book of Thoth.* Weiser, 1969.

Crowley, Aleister, Mary Desti, and Leila Waddell. *Magick: Liber ABA,* book 4. Weiser, 1997.

Curtiss, F. Homer, Harriette Augusta Curtiss, Manly P. Hall, A. E. Thierens, Papus, S. L. MacGregor Mathers, Arthur Edward Waite, Eliphaz Levi, P. D. Ouspensky, and P. R. S. Foli. *The Tarot: A Collection of Secret Wisdom from Tarot's Mystical Origins.* Foreword by Juliet Sharman-Burke. St. Martin's, 2021.

de Biasi, Jean-Louis. *The Divine Arcana of the Aurum Solis: Using Tarot Talismans for Ritual and Initiation.* Llewellyn, 2011.

Dionne, Danielle. *Magickal Mediumship: Partnering with the Ancestors for Healing and Spiritual Development.* Llewellyn, 2020.

Dominguez, Jr., Ivo. *Keys to Perception: A Practical Guide to Psychic Development.* Weiser, 2017.

_____. *Spirit Speak: Knowing and Understanding Spirit Guides, Ancestors, Ghosts, Angels, and the Divine.* New Page, 2008.

Drury, Nevill. *The Watkins Dictionary of Magic: Over 3,000 Entries on the World of Magical Formulas, Secret Symbols, and the Occult.* Watkins Media, 2011.

DuQuette, Lon Milo. *Understanding Aleister Crowley's Thoth Tarot: New Edition.* Weiser, 2017.

Elford, Jaymi. *Tarot Inspired Life: Use the Cards to Enhance Your Life.* Llewellyn, 2019.

Ende, Michael. *The Neverending Story.* Penguin Young Readers Group, 1993.

Fortune, Dion. *The Cosmic Doctrine.* Weiser, 2000.

____. *The Mystical Qabalah*. Weiser, 2022.

____. *Spiritualism in the Light of Occult Science*. Rider, 1931.

Gad, Irene. *Tarot and Individuation: A Jungian Study of Correspondences with Cabala, Alchemy, and the Chakras*. Nicolas-Hays, 2004.

Gilbert, Elizabeth. *Big Magic: Creative Living Beyond Fear.* Penguin, 2016.

Graham, Sasha. *Llewellyn's Complete Book of the Rider-Waite-Smith Tarot: A Journey Through the History, Meaning, and Use of the World's Most Famous Deck*. Llewellyn, 2018.

____. *The Magic of Tarot: Your Guide to Intuitive Readings, Rituals, and Spells.* Llewellyn, 2021.

Gray, Eden. *The Complete Guide to the Tarot: Determine Your Destiny! Predict Your Own Future!* Random House, 1982.

Greer, Mary K. *Archetypal Tarot: What Your Birth Card Reveals about Your Personality, Your Path, and Your Potential.* Weiser, 2021.

____. *Mary K. Greer's 21 Ways to Read a Tarot Card*. Llewellyn, 2011.

____. *Tarot for Your Self: A Workbook for the Inward Journey,* 35th anniversary ed. Weiser, 2019.

Greer, Mary K., and Tom Little. *Understanding the Tarot Court*. Llewellyn, 2004.

Halvorson, Ailynn. *The Tarot Apothecary: Shifting Personal Energies Using Tarot, Aromatherapy, and Simple Everyday Rituals*. Llewellyn, 2022.

Hanson, Rick. *Hardwiring Happiness: The New Brain Science of Contentment, Calm, and Confidence*. Harmony/Rodale, 2016.

Hauser, Christine. 2023. "A Pennsylvania Shop Offered Tarot Readings. Then the Police Came," *The New York Times*, October 15, 2023. https://www.nytimes.com/2023/10/14/us/pennsylvania-witchcraft-tarot-law-police.html.

Hendrickson, Nancy. *Ancestral Tarot: Uncover Your Past and Chart Your Future.* Weiser, 2021.

Hesselroth, Denise. *Intentional Tarot: Using the Cards with Purpose.* Llewellyn, 2020.

Hunter, Devin. *The Witch's Book of Power*. Llewellyn, 2016.

Huson, Paul. Dame Fortune's Wheel Tarot: A Pictorial Key. Witches Almanac Limited, 2017.

____ *The Devil's Picturebook: The Compleat Guide to Tarot Cards: Their Origins and Their Usage.* iUniverse, 2003.

____. *Mystical Origins of the Tarot: From Ancient Roots to Modern Usage*. Inner Traditions/Bear, 2004.

Jones, Diana Wynne. *Howl's Moving Castle*. HarperCollins, 2001.

Jung, C. G. *Jung on Active Imagination*. Princeton UP, 2015.

____. *Letters of C. G. Jung: Volume 2, 1951–1961*. Taylor and Francis, 2015.

____. *Man and His Symbols*. Random House, 2012.

Jung, C. G., and Gerhard Adler. *Collected Works of C. G. Jung, Volume 9 (Part 1): Archetypes and the Collective Unconscious*. Princeton UP, 2014.

____. *Dreams* (from volumes 4, 8, 12, and 16 of *The Collected Works of C. G. Jung*). Princeton UP, 2010.

____. *On the Nature of the Psyche* (from *Collected Works*, vol. 8). Princeton UP, 1969.

____. *Psychology and Alchemy* (from *Collected Works*, vol. 12). Princeton UP, 1980.

____. *Synchronicity: An Acausal Connecting Principle* (from *Collected Works*, vol. 8). Princeton UP, 2012.

Knight, Gareth. *Experience of the Inner Worlds*. Skylight Press, 2010.

Kraig, Donald Michael. *Modern Magick: Twelve Lessons in the High Magickal Arts*. Llewellyn, 2010.

____. *Tarot and Magic*. Llewellyn, 2002.

Leadbeater, C. W. *Man, Visible and Invisible: Examples of Different Types of Man as Seen by Means of Trained Clairvoyance*. Theosophical Publishing, 1927.

Lewis, C. S. *The Magician's Nephew*. HarperCollins, 2014.

Louis, Anthony. *Llewellyn's Complete Book of Tarot: A Comprehensive Guide*. Llewellyn, 2016.

Nichols, Sallie. *Tarot and the Archetypal Journey: The Jungian Path from Darkness to Light*. Weiser, 2019.

Nugteren, Albertina. *Religion, Ritual and Ritualistic Objects*. Spain: MDPI Books, 2019.

Pamita, Madame. *Madame Pamita's Magical Tarot: Using the Cards to Make Your Dreams Come True*. Weiser, 2018.

Plato. *Timaeus and Critias*. Penguin, 2008.

Penczak, Christopher. *The Inner Temple of Witchcraft: Magick, Meditation and Psychic Development*, 20th anniversary ed. Llewellyn, 2021.

Plotinus. *The Enneads*. Penguin, 2005.

Pollack, Rachel. *The Complete Illustrated Guide to Tarot*. Barnes and Noble, 1999.

____. *Rachel Pollack's Tarot Wisdom: Spiritual Teachings and Deeper Meanings*. Llewellyn, 2014.

____. *Seventy-Eight Degrees of Wisdom: A Tarot Journey to Self-Awareness*. Weiser, 2020.

____. *A Walk Through the Forest of Souls: A Tarot Journey to Spiritual Awakening.* Weiser, 2023.

Reed, Theresa. *The Cards You're Dealt: How to Deal When Life Gets Real.* Weiser, 2023.

____. *Tarot: No Questions Asked: Mastering the Art of Intuitive Reading.* Weiser, 2020.

____. *Twist Your Fate: Manifest Success with Astrology and Tarot.* Weiser, 2022.

Reed, Theresa, and Shaheen Miro. *Tarot for Troubled Times: Confront Your Shadow, Heal Your Self, Transform the World.* Weiser, 2019.

Robinson, Dawn. *Pamela Colman Smith, Tarot Artist: The Pious Pixie.* Fonthill Media, 2020.

Shaw, Gregory. *Theurgy and the Soul: The Neoplatonism of Iamblichus.* Pennsylvania State UP, 1995.

Snow, Cassandra. *Queering the Tarot.* Weiser, 2019.

True, Rachel. *True Heart Intuitive Tarot, Guidebook and Deck.* HarperCollins, 2020.

Waite, A. E. *The Pictorial Key to the Tarot: An Illustrated Guide.* Random House UK, 2021.

Weber, Courtney. *Tarot for One: The Art of Reading for Yourself.* Weiser Books, 2016.

Welch, Michelle. Spirits Unveiled: A Fresh Perspective on Angels, Guides, Ghosts & More. Llewellyn, 2022.

Wen, Benebell. *Holistic Tarot: An Integrative Approach to Using Tarot for Personal Growth.* North Atlantic Books, 2015.

XI
A JUSTIÇA